Knaur.

Im Droemer Verlag ist bereits dieses Buch der Autoren erschienen:
Die große Brocklaus

*Im Droemer Verlag und im Knaur Taschenbuch Verlag sind bereits
von Oliver Kuhn erschienen:*
Alles, was ein Mann können muss
Alles, was ein Mann wissen muss
Der perfekte Verführer
Endlich Raucher!
WIR. Alles, was man über uns Deutsche wissen muss
(mit Antje Steinhäuser und Veronika Immler)

Über die Autoren:
Oliver Kuhn hat die Deutsche Journalistenschule in München besucht und
viele Jahre als Reporter gearbeitet. Er ist Autor zahlreicher Bestseller (u. a.
»Der perfekte Verführer«, »Alles, was ein Mann wissen muss«, »Alles, was ein
Mann können muss«).

Alexandra Reinwarth, geboren 1973, lebt seit 2000 in Barcelona, wo sie als
Produzentin und Autorin tätig ist.

Axel Fröhlich, 1968 in Nürnberg geboren, arbeitet als freiberuflicher Werbe-
texter und Autor. Er lebt in Barcelona.

Oliver Kuhn
Alexandra Reinwarth
Axel Fröhlich

Besseres Gesetzbuch

LeimhaftungsG
Elternverfügung
Geschlechterverkehrsordnung
Büroverfassung
Karnevalsgrundsätze

Knaur Taschenbuch Verlag

Besuchen Sie uns im Internet:
www.knaur.de

Originalausgabe Dezember 2011
Knaur Taschenbuch
© 2011 Knaur Taschenbuch
Ein Unternehmen der Droemerschen Verlagsanstalt
Th. Knaur Nachf. GmbH & Co. KG, München
Umschlaggestaltung: ZERO Werbeagentur, München
Satz: Adobe InDesign im Verlag
Druck und Bindung: CPI – Clausen & Bosse, Leck
Printed in Germany
ISBN 978-3-426-78509-6

2 4 5 3 1

Inhaltsverzeichnis

Inhalt

Inhalt

Präambel

Im Bewusstsein ihrer Verantwortung vor Gott und den Menschen, von dem Willen beseelt, die Bestsellerlisten in einem vereinten Europa zu stürmen und der Unterhaltung der Welt zu dienen, haben die Autoren Reinwarth, Fröhlich und Kuhn dem deutschen Volk kraft ihrer verfassungsgebenden Wortgewalt dieses Bessere Gesetzbuch gegeben.

In Ausübung des freien Selbstbestimmungsrechts, dieses Gesetzbuch nach Treu und Glauben in herausragender Qualität abzuliefern, besteht dennoch das gesteigerte Betriebsrisiko, dass die Autoren an manchen Tagen durch Kater, Müdigkeit oder Prokrastination an der Leistungserbringung scheiterten. Das ändert jedoch nichts daran, dass dieses Bessere Gesetzbuch für das gesamte Deutsche Volk gilt. Ob euch das passt oder nicht!

Grundgesetze

§ 1 Die Bundesrepublik ist ein demokratischer und sozialer Bundesstaat.

(1) Alle Staatsgewalt geht von der »Bild«-Zeitung aus. Sie diktiert täglich die Themen und bestimmt die Volksmeinung. Nur ihr gegenüber sind die Politiker auskunftspflichtig.

(2) Die Gesetzgebung ist an die verfassungsmäßige Ordnung, die vollziehende Gewalt und die Rechtsprechung sind an das Bessere Gesetzbuch gebunden.

§ 2 Abschaffung der Todesstrafe

(1) Die Todesstrafe ist abgeschafft.

(2) Dennoch darf die »Bild«-Zeitung bei jedem Fall von Kindesmissbrauch dieses Verbot in Frage stellen.

§ 3 Rechte vor Gericht

(1) Vor Gericht sind alle Menschen gleich. Die Gleichheit steigt mit den finanziellen Möglichkeiten.

(2) Eine Tat kann nur bestraft werden, wenn die Straftat vor dem Gerichtsverfahren stattgefunden hat.

(3) Als vor dem Gerichtsverfahren stattgefunden gelten alle Taten, die nicht nach dem Gerichtsverfahren stattgefunden haben.

(4) Das Gericht kann nach eigenem Ermessen bestimmen, dass das Gerichtsverfahren als nach der Tat stattfindend gilt.

(3) Niemand darf wegen derselben Tat zweimal verurteilt werden, außer es handelt sich um die gleiche Tat und der Täter kennt den Unterschied zwischen derselben und der gleichen Tat nicht.

§ 4 Linkshändergesetz

Linkshänder sind nur bedingt rechtsfähig.

§ 5 Volkshetzung

Wer in einer Weise, die geeignet ist, die Menschenwürde anderer anzugreifen, indem er Teile der Bevölkerung stresst, hetzt oder in ihrem friedlichen Zusammenleben stört, beispielsweise indem er:

- als Führungskraft in einem Unternehmen Fristen setzt, deren Einhaltung unrealistisch ist,
- als Führungskraft Arbeitszeiten einfordert, die der → spanischen Siestaverordnung widersprechen,
- als Politiker die Lebensarbeitszeit und/oder das Verrentungsalter heraufsetzt,
- als Partner den morgendlichen Aufenthalt im Badezimmer unterbricht oder unterbindet,
- auf der Rolltreppe Personen unwirsch zur Seite schiebt

oder in einer anderen Weise tätig wird, die die Hektik und den Stress in der Gesellschaft erhöht, der wird mit einer Freiheitsstrafe von bis zu fünf Jahren oder mit Geldstrafe bestraft.

Politische Grundlagenbestimmungen

§ 1 Allgemeine Regelungen

(1) Die Qualität der Doktorarbeit kann durchaus relevanten Einfluss auf die politische Karriere haben. (»Gutenbergsche Maxime«)

(2) Diese Klausel gilt sogar dann, wenn man die einzige hübsche Frau der Partei ist. (»Mehrinsche Klausel«)

(3) Politikerinnen der Grünen haben das Oberhaar stets so zu tragen, dass nach objektiven Kriterien von einer Frisur nicht die Rede sein kann. Als Oberhaar gilt nicht Intimbehaarung.

§ 2 Floskelverordnung

Um die Bürgerinnen und Bürger nicht zu überfordern und das Verständnis für Politik, politische Inhalte und Entscheidungen zu fördern, sind Politiker angehalten, sämtliche Inhalte von Debatten und Ausführungen im politischen Alltag gemäß Anlage ÄHHH 1 der Floskelverordnung verständlich umzuformulieren.

Anlage ÄHHH 1 Floskelverordnung

- Grundsätzlich nach gewonnenen Wahlen, unabhängig von der Frage:»Zunächst möchte ich den Bürgerinnen und Bürgern für ihr Vertrauen danken.«
- Grundsätzlich bei verlorenen Wahlen, unabhängig von der Frage:»Wir müssen das Votum der Wählerinnen und Wähler akzeptieren.«
- Wenn der Politiker an etwas kein Interesse hat oder schlicht nein meint:»Das ist politisch nicht durchsetzbar.«
- Bei Steuererhöhungen und gleichzeitigem Abbau des Sozialstaates:»Wir dürfen den Solidaritätsgedanken nicht opfern.« »Wir brauchen wieder mehr Eigenverantwortung.«
- Bei begründeten Rücktrittsforderungen:»Es ist jetzt nicht der richtige Zeitpunkt, um Personalfragen zu diskutieren.«
- Wenn eine andere Partei ein gutes Wahlkampfthema gefunden hat:»Das ist pure Angstmacherei.«
- Wenn die Partei heillos zerstritten ist und jeder bei seinem Standpunkt bleibt:»Das Gespräch fand in einer offenen und konstruktiven Atmosphäre statt.«
- Wenn die Partei ein Thema verschleppen und langfristig keinerlei Entscheidungen treffen will:»Wir werden einen möglichst breiten gesellschaftlichen Dialog anstoßen und die Bürger so in den Entscheidungsprozess einbinden.« »Wir werden eine Arbeitsgruppe beauftragen, um eine tragfähige Lösung zu erarbeiten.«

- Durchhalteparolen ohne konkreten Inhalt, die in Talkshows eingesetzt werden müssen: »Wir müssen hart dafür arbeiten, dass die Bürger den Glauben an die Politik wieder zurückgewinnen.« »Das Land braucht Aufbruchsstimmung.« »Ein Ruck muss durch das Land gehen.« »Wir müssen die Menschen da abholen, wo sie sind.«
- Pauschalvorwurf an die Opposition: »Sie reden doch nur unser Land schlecht.«

§ 3 Rauchverbot (Lex Helmut Schmidt)

Das bundesweite Rauchverbot gilt ab einem Umkreis von einem Meter um Helmut Schmidt herum. Als ein (1) Meter gelten 50 cm, wenn Helmut Schmidt nicht raucht, es sei denn, er befindet sich gerade in der Zigarettenentzündungs- oder -auslöschungsphase.

§ 4 Neues Bayerisches Wahlrecht

(1) Wahlberechtigt sind alle Bayern im Sinne des Artikels 11 Abs. (6) des Grundgesetzes, die am Wahltag das achtzehnte Lebensjahr vollendet haben oder einen Wadenumfang von 30 Zentimetern (Frauen 25 Zentimeter) vorweisen können.

(2) Saupreißn und Zuagroaste sind vom Wahlrecht ausgeschlossen.

(3) Zur Wahl berechtigt ist, wer in ein ordentliches Wählerverzeichnis eingetragen ist, einen Wahlschein besitzt oder den Huber Sepp kennt.

(4) Wer im Wählerverzeichnis eingetragen ist, kann nur in dem Wahlbezirk wählen, in dessen Wählerverzeichnis er geführt wird. Es sei denn, der Huber Sepp weiß Bescheid.

(5) Jeder Wahlberechtigte ist bestellt, sein Wahlrecht nur einmal und nur persönlich zu besorgen. Oder dem Huber Sepp Bescheid zu geben, dass er den Wahlschein »wie imma« ausfüllen und »eini schmeißn« kann.

(6) Die Wahl ist frei.

(7) Die Wahl ist geheim.
(8) Die zu wählende Partei heißt CSU.

Spezielles Gleichbehandlungsgesetz

§ 1 Ziel des Gesetzes

Ziel des Gesetzes ist es, Benachteiligungen aus Gründen der Rasse oder wegen der ethnischen Herkunft, des Geschlechts, der Religion oder Weltanschauung, einer Behinderung, des Alters, der sexuellen Identität zu verhindern oder zu beseitigen.

§ 2 Ausnahmen

(1) § 1 gilt nicht für Fans des MSV Duisburg und andere Gruppierungen, die offensichtlich zweitklassig sind.

(2) § 1 gilt nicht für Nazis und andere Gruppierungen, deren Weltanschauung offensichtlich dem gesunden Menschenverstand widerspricht.

(3) § 1 gilt nicht für Senioren, die ab 17 Uhr oder ganztags am Wochenende in großen Supermärkten einkaufen gehen und ewig brauen, bis sie ihr Kleingeld aus dem Portemonnaie gefingert haben.

(4) § 1 gilt nicht für Inländer mit grauenhaften Akzenten oder anderen Sprachbehinderungen.

Als grauenhafte Akzente gelten:
- Fränkisch
- Sächsisch
- Schwäbisch

§ 3 Verunglimpfung des Bundespräsidenten

(1) Wer öffentlich, in einer Versammlung oder durch Verbreiten von Schriften den Bundespräsidenten verunglimpft, wird mit Freiheitsstrafe von bis zu 50 Jahren oder mit Geldstrafe verurteilt.

(2) Als solche Verunglimpfungen gelten beispielhaft:

- »Die rahmenlose Brille von Herrn Wulff sieht aus wie ein Fielmann-Modell ohne Kassenzuzahlung.«
- »Die First Lady wirkt sexuell unterfordert.«
- »Die Frisur von Christian Wulff hält den Ansprüchen an moderne Haarästhetik nicht stand.«

(3) Minder schwere Fälle sind ausgeschlossen.

(4) Weitere verbotene Verunglimpfungen finden Sie im monatlichen Newsletter des juristischen Bundesanzeigers unter der Rubrik »Neue Verunglimpfungen des Bundespräsidenten«.

Flirtgrundgesetz

§ 1 Niederträchtiges und niveauloses Flirten

(1) Wer in einer Weise, die geeignet ist, den öffentlichen Geschlechterfrieden allgemein oder ein weibliches Gegenüber insbesondere zu stören, vorformulierte Flirtsprüche zur Anwendung bringt, die in der Anlage FLIRT-27 aufgeführt sind, der wird mit sexueller Enthaltsamkeit nicht unter 12 Jahren bestraft.

(2) Der Versuch ist strafbar.

(3) In Tateinheit mit niederträchtigem und niveaulosem Flirten werden auch folgende Vergehen betrachtet:

- Grobmotorische und unästhetische Tanzbewegungen, die ausschließlich dem Zwecke der Kontaktanbahnung dienen oder aus Sicht eines objektiven Dritten derart verstanden werden können.

- Durch übermäßigen Alkoholkonsum verursachte feuchte Aussprache.
- Unbotmäßige und voreilige Vergabe von Komplimenten, die sich auf körperliche Vorzüge der sekundären Geschlechtsteile beziehen.

Anlage FLIRT-27

Flirtsprüche, die den Straftatbestand des niederträchtigen und niveaulosen Flirtens erfüllen:

- »Hallo ich bin Schriftsteller und schreibe ein Telefonbuch … nur deine Nummer fehlt mir noch.«
- »Ich hab meine Telefonnummer verlegt. Könnte ich mir deine leihen?«
- »Ich bin kein Mann für eine Nacht. So lange kann ich nicht.«
- »Glaubst du an Liebe auf den ersten Blick, oder soll ich noch mal reinkommen?«
- »Du wirst von Tag zu Tag hübscher. Du siehst heute schon aus wie nächste Woche.«
- »Wenn du eine Rose in der Wüste wärst, würde ich vor dir niederknien und weinen, damit du nicht verdurstest.«
- »Ich trink Ouzo, was machst du so?«
- »Hast du Wasser in den Beinen?« – »Ne. Wieso?« – »Weil meine Wünschelrute ausschlägt.«
- Wer im Rahmen einer Gesprächsanbahnung einen Eiswürfel auf einer Bar zerschlägt und dazu sagt: »Das Eis ist gebrochen.«

§ 2 Bandenflirterei

(1) Wer als Mitglied einer Bande oder Clique, die sich zur vorsätzlichen Begehung von niveaulosem oder niederträchtigem Flirten trifft und dabei vorsätzlich nach Alkoholkonsum gemeinsam zur Tat schreitet, wird mit sexueller Enthaltsamkeit von 100 Jahren oder mit Geldstrafe bestraft.

§ 3 Datingverordnung

(1) Wer einen Menschen trifft oder ein Treffen vereinbart, um dabei eine Beiwohnung anzubahnen, der wird mit einer Freiheitsstrafe von einem Jahr oder einem Korb bestraft, wenn:

- über 90 % der Kommunikation ausschließlich von dieser Person bestritten werden;
- die Person während des gesamten Dates keine einzige Frage stellt;
- die Person das Restaurant mit den Worten »Ich muss noch kurz mein Auto umparken« verlässt und nicht mehr wiederkommt;
- die Person das Treffen in einem Lichtspielhaus anberaumt, wenn dort ein Film mit Jean-Claude Van Damme und/oder Chuck Norris zur Aufführung kommt;
- die Person nach dem Essen auf getrennte Rechnungen pocht.

§ 4 Heiratsantragsgesetz

(1) Der Antrag zur Heirat kann vom Antragsteller schriftlich, mündlich oder fernmündlich geschehen.

(2) Der Gesetzgeber stellt es dem Antragsteller ausdrücklich frei, welche körperliche Position er während der Antragsformulierung einnimmt.

(3) Der Antragsempfänger ist, sofern heiratsfähig, frei wählbar.

(4) Nicht zulässige Heiratsanträge sind der Anlage des Artikels 4 zu entnehmen.

Anlage zum § 4 Artikel 4 des Heiratsantragsgesetzes.
Nicht zulässige Heiratsanträge sind:

- In den Schnee urinierte Heiratsanträge.
- Über die Lautsprecheranlage während eines Bundesligaspiels verbreitete Heiratsanträge.
- In einer von Kai Pflaume moderierten Fernsehsendung.

- Telepathische oder über ein spirituelles Medium vermittelte Heiratsanträge.
- Heiratsanträge mit unklarem, missverständlichem oder unvollständigem Inhalt: »Mogst mi? Hai raten? Hydranten?«

Hochzeitsverordnung

§ 1 Geltungsbereich

Wer sich zum Zwecke der ehelichen Lebensgemeinschaft mit Eheschließungswillen und Bereitschaft zur angemessenen Deckung des Lebensbedarfs und Teilung der Schlüsselgewalt einer Trauungszeremonie unterzieht, der unterliegt der Hochzeitsverordnung.

§ 2 Junggesell(inn)enabschied

(1) Der Junggesell(inn)enabschied ist auf einen Termin VOR der Hochzeit festzulegen. Etwaige Kostüme und Maskierungen respektive Diademe, Krönchen und pinke Bunny-Ohren sind vor dem Betreten des Standesamtes abzulegen. Dies gilt auch für Stripperinnen und Tabledancer.

(2) Der Bräutigam und die Braut sollten in der Lage sein, die Stufen des Standesamtes eigenständig zu besteigen. Das Abstützen auf den Schultern einer Begleitperson ist zulässig. Der Zutritt unbekleideter Begleitpersonen bedarf der Genehmigung des Standesbeamten. Unzulässig ist es, einen der Brautleute an Armen und Beinen in das für die Hochzeit vorgesehene Geschäftszimmer zu tragen.

§ 3 Zwangstraumhochzeit

(1) Wer einen Menschen rechtswidrig mit Gewalt oder durch Drohung mit einem empfindlichen Übel oder in einer Fernsehsendung vor Millionenpublikum zur Eingehung der Ehe nötigt, wird mit Frei-

heitsstrafe von sechs Monaten bis zu fünf Jahren bestraft. Rechtswidrig ist die Tat, wenn die Sendung von Linda de Mol moderiert wird oder das Übel nur Quotenzwecken dient und zu dem angestrebten Zweck als verwerflich anzusehen ist.

(2) Ebenso wird bestraft, wer zur Begehung einer Tat nach § 3 Artikel 1 den Menschen durch Drohung mit einem empfindlichen Übel oder durch List in ein Fernsehstudio verbringt oder veranlasst, sich dorthin zu begeben, oder davon abhält, von dort zurückzukehren.

(3) Der Versuch ist strafbar.

(4) In minder schweren Fällen ist die Strafe Freiheitsstrafe bis zu drei Jahren oder Geldstrafe.

§ 4 Regelungen zum Verhalten der Brautleute und der Hochzeitsgäste während der Trauung

(1) Beide Brautleute müssen in der Lage sein, ihre Zustimmung zur Ehe mit dem vorgeschriebenen Satz »Ja, ich will« selbständig vorzutragen.

Nicht zulässig ist als Antwort:

- »Wenn es sein muss.«
- »Meinetwegen.«
- »Okaaaay.«
- »Menü 7 mit Suppe.«

(2) Die Bitte an die Hochzeitsgäste, sich zu melden, falls jemand etwas gegen die Trauung vorzubringen habe, oder für immer zu schweigen, stellt in keinem Fall eine Aufforderung oder Willenserklärung an die Gäste dar, »Ja, ich! … war nur ein Scherz« zu rufen.

(3) Der Hinweis an den Bräutigam, er könne jetzt küssen, ist bindend und nicht personell übertragbar und bedeutet, entsprechend nicht die Schwester, Cousine oder Stiefmutter der Braut zu küssen, auch wenn diese wesentlich besser aussehen.

(4) Der Kuss hat dem Anlass und Umfeld entsprechend nicht gegen

die guten Sitten und die Sittlichkeit zu verstoßen. Er hat dem Anstandsgefühl aller billig und gerecht denkenden Anwesenden zu entsprechen. Es sollte in jedem Fall ein Körperteil oberhalb der Gürtellinie geküsst werden. Die Hochzeitskleidung darf während des Kusses nicht abgelegt werden; ausgenommen hiervon sind nur der Schleier oder andere Kopfbedeckungen.

§ 5 Regelungen zum Verhalten der Hochzeitsgäste nach Vollzug der Trauung

(1) Das Werfen von Reis durch die Gäste während des Verlassens des Standesamtes ist zulässig. Nicht zulässig ist das Werfen von Großfrüchten, Säugetieren, Küchen- und Haushaltsgeräten sowie allen anderen Gegenständen, die eine Verletzung der Eheleute herbeizuführen in der Lage sind; erfolgt der Wurf durch einen Ex-Partner eines der Eheleute, handelt es sich um einen minder schweren Fall.

(2) Wird die Strecke von Standesamt oder Kirche zum Ort der Hochzeitsfeier in einem Autokorso zurückgelegt, so ist es dem Bräutigam, respektive dem Fahrer des Kraftfahrzeugs mit den Eheleuten, untersagt, das Auto der Schwiegermutter absichtlich abzuhängen.

(3) Hochzeitsreden, die länger als acht Minuten dauern oder dazu geeignet sind, einen der Brautleute in Verlegenheit zu bringen, sind durch die Kapelle mit einem Tusch zu beenden.

(4) Hochzeitsspiele verstoßen gegen die guten Sitten.

(5) Von guten Freunden vorgetragene, sich reimende, poetische Werke humorvollen Inhalts verstoßen gegen die guten Sitten, wenn sie Pointen beinhalten, die nur aufgrund eines Reimpaars zustande kommen (Liebe-Hiebe-Gesetz).

(6) Das Werfen des Brautstraußes durch die Braut darf nicht als Vorwand genutzt werden, unliebsame weibliche Gäste in Problembeziehungen in eine unvorteilhafte Lage zu versetzen.

(7) Das Präparieren der Wohnung oder des Schlafzimmers des Brautpaares ist untersagt. Bei schweren Zuwiderhandlungen durch:

- Auseinanderbau des Bettes oder anderer Möbel,
- Zumauern der Schlafzimmertüre,
- Aufstellen von mehreren hundert mit Wasser gefüllten Plastikbechern

kann die Wohnung des verantwortlichen Witzboldes mit einem Rudel Wildschweine präpariert werden.

§ 6 Hochzeitsfoto-Anordnung

Wer ein oder mehrere Hochzeitsfotos in Auftrag gibt, muss für die Anfertigung persönlich erscheinen und eine Braut selbst mitbringen.

Allgemeine Paargesetze

§ 1 Geltungsbereich

(1) Ein Paar ist der Zusammenschluss zweier natürlicher Personen, mit dem Ziel eine häusliche Lebensgemeinschaft einzugehen und regelmäßigem Beischlaf nachzugehen.

(2) Die Ehe dient der Beruhigung der Nerven. Und der Eltern.

§ 2 Monogamieverordnung

Der Mensch ist nicht für die Monogamie gemacht. (Siehe dazu Urteil Matthäus, Prinz Charles und 658.698.389.780.417 weitere Fälle.)

§ 3 Friedensgefährdende Beziehungen

(1) Wer eine Beziehung führt, die geeignet ist, Unfrieden herbeizuführen, wird mit Freiheitsstrafe für die gesamte Dauer der Beziehung bestraft.

(2) Eine besondere Schwere der Schuld besteht bei einer Veröffentlichung der friedensgefährdenden Beziehung durch die Boulevardpresse (vgl. Lothar Matthäus I–13).

Zusatz: Fernsehformate, deren Inhalt aus der Zurschaustellung friedensgefährdender Beziehungen besteht, sind rechtsbrechend. Die verantwortlichen Programmdirektoren werden mit einem Volontariat bei ARTE nicht unter sechs Monaten bestraft.

§ 4 Rechte und Pflichten von Paaren im Umgang miteinander

(1) Es ist nur ein Besuch der Schwiegereltern jährlich statthaft.

(2) Die Frage »Schläfst du schon?« ist nicht zulässig.

(3) Das Ausdrücken von Mitessern am Rücken des Partners ist nur mit vorheriger ausdrücklicher schriftlicher Genehmigung zulässig.

(4) Das Ausdrücken der Mitesser hat ausschließlich durch sanften Druck mit den Fingerkuppen zu erfolgen. Der Einsatz der Fingernägel ist nicht statthaft, auch nicht in Zeiten einer Beziehungskrise.

(5) Es darf nicht so lange heiß geduscht werden, dass die Sichtweite im Badezimmer unter 30 Zentimeter sinkt.

(6) Der Partner mit längeren Beinen hat seine Gehgeschwindigkeit dem kürzerbeinigen Partner anzugleichen.

(7) Es ist nicht gestattet, ausschließlich aufgrund steuerlicher Begünstigungen zu heiraten.

(8) Derjenige, der die Fernbedienung besitzt oder ihren Gebrauch verantwortet, hat das Fernsehprogramm mit größtmöglicher Sorgfalt und unter Berücksichtigung der Interessen des Partners auszuwählen.

Verstöße gegen die Sorgfaltspflicht bei der Auswahl des Fernsehprogramms sind:

- ARTE-Themenabende
- Volksmusiksendungen oder andere Sendungen, die gegen § 37 Geschmacksfriedensbruch im besonders schweren Fall verstoßen
- Sendungen, die von Tine Wittler, Vera Int-Veen und/oder Oliver Geissen moderiert werden

- Shoppingsender
- Astro-TV
- Holzfäller-Weltmeisterschaften
- Dart-Weltmeisterschaften
- Royale Hochzeitsfeierlichkeiten.

Besonders schwere Verstöße gegen die Sorgfaltspflicht bei der Auswahl des Fernsehprogramms bei einer Strafandrohung von mindestens fünf Jahren Freiheitsstrafe sind:
- An Samstagen ab 18 Uhr nicht zur Sportschau umzuschalten
- Mehrstündige Übertragungen von Karnevalsfeierlichkeiten, Festzügen und Büttenreden.

Männergesetze

§ 1 Geltungsbereich

(1) Mann (Herr) ist der erwachsene männliche Mensch. Anders als in vergangenen Zeiten ist aufgrund der Gleichberechtigung der Geschlechter der Mann der Frau rechtlich grundsätzlich gleichgestellt. Nur vereinzelt bestehen Sonderregelungen.

(2) Affen zählen grundsätzlich nicht als Mann in diesem Sinne, der Gesetzgeber wird ermächtigt, hiervon Ausnahmen in einer gesonderten Verordnung festzulegen.

(3) Ein Mann ist ein Mann gemäß der Definition von H. Grönemeyer (vgl. Bochum, 198y).

§ 2 Regelung zur Nutzung von Toiletten und Urinalen

(1) Entscheidet sich ein Mann während des Besuchs einer bestimmten öffentlichen Toilettenanlage aus einer Auswahl von mindestens zwei Urinalen für eines, so ist diese Wahl bis zum Ende seines Lebens

(oder des eigenständigen Urinierens), jedenfalls aber für den bereits angefangenen Uriniervorgang bindend.

(2) Im Falle eines Eheaufhebungsverfahrens aufgrund eines hinreichenden, jedoch nicht dringenden Tatverdachts in Bezug auf das Nicht-Hinsetzen während des Urinierens in der häuslichen Gemeinschaft ist die Untersuchung der Desoxyribonukleinsäure (genetischer Fingerabdruck) abzuwarten, bevor ein Strafverfahren eingeleitet wird; der Farbbeweis ist ausgeschlossen.

§ 3 Allgemeine Rechte und Pflichten von Männern

(1) Das Y-Chromosom eines Mannes beschattet den Bereich des Gehirns, welcher für das Erinnerungsvermögen von spezifischen Daten wie Geburts- oder Jahrestagen zuständig ist. Auf eine Strafverfolgung in Folge nicht wahrgenommener Daten wird deshalb generell verzichtet.

(2) Ein Papier oder Papierhandtuch, welches zum Zwecke der Beseitigung in einen Papierkorb oder Abfalleimer befördert werden muss, ist stets seinem Bestimmungsort zusammengeknüllt durch einen Zielwurf zuzuführen. Kommentierungen des Wurfs sind ungeachtet dessen Erfolgs oder Misserfolgs unzulässig.

(3) Einem Mann ist es gemäß der Geschmacksfriedensbruchverordnung untersagt, einen Haardutt zu tragen. Eine Glatze mit Resthaardutt gilt als schwerer Fall des Geschmacksfriedensbruchs.

(4) Die Frage »Wie war ich?« ist gesetzlich verboten.

(5) Zulässig ist sie nur in folgenden Fällen, wenn der Mann:
- den Rasen gemäht hat,
- an der Aufführung eines Laientheaters teilgenommen hat,
- auf erheiternde Art und Weise hingefallen ist.

(6) Flatulenzmissbrauch (siehe §§ 42–45) wird besonders hart geahndet.

(7) Es ist strafbar, dem Genitale einen Kosenamen einzuräumen. Dies gilt insbesondere für die Kosenamen wie:

- »Schniedelwutz«
- »Johannes«
- »Er«
- »Bestes Stück«
- »Stanley«
- »Rüssel«
- »Eberhard«
- »Rotkäppchen«
- »Obeliskle«

(8) Sind mindestens zwei Männer beisammen, wovon mindestens einer aufgrund übermäßigen Alkoholkonsums das Bewusstsein verloren hat, so ist der verbleibende Mann berechtigt, diesen mittels Filzstiften sowie anderer belebter oder unbelebter verfügbarer Gegenstände zu dekorieren.

§ 4 Kleiderordnung für Männer

(1) Wer die Socken abends vor dem Ins-Bett-Gehen einzeln oder paarweise über eine Stuhllehne legt oder vergleichbare monomane Ablagerituale durchführt, wird mit einer Freiheitsstrafe nicht unter fünf Jahren oder Geldstrafe bestraft.

(2) Socken und Strümpfe, welche ein Loch im Fersen-, Ballen- oder Zehenbereich aufweisen, sind tragbar, solange das Loch nicht den Durchmesser eines handelsüblichen Tennisballs übersteigt. Mehrere Löcher werden flächenmäßig nicht zusammengezählt, es sei denn, sie befinden sich in unmittelbarer räumlicher Nähe.

(3) Welche Bekleidung ein Mann auswählt, entscheidet dieser nach billigem Ermessen aufgrund der Position des Kleidungsstücks ganz oben auf dem Stapel. Sind keine gestapelten Kleidungsstücke verfügbar, so entscheidet eine olfaktorische Prüfung. (Seine Anerkennung findet das olfaktorische Prinzip in Art. 11 Abs. 1 der Allgemeinen Erklärung der Männerrechte der Vereinten Nationen von 1948: »Jedes Kleidungsstück, das nicht zum Himmel stinkt, ist geeignet.«)

(4) Der Einkauf von Beinkleidern aus Jeansstoff ist stets nach folgendem rituellen Verfahren durchzuführen:

1. Das Anziehen eines Beinkleides aus dem eigenen Besitz.

2. Das Aufsuchen eines Einzelhandelsgeschäfts, das entsprechende Beinkleider vertreibt.

3. Die Anweisung an das Verkaufspersonal »die da«, unter Deuten mit dem Finger auf das eigene Beinkleid (siehe auch Frisuren- und Hemden-Besorgungsgesetz).

(5) Berufliche oder private Gründe, die das Mitführen eines Mobiltelefons erfordern, dürfen nicht zu einer Befestigung des Mobiltelefons an einem Gürtel oder in einer Gürteltasche führen. Ausgenommen von dieser Regelung sind ausschließlich Männer, welche sich im Moment des Tragens im notärztlichen Bereitschaftsdienst befinden. Weitere Ausnahmen können in der Anglerkleidungs- und Rentnerkleidungsverordnung (275. Änderungsgesetz) festgelegt werden.

(6) Männer sind mit Abschluss ihres 49. Lebensjahrs dazu verpflichtet, sich ein Kraftrad (auch mit Beiwagen) sowie eine schwarze Leder-Fransenjacke anzuschaffen.

§ 5 Lebensmittelverordnung für Männer

(1) Es ist Männern nicht gestattet, Salz, Maggi oder andere Geschmacksverstärker oder Suppenwürzen in eine Suppe einzurühren, bevor diese einem Geschmackstest unterzogen wurde.

(2) Grillsauce gilt nicht als Essensbeilage.

(3) Auch dann nicht, wenn die Grillsauce Paprikabrocken enthält.

(4) Vor der Einnahme einer Mahlzeit ist ein Mann angehalten, eine frei gewählte und stets gleichbleibende Äußerung zu tätigen. Eine besondere Bedeutung kommt den Aussprüchen »Sodele Nudele« sowie »Na, dann wollen wir mal« und »Ah, Essen, lecker« zu.

(5) Einem Mann steht das Geburtsrecht zu, in einem Restaurant den dargebotenen Wein auf Nachersatz-, Rücktritts- bzw. Minderungsansprüche zu prüfen.

Zusatz I: Dieser Anspruch bleibt auch erhalten, wenn die Kenntnisse seiner weiblichen Begleitung größer sind.

Zusatz II: Dieser Anspruch bleibt auch dann erhalten, wenn der Mann Blausäure nicht von Traubensaft unterscheiden kann.

(6) Vor dem Verzehr von Nasensekret oder anderen aus der Nase gewonnenen Elementen sind diese einer eingehenden optischen Prüfung zu unterziehen.

§ 6 Geschenke

(1) Die Besorgung der Weihnachtsgeschenke darf nicht vor Ablauf des 23. Dezember vorgenommen werden, es sei denn, der 23. Dezember fällt auf einen Samstag.

(2) Bereits die Planung der Auswahl von Geschenken oder die Beschäftigung mit der Auswahl von Geschenken oder der Versuch desselbigen ist im Vorfeld strafbar.

(3) Ein Geschenk gilt als verpackt im Sinne der männlichen Geschenkverpackungsordnung, wenn es durch ein Zeitungspapier bedeckt ist oder sich innerhalb einer Tüte befindet.

(4) Männer, welche einer Frau zu ihrem Hochzeits-, Geburts- oder einem anderen Ehrentag ein Geschenk darbringen, welches im allgemeinen Sinn als praktisch gilt und/oder welches geeignet ist, die Frau bei Haushaltstätigkeiten zu unterstützen, werden mit Geldstrafe nicht unter einer Perlenkette sowie einem Restaurantbesuch bestraft.

§ 7 Gesundheit

(1) Erkrankungen (einschließend Krankheiten psychosozialer Natur) sind bei einem Mann aufgrund seines größeren Körpervolumens stets um ein Vielfaches gravierender als die gleiche Erkrankung bei einer Frau.

(2) Es gelten § 1 Artikel 1, § 1 Artikel 2 und § 1 Artikel 3 Hypochondergesetz.

§ 8 Betreuung von Gästen

Halten sich Gäste im Wohnraum einer häuslichen Lebensgemeinschaft auf, so ist auf ausdrücklichen Wunsch nach billigem Ermessen vom Rülps- und Furzmodus in den Charmant- und Kultiviertmodus überzugehen.

Zusatz I: Lebensgefährtinnen werden grundsätzlich nicht zu »Besuch« gezählt.

Zusatz II: Die Zurückstufung in den natürlichen Modus erfolgt unmittelbar mit dem Schließen der Tür des Besuchs von außen.

§ 9 Regelungen zum kulturellen Verkehr

(1) Hört ein Mann das Wort »Musical«, so ist es seine Pflicht, Würgegeräusche zu produzieren und sich in Vorspiegelung eines beginnenden Vomitus mit einer Hand an den Hals zu fassen.

(2) Das Einschlafen während einer Oper, eines Musicals oder anderer langweiliger musikalischer Aufführungen ist durch die weibliche Begleitung nicht sanktionsfähig.

Zusatz: Auch nicht, wenn beim Schlafen geschnarcht wurde.

(3) In Diskotheken, Clubs, Bars sowie anderen Gastronomiebetrieben mit Tanzveranstaltung sind Männer dazu verpflichtet, am Rand der jeweiligen Tanzfläche ein Kaltgetränk auf der Höhe ihrer Brust zu halten.

(4) Männern, die so tanzen, wie Menschen sich bewegen, die auf einer einsamen Insel gestrandet sind und in der Ferne ein Schiff entdecken, ist das Betreten der Tanzfläche strengstens verboten.

§ 10 Männer-Spielzeugpuppengesetz

Männer, welche eine bislang unbekannte Spielzeugpuppe überreicht bekommen, handeln dann grob sittenwidrig, wenn sie dieser erst einmal die Hose runterziehen, um zu begutachten, was sich darunter verbirgt.

§ 11 Regelungen zum Umgang mit dem eigenen Skrotum

(1) Wer sich öffentlich mit einer oder mit beiden Händen oder einem Hilfsmittel am eigenen Skrotum kratzt, kneift oder dessen Position verändert, darf dies ausschließlich dann straffrei tun, wenn er sich von der korrekten Verortung desselben überzeugt. Die Überzeugungsverschaffung durch Dritte ist unzulässig.

(2) Wer öffentlich mit einer oder mit beiden Händen oder einem Hilfsmittel an einem fremden Skrotum kratzt, kneift oder dessen Position verändert, wird mit einer Freiheitsstrafe nicht unter drei Jahren bestraft.

§ 12 Auskünfte

(1) Das Einholen von Auskünften bezüglich einer Wegstrecke, einer Routenempfehlung oder einer Fahrtrichtung ist unzulässig.

(2) Abs. 1 gilt auch, wenn

- sich im Auto kein Navigationsgerät befindet,
- sich der Fahrer durch eine Fehlentscheidung in der Wüste Gobi verfahren könnte und damit in Lebensgefahr gerät oder
- wenn die Partnerin des Fahrers wiederholt darauf aufmerksam gemacht hat, er solle diesen Artikel missachten.

§ 13 Wohnbereichsgestaltung M

(1) Ein Mann streicht Wände grundsätzlich nicht in Farbkombinationen, die geeignet sind, an »brombeer-lila-erd-ockerfarben« zu erinnern.

(2) Es ist Männern nicht gestattet, Pflanzen zum Zwecke der Verschönerung ihrer Wohnungseinrichtung zu erwerben, deren Wasserbedarf die Menge von 1 Liter pro Jahr überschreitet.

(3) Zieht ein Mann mit einer Frau in eine gemeinsame Wohnung, so erwirbt die Frau das Recht, Möbel und Accessoires, die er aus seiner früheren Wohnsituation in den neuen gemeinsamen Wohnbereich überführt, zeitnah in den Sperrmüll zu verbringen.

Zusatz: § 13 Art. 2 gilt auch, wenn es sich bei dem neuen gemein-samen Wohnbereich um die eigentlich frühere Wohnsituation des Mannes handelt.

§ 14 Regelungen zum Umgang mit Technik und der Durchführung von Reparaturen

(1) Geräte sind grundsätzlich in Betrieb zu nehmen, ohne vorher die Bedienungsanleitung zu konsultieren.

(2) Hilfe seitens Dritter ist stets und ohne Ausnahme abzulehnen. Dies trifft auch zu, wenn der Mann dadurch Gefahr läuft, sich oder ein Gerät schwer zu beschädigen.

(3) Ist ein Mann während einer Autopanne zugegen, so hat er die Motorhaube zu öffnen und durch billige Anscheinnahme nach der Ursache der Panne zu forschen.

Zusatz: Diese Regelung ist auch dann wirksam, wenn der betroffene Mann den Motor eines Personenkraftwagens nicht von einer Hi-Fi-Anlage unterscheiden kann.

(4) Defekte Haushaltsgeräte werden vor ihrer endgültigen Entsor-gung vom Mann repariert.

(5) Die Reparatur gilt erst dann als gescheitert, wenn der Mann auf-grund einer während der Reparatur erlittenen Verletzung ins Kran-kenhaus eingeliefert werden muss oder nach vollständigem Zusam-mensetzen mindestens sechs Einzelteile übrig geblieben sind.

Zusatz: Erfolgt im Krankenhaus ausschließlich eine ambulante Be-handlung, so ist der Mann ermächtigt, den Reparaturvorgang nach Abschluss der medizinischen Versorgung wieder aufzunehmen.

§ 15 Kommunikation

(1) Das intentionale Vortäuschen der aufmerksamen Teilnahme an einer Kommunikation mit einer weiblichen Person mit Hilfe willkür-lich eingesetzter Vokabeln wie »Aha«, »Hmhm« oder »Ach so« bleibt straffrei.

(2) Die körperlichen oder charakterlichen Vorzüge der Ehefrau oder der Partnerin eines Mannes dürfen von einem befreundeten Mann bemerkt und kommentiert werden, solange diese nicht zu einem Abwerben oder dem Versuch des Abwerbens führen.

Zusatz: Handelt es sich bei der Frau um die Schwester eines befreundeten Mannes, so ist dieser verpflichtet, selbige im Falle einer Beiwohnung zu heiraten.

§ 16 Fußnägelverordnung

(1) Das Schneiden der Fußnägel im Wohnzimmer ist untersagt.

(2) Es ist kein ausreichender Schutz gegen wegfliegende Fußnägel, ein Blatt Papier unterzulegen.

(3) Ein besonders schwerer Fall des Verstoßes gegen das Fußnägel-Wohnzimmer-Schneideverbot liegt dann vor, wenn dabei Fußnägel

- irgendwo auf den Teppich schnipsen,
- auf den Schrank schnipsen,
- in die Obstschale schnipsen.

(4) Wer Fußnägel im Wohnzimmer schneidet und im Raum verbringt, ist verpflichtet, unverzüglich einen hochwertigen Industriesauger zu erwerben und die verbrachten Nägel aufzusaugen.

§ 17 Gesetze für Männer in der Midlife-Crisis

(1) Bei beginnendem Ergrauen des Haupthaares ist es nicht statthaft, dieses ab einem bestimmten Tag zur Verschleierung und Tarnung zu tönen (Lex Schröder).

(2) Der Beschluss, Haarimplantationen vornehmen zu lassen, ist grundsätzlich zu unterlassen und unterliegt dem Rechtsbereich der Clownerie.

(3) Wer sich ein Motorrad einer bestimmten Marke nebst Ausrüstungsgegenständen, Kleidung und Schmuck der gleichen Marke anschafft, darf an die zuständige örtliche Rockervereinigung ausgeliefert werden.

(4) Plötzlich auftretende sportliche Aktivitäten mit hochgesteckten Zielen, die das Trainingsausmaß eines Leistungssportlers beanspruchen, sind von Dritten nicht mit »das find ich aber toll« zu kommentieren, sondern zu negieren.

(5) Es ist nicht statthaft, während der Midlife-Crisis die Ehe auszusetzen, um den Beischlaf mit jüngeren Frauen anzustreben, und nach einer sehr kurzen Frist bei der Ehepartnerin reumütig um Milde zu bitten.

(6) Die einschlägige Suche nach unzüchtigen Bildern im Internet ist geeignet, um eine solche Straftat zu vereiteln.

§ 18 Haartransplantationsgesetz

Verpflanzungen von Körperhaaren auf den Kopf sind nur zu dulden, wenn sie den Haupthaaren in Farbe, Art und Struktur ähneln. Von Fremd- oder Schamhaareinpflanzungen ist abzusehen.

Frauengesetze

§ 1 Geltungsbereich

(1) Frau (Herrin) ist der erwachsene weibliche Mensch. Anders als in vergangenen Zeiten ist aufgrund der Gleichberechtigung der Geschlechter die Frau dem Mann rechtlich grundsätzlich gleichgestellt. Nur vereinzelt bestehen Sonderregelungen.

(2) Gehen zwei Frauen eine freundschaftliche Verbindung ein, so ist diese stets stärker und schutzwürdiger als eine Lebensgemeinschaft zwischen einem Mann und einer Frau, da Frauen besser kommunizieren können.

§ 2 Körperliche Voraussetzungen

(1) Eine Frau ist einem Mann körperlich überlegen. (Vgl. Epiliergerät-Studie.)

(2) Das Alter einer Frau besteht aus mehreren Komponenten. Die Zahl der Lebensjahre ist eine untergeordnete.

(3) Ein Frauenjahr entspricht sieben Menschenjahren.

(4) Das Flatulenzgesetz findet auf Frauen keine Anwendung.

(5) Die Schuhgröße einer Frau kann nach Ansichtsnahme der verfügbaren Größen eines zum Kauf angebotenen, besonders attraktiven Schuhs variieren.

§ 3 Allgemeine Regelungen

(1) Im Restaurant ist es zulässig, die Auswahl der Speisen des Gegenübers mit der eigenen Speiseauswahl abzustimmen und gegebenenfalls den eigenen Wünschen entsprechend abzuändern.

(2) Nach einem Streitfall mit dem Lebensgefährten ist die nächtliche Einschlafphase hinauszuzögern.

(3) Erfolgt eine Äußerung desjenigen, so hat die Frau nach billigem Ermessen das Recht, sich schlafend zu stellen.

§ 4 Wohnbereichsgestaltung F

(1) Frauen sind dazu berechtigt, ohne Angabe von Gründen die Wohnung oder Teile davon umzustellen oder umzugestalten (vgl. Ikea-Dekret).

(2) Innenwände, die einen neuen Anstrich erfahren, sind vorzugsweise in den Farben Lila-Aubergine-Brombeer-Erdfarben oder Orange-Ocker zu halten.

(3) Ist ein Raum aufgrund seiner Größe oder durch die Anzahl der dort befindlichen Möbel oder Gegenstände zu klein für eine Topfpflanze, so ist es trotzdem möglich, eine Topfpflanze unterzubringen. Zusatz: Ist ein Mann gegen die Unterbringung von Topfpflanzen in den gemeinsam genutzten Räumen, so liegt in diesem Kompetenzkonflikt

die Kompetenzkompetenz ausschließlich bei der Frau. Schranken-
gesetze und Schrankenschrankenverordnungen finden keine Anwendung.

(4) In Erwartung eines Besuches der Privatwohnung ist diese gründlich zu säubern, wobei durch das gleichzeitige, scheinbar willkürliche
Drapieren einer Zeitschrift der Eindruck zu verschleiern ist, es handle sich um eine gründlich gereinigte Räumlichkeit.

§ 5 Kleiderordnung

(1) Kleidung, die dem Lebensgefährten einer Frau gehört, geht nach
einseitiger Willensbekundung (→ Handlungswille) in den Besitz der
Frau über.

(2) Es besteht nach Treu und Glauben und guten Sitten keine Ober-
grenze bezüglich der Anzahl der Handtaschen, die eine Frau besitzen
kann. Die Frau hat das Recht, hierfür Schrankfläche des Mannes in
Anspruch zu nehmen.

(3) Findet eine Frau an einem bestimmten Kleidungsstück Gefallen,
äußert jedoch gleichzeitig Bedenken aufgrund der Höhe des Preises,
so sind Anwesende verpflichtet, sie so lange zu ermutigen, bis sie be-
sagtes Kleidungsstück tatsächlich erwirbt.

(4) Ist eine zusätzliche Motivation vonnöten, tritt die »Das sieht auch
zu Jeans gut aus«-Regel in Kraft.

§ 6 Frauenverkehrsordnung

(1) Frauen, welche sich während einer Fahrt mit einem Personenkraftwagen über den korrekten Wegverlauf im Unklaren sind, sind in
der Lage, diese Information von einem unbekannten Dritten einzuholen, indem sie nach dem Weg fragen.

(2) Das korrekte Lesen eines Stadtplanes oder einer Landkarte geht
nicht mit einem Verbot einher, diesen um 180 Grad zu drehen.

§ 7 Beautygesetze

(1) Unverzüglich nach dem Friseurbesuch ist auf direktem Weg das Badezimmer aufzusuchen, um die ursprüngliche Frisur wiederherzustellen.

(2) Aus der Kenntnis um die Unwirksamkeit kosmetischer Produkte im Anti-Cellulite-Cremes-Segment erfolgt keine Unzulässigkeit, selbige käuflich zu erwerben.

§ 8 Lebensmittelverordnung für Frauen

(1) Kalorienhaltige Lebensmittel werden durch den Konsum von Obst und Gemüse neutralisiert.

(2) Würstchen beinhalten keine getöteten Tiere.

(3) Lebensnotwendige Vitamine können durch den Gebrauch von Mango-Erdbeer-Orangen-Papaya-Shampoos aus dem Bodyshop aufgenommen werden. Als Gebrauch gilt bereits der Erwerb.

(4) Dunkle Schokolade, die zum Zweck der Entgiftung aufgenommen wird, besitzt keine Kalorien. Als dunkle Schokolade im Sinne dieser Bestimmung gilt auch helle Schokolade.

(5) Schokolade wird zu den gesundheitsfördernden Lebensmitteln gezählt, da sie aus Kakaobohnen hergestellt wird und somit eine Hülsenfrucht ist.

(6) Ist bei dem Verzehr von Schokolade niemand zugegen, der den Verzehr zur Kenntnis nimmt, ist rein rechtlich keine Schokolade verzehrt worden.

(7) Schokolade, die auf den Boden gefallen ist und so der Gefahr einer Kontamination ausgesetzt wird, gilt als keimfrei und kann bedenkenlos konsumiert werden, sofern sie innerhalb von fünf Sekunden aufgehoben und angepustet wird.

(8) Nutella sowie jede andere Nuss-Nougat-Speise, die durch ihre Konsistenz zu den Brotaufstrichen zu zählen ist, darf mit einem Löffel aus dem Glas entnommen und mit selbigem verspeist werden. In Notsituationen zählen als Löffel auch Zeige- und Mittelfinger.

§ 9 Gesetze, Regeln und Vorschriften, den Tag des Beginns einer Diät betreffend

Der Beginn der Diät ist auf den folgenden Tag verbindlich festgesetzt. Als morgen gilt stets der nächste Tag.

Schönheitsoperationsgesetze

§ 1 Geltungsbereich

Vergrößerte, verkleinerte oder anderweitig in ihrer natürlichen Beschaffenheit veränderte Körperteile unterliegen dem Schönheitsoperationsgesetz.

§ 2 Kennzeichnungspflicht

Dem Schönheitsoperationsgesetz unterliegende Körperteile müssen gut lesbar gekennzeichnet sein.

§ 3 Brustpreisbindung

Eine gesetzliche Brustpreisbindung entfällt.

Geschlechterverkehrsordnung

§ 1 Erregung privaten Ärgernisses

(1) Wer sexuelle Handlungen vornimmt und dadurch absichtlich, wissentlich oder fahrlässig ein privates Ärgernis erregt, wird mit Freiheitsstrafe bis zu einem Jahr oder mit Geldstrafe bestraft.

(2) Als Handlungen nach § 1 Absatz 1 gelten:

- Die Beiwohnung aus persönlichen, selbst zu verantwortenden Gründen vorzeitig zu beenden.
- Bei der Beiwohnung ausschließlich die eigene Stimulation zu intendieren.
- In Täuschungsabsicht die Vollendung des sexuellen Höhepunktes vorzugaukeln.
- Kosenamen oder vermeintlich erotisierende Worte gemäß Anlage 23 F zu verwenden.
- Das Vorschlagen und Praktizieren von Kopulationsstellungen, die geeignet sind, für wunde Knie oder andere körperliche Schäden zu sorgen.
- Das Herbeiführen oder die Beteiligung an der Entstehung von Geräuschen bei der Beiwohnung, die geeignet sind, Assoziationen mit Flatulenz hervorzurufen.
- Die Anwendung von Intimspielzeug bei der Beiwohnung, welches zuvor an einem Automaten in einer öffentlichen Toilette käuflich erworben wurde. Unter diese Bestimmung fallen auch Riesen-Kaugummikugeln aus Automaten, die nicht in öffentlichen Toiletten stehen.
- Jegliche Anstrengung und täuschende Absicht nach der Beiwohnung, mit der Intention, den Partner auf dem feuchten Fleck einschlafen zu lassen.

Anlage 23 F

Auflistung der Kosenamen und anderer Formulierungen einschließlich des sogenannten »Dirty-Talk«, die geeignet sind, vor, während und nach der Beiwohnung für peinliche Verstimmung bei allen an der Beiwohnung teilnehmenden Personen zu sorgen:

• Adönchen	• Glibberschnute	• Pupseline
• Ameisenbär	• Grunzebär	• Rehauge
• Apfelpopöchen	• Gurkentöpfchen	• Rosettenritter
• Babypopohasenmann	• Hasemuckel	• Sahneschnitte
• Blasihasi	• Himbeerpfötchen	• Schnuffilein
• Bubelmann	• Honigkuchenbärchen	• Schmausi
• Cremetörtchen	• Humpfimumpfi	• Wuscheligehonig-
• Dösbaddel	• Klöschen	hummel
• Dutzel	• Lutschliesl	• Wutzele
• Eichelprinz	• Mausenpuper	• Zutzelwusch
• Eumelchen	• Nupsofischi	
• Froschi	• Omabär	

§ 2 Exfreundegesetze

(1) Regelung zur Klärung der Schuldfrage: Für das Scheitern einer Beziehung ist vollumfänglich der entsprechende Exfreund verantwortlich. Existiert kein Exfreund, wird die Existenz eines Exfreundes für die Zwecke dieser Bestimmung fingiert.

(2) Exfreunde, welche in Begleitung einer neuen Partnerin auftreten, erscheinen um mindestens fünfzig Prozent attraktiver als ohne diese Person.

(3) Die Schnittmenge aus Exfreunden und Männern, von denen man sich gütlich getrennt hat, wird unter der Menge »Reserve« zusammengefasst.

Zusatz: Die Restmenge der Exfreunde wird unter »Blindgänger« zusammengefasst.

(4) Ordnungswidrig handelt, wer mit dem Exfreund einer Freundin intim wird.

Zusatz: Dies trifft auch zu, wenn die Freundin ihre unbedingte Einwilligung gegeben hat.

Zusatz II: Rechtlich zulässig ist hingegen das Eruieren, ob jener Exfreund der Freundin grundsätzlich die Beiwohnung gutheißen wollen würde, wenn man dazu bereit wäre.

(5) Das Versenden von Kurznachrichten (SMS) während eines Zustands von Selbstmitleid und/oder Trunkenheit ist strafbar, wenn es sich bei dem Empfangsadressaten um den Exfreund handelt.

(6) Bei einem Treffen mit einem Exfreund ist stets das Optimum an Attraktivität, Charme und Witz zu präsentieren. Liegt dieses Optimum unterhalb des Durchschnittsoptimums der Bundesbürger nach Maßgabe der jährlichen Ermittlungen des Statistischen Bundesamts (Attchawi-Statistik), findet Satz 1 keine Anwendung.

§ 3 Exfreundinnengesetze

(1) Schuldfrage: Für das Scheitern einer Beziehung ist vollumfänglich die entsprechende Exfreundin verantwortlich. § 2 Abs. 1 Satz 2 (Exfreundegesetz) findet entsprechende Anwendung mit der Maßgabe, dass der Begriff »Exfreund« durch »Exfreundin« ersetzt wird.

(2) Ordnungswidrig handelt, wer mit der Exfreundin eines Freundes eine Beiwohnung vorantreibt und durchführt.

Zusatz: Folgende Ausnahmen bestehen:

- wenn sie den Anfang macht
- wenn sie außergewöhnlich attraktiv ist
- wenn der Freund nicht anwesend ist (oder schon alkoholisiert im Bett liegt)

§ 4 Singlegesetze

(1) Alleinstehende natürliche Personen, die ohne feste lang- oder mittelfristige Bindung an einen Partner oder eine Partnerin bzw. nicht in einer häuslichen Lebensgemeinschaft leben, oder zum regelmäßigen

einvernehmlichen Beischlaf verabredete Personen unterstehen dem Singlegesetz.

(2) Fisch-sucht-Fahrrad-Klausel: Wer freiwillig und mutwillig eine Veranstaltung mit dem Themenmotto »Fisch sucht Fahrrad« besucht oder daran teilnimmt, ist nicht ermächtigt, eine Beschwerde zu führen, wenn die Mehrheit der Besucher dem Motto entsprechend aussieht.

(3) Gleiches gilt für Ü-30-Partys.

(4) Alleinstehende Personen dürfen ungefragt auf die Vorzüge ihres Single-Status hinweisen, wobei die zentralen Bereiche

- Bettflächennutzung
- Wohnungssauberkeit
- Fernbedienung-Nutzungsrecht

zu erwähnen sind.

(5) Die Schnittmenge aus

- nicht vergeben
- psychisch nicht auffällig
- nicht hässlich

ist homosexuell.

(6) Wer Alleinstehenden fahrlässig ein Tandem, ein Federball-Set oder eine Wippe schenkt, wird mit Isolationshaft nicht unter zwei Wochen bestraft. Die Strafe kann durch einen Einzelrichter ohne vorherige Anhörung des Betroffenen um bis zu weitere 3 Jahre verlängert werden.

Freundschaftsregelungen – Männer

§ 1 Geltungsbereich

Begriffsdefinition: Als Freund im Sinne der Regelung zum emotionalen Binnenverhältnis zweier heterosexueller Männer wird eine andere männliche Person bezeichnet, der gegenüber eine erhöhte Bereitschaft besteht, ein Verhalten an den Tag zu legen, das im Volksmund mit den Formulierungen »das letzte Hemd geben« oder »sich ein Bein ausreißen« bezeichnet wird.

§ 2 Grundsätzliche Regelungen

(1) Gemeinschaftliche Aktivitäten unter sogenannten Freunden sind zu fördern, da sie die sozialen Bande stärken. Im juristischen Sinne handelt es sich dabei um grundsätzlich fördernswerte und straffreie Handlungen.

Was alleine keinen Spaß macht ...	... und was mit Freunden daraus werden kann
Sich aufs Hemd kleckern	Tomatenschlacht von Buñol, Spanien
Eine Reitstunde nehmen	Rodeo; Dschingis Khans Horden
Lidschatten ausprobieren	Kiss, Mötley Crue, The Smiths
Kurz die Beine vertreten	Ironman, Völkerwanderung der Hunnen
Jemandem Hilfe und Schutz anbieten	Mafia, Versicherungsunternehmen

(2) Ein Freund darf Freunde jederzeit nach billigem Ermessen um Hilfe bitten. Der Zustand schwerwiegender Alkoholisierung steht dem billigen Ermessen gleich.

(3) Die Einschätzung und Ankündigung der geforderten Hilfeleistung hat realistisch (Art und Ausmaß) zu sein und in einer nach Treu und Glauben, unter Berücksichtigung der Verkehrssitte, objektiv angemessenen Zeitspanne nach bestem Wissen und Gewissen zu erfolgen.

§ 3 Umzugshilfegesetz

(1) Dem Hilfeersuchen des Freundes ist auch bei Umzügen stattzugeben, sofern dem Hilfeersuchen keine dringenden Gründe gemäß Anlage 1 entgegenstehen.

Anlage 1
Ein Freund darf sich von einem Umzug entschuldigt fernhalten:

- wenn er nach drei Kartons schlappmacht,
- wenn er zwei linke Hände hat (die Bestimmung gilt entsprechend für Linkshänder mit der Maßgabe, dass der Begriff »linke« durch »rechte« ersetzt wird),
- wenn seine Mutter zu Besuch ist; Schwiegermütter gelten als Mütter im Sinne dieser Bestimmung.

(2) Übersteigt der tatsächliche Aufwand des Umzuges den angekündigten Aufwand maßgeblich, so dürfen Möbelstücke auf der Straße stehen gelassen werden.

(3) Werden durch den umziehenden Freund beim Eintreffen der Helfer am Umzugsort »nur noch schnell ein paar Kartons gepackt« und hat dies zur Folge, dass zum vereinbarten Zeitpunkt die Umzugsvorbereitungen nicht annähernd vollständig abgeschlossen sind, so ist es den Helfern gestattet, unverrichteter Dinge zu gehen.

Zusatz: Das Nichterbringen der Umzugsleistung bedeutet jedoch keinen Verzicht auf die übliche Umzugsprämie (üblicherweise Pizza für alle und vier bis sechs Flaschen Bier pro Person).

(4) Objekte, die weder Waschmaschine noch Schrankwand sind, werden beim Umzug nur von einer Person getragen.

Zusatz: Übersteigt der Preis des zu transportierenden Flachbildfernsehers den Wert des restlichen Mobiliars, ist § 3 Artikel 4 ungültig.

§ 4 Geburtstage und Beileidsbekundungen

(1) Freunde lassen keine übertrieben emotionale Reaktion erkennen, wenn sie ihre Geburtstage und Gratulationen dazu versäumen.

(2) Bei zufälligen Anrufen am Geburtstag eines Freundes dürfen auch beim Ausbleiben von Glückwünschen keine Vorhaltungen gemacht werden.

(3) Freunde erinnern sich unaufgefordert an Geburts-, Hochzeits- oder andere Jahrestage, die deren Lebensabschnittspartnerinnen, Ehe-

partnerinnen oder andere Familienmitglieder als wichtig erachten – falls ihnen zufällig einer einfallen sollte. Sie sind bemüht, diese Information unverzüglich und diskret weiterzugeben.

(4) Gruß- und Glückwunschkarten gelten als ausreichend formuliert, wenn sie folgenden Text enthalten: »Glückwunsch zu/m jeweiliger Anlass«; die Verwendung von Vordrucken ist zulässig.

(5) Mitleidsbekundungen, egal aus welchem Anlass, sind gestattet, wenn sie im Umfang und Maß kurze, reduzierte Formulierungen wie »Scheiße, Mann« oder »Echt scheiße, Mann« nicht übersteigen.

(6) Findet eine Unterhaltung zwischen Freunden über ein ernsthaftes Beziehungsproblem oder die Beendigung einer Partnerschaft statt, so gilt § 4 Abs. 5.

§ 5 Allgemeiner Umgang unter Freunden

(1) Berührungen unterhalb der Brusthöhe finden nicht statt.

(2) Das gegenseitige Bewundern von Tätowierungen ist sittenwidrig; für im Gefängnis oder bei anderer Gelegenheit unfreiwillig (z. B. verlorene Wette) erhaltene Tätowierungen gilt § 4 Abs. 5 (Beileidsbekundungen) entsprechend. Für Freunde, die gleichzeitig Mitglieder einer kraftfahrräderfahrenden Gruppierung (Motorrad-Clubs) sind, gelten die Ausnahmen gem. Kraftfahrrädergruppenfreundesverordnung.

(3) Freunde sind pünktlich, wenn sie sich verabreden. Dabei gilt eine gesetzliche Nachfrist von acht bis 12 Minuten je nach Tageszeit, Jahreszeit und Treffpunkt als zulässig.

(4) Artikel 3 findet keine Anwendung, wenn sich mehr als zwei Freunde in einer Bar treffen oder auf einer Party verabredet sind.

(5) Freunde teilen sich im Restaurant weder Salat noch Vorspeisenteller noch Hauptspeise und unter keinen Umständen den Nachtisch. Was sie sich jedoch zu jedem Zeitpunkt bereit sind zu teilen, ist die Rechnung.

(6) Freunde gehen nicht gemeinsam auf die Toilette. Im Falle eines zufälligen Treffens oder eines Treffens aufgrund allergrößter Dring-

lichkeit verfallen sie in eine Art wortlos-katatonischen Zustand, bis die Toilette – zwingend getrennt – verlassen wird.

(7) Freunde gehen nicht gemeinsam »shoppen«. Besteht ein zufälliger gleichzeitiger Bedarf zur Abwendung eines Notstandes von Kleidern, Lebensmitteln oder sonstigen Produkten, werden beratende Kommentare höchstens mit den Worten »nope« (Ablehnung) oder »passt« (Zustimmung) gegeben.

Zusatz: Während des Einkaufsvorgangs ist darauf zu achten, den Kopf nicht in die Kabine des Anprobierenden zu stecken. Sollte dies aus reinem Versehen geschehen, muss das vorschriftswidrige Verhalten mit laut vorgetragenen Erklärungen wie »He, bist du da drin eingeschlafen« abgeschwächt werden.

(8) Geiz unter Freunden gilt durch das einschlägige Urteil des Europäischen Gerichtshofes vom 14. 3. 2009 als nicht verfassungskonform (bzw. »ungeil«).

§ 6 Regelungen zur Auskunftspflicht gegenüber Freundinnen

Fragen seitens der neuen Lebensabschnittspartnerin eines Freundes nach dessen sexuellem Vorleben sind von Freunden mit spontaner Amnesie zu begegnen.

§ 7 Regelungen zur Leihe von Gegenständen

(1) Überlässt ein Freund den Gebrauch einer Sache einem Freund, so kann der verleihende Freund sie nach Beendigung der Leihe auch zurückfordern. Wenn er die Sache seinerseits geliehen hat (Zweitleihe), kann der Anspruch auch vom Erstverleiher geltend gemacht werden.

(2) Freunde geben sich gegenseitig geliehene Gegenstände gemäß dem freundschaftlichen Verleihvertrag unaufgefordert wieder zurück. Wenn sie dazu neigen, Gegenstände zu verschlampen, weiterzuverleihen, zu verschenken, zu zerstören, zu verschusseln oder sonst wie

nicht vertragsgemäß zu gebrauchen, so verzichten sie lieber auf das Ausleihen und kaufen sich die benötigten Gegenstände selbst.

(3) Es ist unzulässig, vor Verleih seinen Namen demonstrativ in oder auf dem Verleihgegenstand anzubringen.

(4) Treffen sich Freunde auf einer Tanzfläche, tanzt jeder seiner eigenen Wege. Bei einem Aufeinandertreffen durch Unachtsamkeit haben sich beide langsam von der Tanzfläche zu entfernen und dabei ein wichtiges Gespräch vorzutäuschen.

§ 8 Regelungen zum Umgang mit Verwandten und Exfreundinnen unter Freunden

(1) Nahe Verwandte eines Freundes sind als geschlechtsneutral anzusehen und in der Beischlafanbahnung zu ignorieren.

Zusatz: Bei unübersehbaren sekundären Geschlechtsmerkmalen einer nahen Verwandten darf kommentierend gehustet werden.

(2) Zwischen der Anbahnung jedweder Beziehung zu einer Exfreundin eines Freundes und dessen Trennung von selbiger ist ein ausreichender zeitlicher Abstand zu wählen, der etwa peinliche Fragen »um Erlaubnis« unnötig macht (Holgerklausel).

(3) Kommt es zur gleichzeitigen Anwesenheit zweier Freunde bei der Beiwohnung mit einer weiteren weiblichen Person, so ist die Anwesenheit des Freundes vollständig zu ignorieren.

§ 9 Regelung zur Eignung des Führens von Krafträdern

Ist ein Freund aus körperlichem oder technischem Unvermögen nicht in der Lage, sein Motorrad auf den vorgesehenen Hauptständer aufzubocken, verliert er die Berechtigung zum Führen des Krades. Ausnahmen sind Bandscheibenvorfälle, schwere Verletzungen am Arm sowie deren glaubhafte Simulation.

§ 10 Sonderregelungen über den Umgang unter heterosexuellen Männern mit dem Skrotum

(1) Das Skrotum eines Freundes steht unter besonderem Schutz und ist unter allen Umständen vor direkter körperlicher Berührung zu bewahren.

(2) Im Falle eines Herzinfarkts oder Schlaganfalls oder bei der Bergung des Freundes aus einem havarierten Fahrzeug und selbst bei lebensnotwendigen Wiederbelebungsmaßnahmen ist von einer Berührung des Skrotums unter allen Umständen abzusehen.

(3) Berühren sich Freunde durch Zufall und unwillentlich unterhalb der Gürtellinie und oberhalb des Knies, ist dieses Ereignis zu negieren. Ebenso bleibt das Ereignis lebenslang unkommentiert.

(4) Bei Spielen mit leichten Wurfbällen sowie anderen zum Werfen geeigneten leichten Gegenständen ist das Skrotum der mitspielenden Freunde ein geeignetes Wurfziel. Treffer dürfen angemessene Heiterkeit auslösen.

(5) Erleidet ein Freund schwere oder besonders schwere Treffer im Bereich seines Skrotums, obliegt es allen Anwesenden, unverzüglich und in höchst glaubhaftem Maße ihre Mimik solidarisch mitfühlend zu einem »Schmerzgesicht« zu verändern.

§ 11 Bart- und Frisurengesetz

(1) Freunde weisen sich gegenseitig auf Bärte und Frisuren hin, deren Beschaffenheit und/oder Farbe der allgemein gebotenen Ernsthaftigkeit oder Glaubwürdigkeit eines Freundes im öffentlichen Parteienverkehr unzuträglich ist.

(2) Lichter werdendes sowie farblich verstärkt zu Grau tendierendes Haupthaar sind kein genügender Anlass, um unter Freunden eine Diskussion über das Älterwerden anzustrengen.

(3) Von vorsätzlich gleichartig getragenen Haartrachten zwischen Freunden, sogenannten Freund-Freund-Frisuren, ist abzusehen (Justin-Bieber-Klausel).

§ 12 Verordnung über die Bestellung von Getränken

(1) Getränkebestellungen haben stets für alle anwesenden Freunde zu erfolgen; bereits unter dem Tisch liegende Freunde gelten nicht als anwesende Freunde im Sinne dieser Bestimmung.

(2) Grundsätzlich verboten ist das Bestellen von Getränken, welche:

- mit Fruchtstücken oder
- Papierschirmchen verziert sind,
- pastellfarben sind.

§ 13 Regelungen über den Umgang mit Fremden

(1) Wer einen Freund einer attraktiven Unbekannten vorstellt, ist verpflichtet, diesen in positivem Licht erscheinen zu lassen: beruflich, als Freund, als Sportler und als Tierschützer.

(2) Üble Nachrede oder Verleumdung sind nur dann gestattet, wenn sich der übel Nachredende oder Verleumdende ernsthafte Hoffnung auf die Anbahnung eines Beischlafs mit der attraktiven Unbekannten machen darf. In diesem Fall darf er seinen Freund als impotenten Psychopathen darstellen.

§ 14 Regelungen über den Umgang von Freunden bei Streit

(1) Nach einem Streit zwischen Freunden sind beide Parteien berechtigt, eine angemessene Schmollfrist (spontane Streitverjährung) einzuhalten. Nach Ablauf selbiger ist der Streit zu vergessen und nie mehr ein Wort darüber zu verlieren.

(2) Wer ungeachtet dieser Regelung auf einer Entschuldigung seitens eines Freundes besteht, verstößt gegen das internationale Männerrechtsabkommen. Die Duellverordnung von 1793 findet keine Anwendung.

§ 15 Musikalische Grundrechte

(1) Freunde sind nach Treu und Glauben sowie im Rahmen der Einhaltung der guten Sitten dazu angehalten, keine Duette zu singen.

(2) Musikalische Werke, die in der Öffentlichkeit keine Aufführung seitens eines Freundes finden dürfen:

- »Father & Son«
- »There is a House in New Orleans«
- »Skifoan«
- »If you're going to San Francisco«
- alles von Simon oder Garfunkel und/oder von Simon & Garfunkel

(3) Die Anwesenheit eines Lagerfeuers führt nicht zu einer verminderten Schuldfähigkeit. Auch ein Verbotsirrtum ist nach der Haager Musikverordnung von 1.4.1987 ausgeschlossen.

(4) Freunde, die sich nicht der Beihilfe oder Anstiftung schuldhaft machen wollen, müssen ihre Freunde gegebenenfalls unter Androhung und Anwendung von körperlicher Gewalt von der musikalischen Darbietung genannter Werke abhalten.

(5) Wer es unterlässt, die Darbietung solcher Werke in der Öffentlichkeit zu unterbinden, macht sich strafbar und wird mit einer Freiheitsstrafe von nicht unter acht Jahren oder dem Besuch eines »Tokio Hotel«-Konzerts bedroht.

§ 16 Regelungen zur Begrüßung unter Freunden

(1) Statthafte bzw. nicht statthafte Formen der Begrüßung unter heterosexuellen Männern im öffentlichen Parteiverkehr sind der Anlage C345/65(5) des Artikels § 16 zu entnehmen.

Anlage C345/65(5)

a. Komplizierte Abklatschrituale und scheinbares Handgemenge zur Begrüßung sind Freunden vorbehalten, die das sechzehnte Lebensjahr noch nicht vollendet haben.

b. Während sehr emotionaler Momente ist zur Begrüßung ein High Five angebracht. Anlass können eine Hochzeit, eine Scheidung oder eine Vaterschaft sein; es sei denn, die Hochzeit erfolgt mit der ehemaligen oder aktuellen Lebenspartnerin des Freundes.

c. Bei einer Umarmung sind die Berührungsflächen auf den Hand-, Arm- und Schulterbereich zu begrenzen.

d. Geraten die Freunde bei der Begrüßung aus dem Gleichgewicht und kommen sich durch die Gleichgewichtsstörung körperlich näher als in Anlage C345/65(5) c festgelegt, so genügt der Kommentar einer der beiden Freunde: »Scheiße, Mann, Engtanzen ist nicht unsere Stärke«, um von einer Strafe abzusehen.

§ 17 Wichtige Kommunikationsgesetze unter Freunden

(1) Freunde, die Kenntnis über eine außereheliche Beziehung der Partnerin eines Freundes haben, sind zum Stillschweigen darüber verpflichtet.

(2) Dieses Stillschweigen ist auch bei Foltermethoden wie Waterboarding, Elektroschocks, unter Psychopharmaka oder in jahrzehntelanger Beugehaft beizubehalten.

(3) Ein Verstoß gegen Artikel 2 und 3 wird bestraft wie eine eidesstattliche Falschaussage mit Todesfolge.

(4) Die Weitergabe von Geheimnissen zwischen Freunden ist ausnahmslos sittenwidrig.

(5) Ein Freund hat einen aus seinem Arbeitsvertrag entlassenen Freund in dessen Urteil über seinen Chef auch in dem Fall zu bestätigen, wenn globaler Konsens über die objektiv gerechtfertigte Kündigung dieses Freundes besteht.

§ 18 Geschenke

Bei Urlaubs- oder Dienstreisen in die USA sind unaufgefordert Jeans und Turnschuhe für einen Freund zu beschaffen. Die Konfektionsgrößen sind unerheblich oder zu vernachlässigen. Es zählt allein die Geste.

§ 19 Pflege von Pflanzen in Abwesenheit des Freundes

(1) Werden Blumen und der sorgfältig gepflegte Bonsai-Baum während der eigenen Urlaubsreise einem Freund zur Pflege überlassen, so ist mit deren Ableben noch vor Abschluss der Reise zu rechnen. Satz 1 gilt nicht, wenn der abwesende Freund seinen Lebensunterhalt mit dem Verkauf von Bonsai-Bäumen bestreitet.

(2) Eine Befreiung des Kühlschranks und/oder der Hausbar von überschüssigen Alkoholika ist auch trotz gescheiterter Blumenpflege statthaft.

Hypochondergesetz (HypocoG)

§ 1 Geltungsbereich

(1) Als Hypochonder gelten Personen, welche sich Krankheiten einbilden, sich vor Krankheiten fürchten und/oder die mindere Schwere ihrer Krankheit gegenüber Dritten verheimlichen, um sich zwischenmenschliche Zuwendung sowie ärztliche, therapeutische und/oder medikamentöse Leistungen unrechtmäßig zu erschleichen.

(2) Als nicht krank im Sinne des HypocoG gilt ein Mann auch dann, wenn er:

- ein Jucken oder Ziehen zwischen den Schultern verspürt,
- chronisch unter morgendlicher Müdigkeit und/oder Erektion leidet,
- sich partout keine Geburts- und Hochzeitstage merken kann,
- rauhen Hals, feuchte Aussprache oder leichte Kopfschmerzen als erste Symptome von im Internet recherchierten schweren chronischen Krankheitsbildern identifiziert.

(3) Ein Hypochonder gilt mit dem abgeschlossenen 70. Lebensjahr nicht mehr als Hypochonder im Sinne des HypocoG, da die befürch-

teten Krankheiten und Beschwerden bereits vorhanden sind oder in naher Zukunft tatsächlich eintreten werden.

Regelungen zur Haltung, zu Rechten und Pflichten von juristischen Personen, die sich in der Lebensphase der Kindheit befinden

§ 1 Geltungsbereich

(1) Kind ist jede Person, die das 14. Lebensjahr noch nicht vollendet hat. Kein Kind sind Männer, deren Betragen objektiv kindisch ist, die jedoch das 18. Lebensjahr bereits überschritten haben.

(2) Die Elternschaft und die Sorgepflicht für ein Kind kann nicht einseitig durch ein Kind aufgekündigt werden, weil dieses seine Rechte in Bezug auf die Fernsehnutzung als nicht ausreichend erachtet.

§ 2 Allgemeine Regelungen

(1) Kinder haben das Recht zu schweigen.

Zusatz: Besonders nach 20 Uhr.

(2) Erziehungsberechtigte eines Kindes oder stellvertretend mit der Beaufsichtigung beauftragte Personen sind verpflichtet, das präferierte Stofftier, Kuscheltuch oder die Puppe auf geringsten Antrag des Kindes stets bereitzuhalten. Als solcher Antrag gilt auch lautes langanhaltendes Schreien unverständlicher Stammellaute.

- Dies gilt insbesondere für Aufenthalte außerhalb des gewohnten Umfelds des Kindes.
- Dies gilt auch für den Umstand, dass es erforderlich wird, mehrere hundert Kilometer zurückzufahren, um Tier, Tuch oder Puppe dem Urlaubsgepäck nachträglich hinzuzufügen.
- Das Strafmaß eines Verstoßes gegen dieses Gesetz wird nicht durch ein Gericht, sondern vom Kind selbst durchgesetzt.

(3) Kinder, welche die Herausgabe oder die Anschaffung eines Gegenstandes fordern und dies damit begründen, dass »alle anderen Kinder« im Besitz des genannten Objekts seien, sind dazu verpflichtet, die Personalien mindestens zweier Kinder vorzuweisen, die sich nachweislich im Besitz des besagten Gegenstandes befinden.

- Eltern sind dazu berechtigt, dies nach billigem Ermessen einzufordern.
- Eltern sind nicht dazu berechtigt, die Verhandlung über die Anschaffung eines Gegenstandes mit dem »Und wenn (Name des Kindes) aus dem Fenster springt, springst du dann auch?«-Argument zu kommentieren.

(4) Das zeitgleiche Betätigen mehrerer Türklingeln ohne die Absicht, in die beklingelten Türen einzutreten oder mit den natürlichen oder juristischen Personen hinter den beklingelten Türen Kontakt aufzunehmen, wird mit nicht unter drei Kopfnüssen bestraft.

(5) Wer Kinder in einem Personenkraftwagen transportiert, hat zu jeder Zeit Auskunft darüber zu geben, wie lange die Reise voraussichtlich noch dauern wird (Recht auf uneingeschränkte Information der Ankunftszeit). Aussagen, die keine Schätzung darstellen und ausschließlich auf den Umstand verweisen, dass die Reise in ihrer Natürlichkeit bis zur endgültigen Ankunft andauere, sind nicht zulässig. Es ist den Erziehungsberechtigten jedoch nicht vorgeschrieben, korrekte Zeitangaben zu verwenden.

(6) Wer eine Lillifee beleidigt oder in Bezug auf ihre Farben, ihre Nutzlosigkeit oder ihre Vomitus provozierende Niedlichkeit eine Lillifee ehrverletzend kommentiert, kann mit einem Aufenthalt in Barbies Friseursalon von nicht unter drei Monaten bestraft werden.

(7) Das Vortäuschen von Flatulenzen durch stoßweises Ausatmen in die Armbeuge unterliegt nicht der (siehe) Flatulenz-Ordnung.

(8) Weihnachtsgeschenke, die in ihrer Funktion dem Bereich Kleidung zuzurechnen sind, sind keine Weihnachtsgeschenke, sondern lediglich Kleidungsstücke, die um die Weihnachtszeit besorgt wur-

den. Ausgenommen sind Superhelden-Kostüme sowie Prinzessinnen-kleider.

(9) Das Hinzufügen von Götterspeise in den Swimmingpool führt nur der besonderen Umstände halber dazu, dass man über das Wasser gehen kann, und ist insofern zu unterlassen.

(10) Das Mitführen von Kindern in Supermärkten unterliegt § 5 des Supermarkt-Erlasses.

§ 3 Regelungen zur Schlafenszeit und allgemeinen Nachtruhe

(1) Kinder, die aufgrund ihres geistigen Entwicklungsstadiums noch Schlafanzüge mit Tiermotiven tragen, sind nicht berechtigt, einen Antrag auf Neuregelung der Einschlafzeiten zu stellen.

(2) Sorgerechtsinhaber sowie alle erwachsenen Personen, die an deren statt eines oder mehrere Kinder zur Nachtruhe ins Bett bringen, sind verpflichtet, auf Antrag des Kindes in Schränken sowie unter dem Bett nach Monstern Ausschau zu halten und diese im Bedarfsfall zu entfernen und fachgerecht zu entsorgen.

(3) Das Kind ist berechtigt, aufgrund von maßgeblichen Gründen Einspruch (Vetorecht) einzulegen, wenn es dazu aufgefordert wird, einzuschlafen:

- »Ich habe Durst.«
- »Ich muss auf die Toilette.«
- »Ich kann nicht einschlafen.«

(4) Nicht berechtigt sind Einsprüche, welche die Notwendigkeit der Nachtruhe generell in Frage stellen:

- »Ich bin noch nicht müde.«
- »(Name des Kindes) muss auch immer erst um Mitternacht ins Bett.«
- »Ich gehe morgen nicht in die Schule.«
- »Ich muss nicht schlafen.«

(5) Verhandlungen, welche die Bettruhe sowie den Zeitpunkt hierfür

betreffen, erfolgen seitens der Eltern ipso iure, also ohne zusätzliche Willensäußerung. Es tritt eine Rechtsfolge ein (»aus Prinzip«).

(6) Zulässige Kompromisse bezüglich der Schlafenszeitverordnung sind:

- »Ich schlafe, aber in eurem Bett.«
- »Noch bis zum Ende des Kapitels.«
- »Noch fünf Minuten.«

Nicht zulässig sind:

- »Wenn ihr auch mit ins Bett geht.«
- »Erst, wenn es dunkel ist.«
- »Nach dem Zombiefilm.«

(7) Kompromisse, welche im Rahmen der Schlafenszeit-Verhandlungen getroffen wurden, sind ohne Angabe von Gründen einseitig widerrufbar.

(8) Stofftiere, Kuscheltücher oder Puppen sind, sofern sie mit dem Kind in einem Bett schlafen, auf Verlangen mit einem Gutenachtkuss zu versehen. Dies gilt auch, wenn es sich dabei um einen hygienisch fragwürdigen, alten Fransen-Hasen handelt.

(9) Das Recht auf eine Gutenachtgeschichte eines Kindes ist unantastbar. Die ausdrücklich verlangte Wiederholung derselben Geschichte ermächtigt den Erzähler nicht dazu, die Geschichte oder Teile davon abzuändern und die Protagonisten der Geschichte narrativ sterben zu lassen.

(10) Alpträume berechtigen zum Verlegen der Schlafstatt vom eigenen Bett in das der Eltern. Dies berechtigt jedoch nicht zur Inbesitznahme sämtlicher vorhandenen Bettdecken sowie zu einer diagonalen Nutzung der Bettstatt unter permanentem Positionswechsel.

§ 4 Ernährung

(1) Alle Nährstoffe und Mineralien, welche für ein Kind lebensnotwendig sind, sind in Schnitzel mit Pommes und Ketchup enthalten.

(2) Die Entwendung oder Unterschlagung von Nahrungsmitteln vom Teller eines Kindes durch Ablenkung von dessen Aufmerksamkeit mittels einer bewussten Falschaussage (»Schau mal, da hinten ist ein Löwe!«) ist nicht strafbar, sondern lustig.

§ 5 Supermarkt-Erlass

(1) Es wäre zwar praktisch, ist aber unzulässig, Kinder vor einem Supermarkt anzuleinen. Vierbeinige Kinderersatzlebewesen in Begleitung von Personen über 65 Jahren gelten nicht als Kinder im Sinne dieser Bestimmung.

(2) Langeweile ist keine hinreichende Rechtfertigung für ein Kind, Kondompackungen oder andere Güter im Wagen anderer Kunden unterzubringen.

(3) Naschwerk, welches sich in den unteren Regalfächern eines Supermarktes befindet, geht automatisch in den Besitz der anwesenden Kinder über.

(4) Kinder, welche im Eingangsbereich des Supermarktes in dafür aufgestellten Auto-, Hubschrauber- oder Pferde-Karussellautomaten untergebracht werden, müssen beim Verlassen des Supermarktes wieder mitgenommen werden. Bei protestierenden Kindern darf auf ein ruhigeres, fremdes Kind ausgewichen werden.

(5) Erziehungsberechtigten ist es untersagt, Kinder, welche sich in einem Einkaufswagen befinden, mit Einkaufsartikeln derart zu beschweren, dass sich diese nicht mehr selbständig aus dem Wagen befreien können.

(6) Bringt ein Kind nach einem Einkauf den Einkaufswagen in die dafür vorbestimmte Einkaufswagen-Station, ist es dazu berechtigt, das Geldstück, das nach dem Verriegeln des Wagens freigegeben wird, zu behalten.

Zusatz: Tritt anstelle eines Geldstücks ein Plastikchip zutage und wurde dieser Umstand von einem Erwachsenen bewusst verheimlicht, so kann der Chip jederzeit für den Betrag von einem Euro verkauft werden. Der von den Eltern zu leistende Strafzins berechnet sich aus einem Zinssatz von 22 Prozentpunkten über dem Basiszinssatz.

§ 6 Erpressung der Eltern

(1) Wer als Kind oder Kleinkind mit Geschrei oder durch Drohung mit einem empfindlichen Übel wie Luft anhalten, unangekündigte Verrichtung der Notdurft oder Verschmieren des Essens seine Eltern zu einer Handlung, Duldung oder Unterlassung nötigt, wie den Kauf von Süßigkeiten oder die Verlängerung der Mediennutzungszeit, der wird mit Hausarrest von bis zu vier Stunden oder mit Taschengeldkürzung bestraft.

(2) Der Versuch ist strafbar. Der straffreie Rücktritt vom Versuch ist ausgeschlossen.

(3) Ein besonders schwerer Fall liegt dann vor, wenn der Täter als Mitglied einer Bande mit seinen Geschwistern handelt, die sich zur fortgesetzten Begehung einer Erpressung verbunden haben. In besonders schweren Fällen beträgt die Strafe einen Hausarrest nicht unter einer Woche.

(4) Die erpresserische Androhung der einseitigen Aufkündigung der Elternschaft und der Sorgepflicht seitens des Kindes im Falle eines Festhaltens der Eltern an der Regelung zur Fernsehnutzung, ist nicht strafbar.

§ 7 Peinliche Väterverordnung

(1) Es gelten die angewandten Vätergesetze § 7 bezüglich der soziokulturellen Abgrenzung des eigenen Vaters gegenüber anderen natürlichen Personen oder Verwandten:

- Väter haben keinen Musikgeschmack.
- Väter sind schlecht gekleidet.
- Ausgerechnet der eigene Vater ist immer der peinlichste.

§ 8 Väterwitzverordnung

(1) Wenn jemand Witze, Anekdoten, Schwänke oder andere Erzählungen mit humoristischem Hintergrund verbreitet oder in den Verkehr bringt und dabei für peinliches oder betretenes Schweigen bei Verwandten und Bekannten sorgt, so ist die Strafe Sitzen am Katzentisch von drei Monaten bis zu fünf Jahren oder Geldstrafe, zahlbar in Form von Taschengeld an die Kinder.

(2) Eine Wiederholung von gleichlautenden Witzen, Anekdoten, Schwänken oder anderen Erzählungen mit humoristischem Hintergrund vor dem gleichen Publikum wird mit Stöhnen, Augenrollen und laut vernehmlichen »Nicht schon wieder«-Rufen bestraft.

(3) Der Vortragende darf nicht am lautesten über seine eigenen Witze lachen.

(4) Es ist nicht strafvereitelnd, wenn Onkel Peter lacht.

§ 9 Luftverunreinigung

(1) Kinder, die mittels ihrer Verdauung Veränderungen der Luft verursachen, die geeignet sind, außerhalb des Kinderzimmers die olfaktorische Unversehrtheit von anderen Menschen, Tieren, Pflanzen oder anderen Dingen zu schädigen, werden mit Hausarrest von bis zu vier Stunden oder mit »ohne Abendessen ins Bett« bestraft.

(2) Der Versuch ist strafbar. Die Tat verjährt mit der nächsten Tat im Sinne des Abs. 1 durch ein anderes Familienmitglied.

(3) Handelt der Täter fahrlässig, so ist die Strafe bis zu zwei Wochen Taschengeldentzug.

§ 10 Elternbelehrung

Wer als vernunftbegabter Mensch beabsichtigt, ein Elternteil zu werden, hat vorab über die Gefahren im Umgang mit Kindern gemäß Anlage KIND 1 belehrt zu werden.

Anlage KIND 1

Grundsätzliche Gefahren-Belehrung nach dem Elterngesetz:

- Kleinteile können verschluckt werden.
- Die Wassermenge eines Wasserbettes ist dazu geeignet, eine große Wohnung zehn Zentimeter hoch unter Wasser zu setzen.
- Wird Haarspray auf Staubmäuse aufgesprüht, so entzünden sich diese, falls mit Inlineskates darübergefahren wird.
- Die Stimme eines Dreijährigen ist geeignet, sich gegen zweihundert Erwachsene in einem Restaurant durchzusetzen.
- Die Motorkraft eines durchschnittlichen Deckenventilators ist nicht dazu geeignet, ein zwanzig Kilo schweres Kind in Batman-Unterwäsche und einem Superman-Umhang an einer Hundeleine kreiseln zu lassen.
- Tennisbälle sollen nicht in Ventilatoren geworfen werden.
- Doppelglasfenster halten einen Tennisball, welcher in einen Ventilator geworfen wurde, nicht auf.
- Ist die Toilettenspülung und ein kurz darauf folgendes »Oje« zu hören, ist Ruhe zu bewahren, da es bereits zu spät ist, etwas zu unternehmen.
- Das Vermischen von Domestos und Nitrolauge erzeugt sehr viel Rauch.
- Entgegen der Behauptung, dies wäre nur im Film möglich, ist ein durchschnittliches Kind in der Lage, mit einem Feuerstein eine Flamme zu erzeugen.
- Die kleinen, quadratischen Legosteine können den Verdauungstrakt von Vierjährigen passieren.
- Knetmasse und Mikrowelle sollten nie in einem Satz erwähnt werden. Die Verwendung dieser Begriffe in zwei aufeinanderfolgenden Sätzen gilt immer noch als grob fahrlässig.
- Sekundenkleber hält für immer.
- Murmeln im Tank führen zu unguten Geräuschen.

- Vor dem Anstellen des Ofens ist dessen Inhalt auf Spielzeug zu untersuchen, es sei denn, das Spielzeug wurde absichtlich von den Eltern in den Ofen verbracht.
- Der Schleudergang einer Waschmaschine ruft bei Regenwürmern kein Unwohlsein hervor.
- Bei Katzen schon.

Zusatz: Ist Katzen unwohl, erbrechen sie das Doppelte ihres eigenen Körpergewichts.

§ 11 Schulgesetze

(1) Die legislative, exekutive und judikative Gewalt sowie das Recht auf die Expressschlange am Pausenkiosk obliegt den Schülern der Oberstufe.

(2) Hausaufgaben, die zu einem nicht näher bestimmten Zeitpunkt in der Zukunft zu erledigen beabsichtigt werden, sind als gemachte Hausaufgaben anzusehen.

Zusatz: Dies gilt auch, wenn es sich bei dem nicht näher bestimmten Zeitpunkt um die Minuten unmittelbar vor dem zugehörigen Stundenbeginn handelt.

Regelungen zur Haltung, zu Rechten und Pflichten von natürlichen Personen, die sich in der Lebensphase der Adoleszenz befinden

§ 1 Geltungsbereich

(1) Jugendlicher ist jeder heranwachsende Mensch spätestens mit Eintritt in das 15. Lebensjahr oder aber eine heranwachsende Person, deren durcheinandergeratener Hormonspiegel durch deutlich erkennbare Akne-Effloreszenzen im Gesicht augenfällig nachgewiesen ist.

(2) Ausschluss des Rückgaberechts. Der Eintritt eines Kindes in die Pubertät bedeutet keinen hinreichenden Grund für einen Rücktritt vom Elternvertrag.

§ 2 Allgemeine Regelungen

(1) Der natürliche Lebensraum eines Jugendlichen ist das Bushaltestellenhäuschen.

(2) Die Einteilung der Jugendlichen erfolgt in Cliquen, welche fortan die Denkprozesse der Jugendlichen assimilieren und durch ein kollektives Bewusstsein ersetzen.

(3) Jugendliche sind aufgrund einer latenten, psychosozialen Unzurechnungsfähigkeit vermindert strafmündig.

(4) Jugendliche sind dazu berechtigt, Gewürzmischungen aus der elterlichen Küche in selbstgedrehten Zigaretten zu rauchen, um ihre Verwendung als legale Rauschmittel zu prüfen. Eltern ist dieses Verhalten untersagt, insbesondere wenn es zur Überprüfung der in Satz 1 erwähnten Prüfung durch die Jugendlichen dient.

(5) Es liegt im Verantwortungsbereich von Jugendlichen, in Beschriftungen öffentlicher Verbotsschilder einen oder mehrere Buchstaben unkenntlich zu machen und der Aussage dadurch eine neue Bedeutung zu geben.

(6) Vormaulrecht: Ein Jugendlicher ist dazu berechtigt, das Vormaulrecht auszuüben. Die Ausübung erfolgt bei Hinweisen auf Pflichten des Jugendlichen gegenüber erziehungsberechtigten Personen sowie anderen Personen, die nicht Teil der zugehörigen Clique sind.

§ 3 Kleiderordnung

(1) Jegliche Entwicklung die Mode betreffend, welche ihre Ursprünge in Nordamerika hat, ist nachzuahmen. Von dieser Pflicht befreit auch nicht grober Unfug (wie im Sommer Fellstiefel zu tragen).

(2) Ein Jugendlicher muss mindestens ein Kleidungsstück besitzen, dessen Anblick seine Mutter in Tränen ausbrechen lässt.

§ 4 Sexualität und Liebe

(1) Die Formulierung eines Jugendlichen, es handle sich bei einer Person um die Liebe seines bzw. ihres Lebens, muss im psychosozialen Kontext gesehen werden. Die Einschätzung, es würde nie wieder so eine große Liebe im Leben geben und es gäbe auf der Erde seit Bestehen keine Liebe, die annähernd so groß gewesen wäre wie diese, bedeutet eine emotionale Momentaufnahme, deren Halbwertszeit vergleichbar ist mit der von instabilem Plutonium.

(2) Die zentrale Aufgabe eines Jugendlichen ist es, sich intensiv mit der wahrscheinlichen Endgröße von Brüsten oder Penis zu befassen und Prognosen diesbezüglich anzustellen. Handelt es sich um männliche Jugendliche, so ist außerdem das tägliche Wachstum der Barthaare zu beobachten.

(3) Auf Ausdrücke, die in ihrer Bedeutung oder Konnotation auf die Sexualität zwischen Menschen, Tieren oder Pflanzen anspielen, ist durch hysterisches Auflachen und rot verfärbte Ohren hinzuweisen.

§ 5 Kinoverbot

Jugendliche unterliegen einem generellen Kinoverbot aufgrund des kollektiven Verstoßes gegen das Popcorn-Krümel-Kicher-Unterhaltungs-Knutsch-und-Füße-auf-die-Lehne-des-Vordersitzes-Verbot.

§ 6 Taschengeldparagraph

Die regelmäßige monetäre Unterstützung des Jugendlichen richtet sich nach dem Einkommen der Eltern und ist freiwillig. Sie richtet sich nicht nach dem Einkaufspreis der gewünschten Computerspiele.

§ 7 Vorschriften, Regeln und Bestimmungen, die Mütter und Väter und andere Erziehungsberechtigte in ihrer Eigenschaft als solche betreffen

(1) Mütter, welche eigenen oder anderen Kindern Flecken jedweder Art mittels Spucke aus dem Gesicht entfernen, machen sich der

Körperverletzung, der Missachtung sämtlicher Hygienevorschriften und der Nötigung schuldig.

(2) Prinziplosigkeitsgesetz: Eine Diskussion von Erziehungsberechtigten mit Schutzbefohlenen darf nicht mit den Worten »aus Prinzip« oder »weil ich das so sage« beendet oder entschieden werden.

(3) Erste-Hilfe-Verordnung: Erziehungsberechtigte sind dazu verpflichtet, bei minderschweren Verletzungen Erste Hilfe durch Pusten zu leisten.

(4) Befinden sich Erziehungsberechtigte gegenüber ihren Kindern objektiv im Unrecht, so ist es nicht statthaft, eine die Kinder benachteiligende Entscheidung mit dem Argument »aus Prinzip« zu begründen. Generell sind Floskeln gemäß Anhang G465/12 im Umgang mit Kindern nicht gestattet und können zur Entziehung des Sorgerechts führen.

Anlage G465/12

- Auf Obst trinkt man kein Wasser.
- Schluck den Kaugummi nicht runter, der verklebt den Magen.
- Zieh deine Nase nicht hoch, das verklebt das Gehirn.
- Lies nicht bei schlechtem Licht, sonst verdirbst du dir die Augen!
- Schiele nicht absichtlich, sonst bleibt dir das!
- Bonbons darfst du nicht beißen, sonst ruinierst du dir die Zähne.
- Iss kein warmes Brot, sonst bekommst du Bauchweh!
- Man braucht täglich wenigstens eine warme Mahlzeit!
- Hüte dich vor Hornissen – drei Stiche können tödlich sein!
- Zünde deine Zigarette nie an einer Kerze an, das ist ungesund!

(5) Fragen, die geeignet sind, das Unwohlsein eines Kindes hervorzurufen, oder die bereits seit Generationen rituell an Kinder gestellt werden gemäß Anlage G465/13, sind nicht zulässig.

Anlage G465/13
- Hast du die Zähne schon geputzt?
- Und was ist der Dank?
- Ist das zu viel verlangt?
- Schämst du dich gar nicht?
- Wo willst du denn jetzt noch hin?
- Wie lange dürfen die anderen denn?
- Soll ich Papa holen?
- Wer hat dir denn diesen Floh ins Ohr gesetzt?
- Hast du dir die Hände gewaschen?
- Wenn der X aus dem Fenster springt, tust du es dann auch?

(6) In Komplizenschaft getätigte stereotype und rituelle Aussagen mit niedrigem erzieherischem Potenzial gemäß der Anlage G465/14 sind strafbar.

Anlage G465/14
- … gleich gibt's Popoklatsche mit Anlauf.
- Ausziehen, waschen und ab ins Bett!
- Bedank dich mal bei Oma!
- Bevor die Hausaufgaben gemacht sind, gehst du nicht aus dem Haus!
- Da kannst du aber Gift drauf nehmen.
- Da waren die Augen wieder größer als der Mund.
- Da werden wir noch ganz andere Saiten aufziehen!
- Dann weht aber ein anderer Wind!
- Das hat ein Nachspiel.
- Das Haus verliert nix.
- Das heißt »wie bitte«.
- Das kannst du deiner Großmutter erzählen.
- Das Maß ist voll!
- Das sieht hier ja aus wie bei den Hottentotten.
- Dass du dich nicht schämst!

- Deck mal den Tisch!
- Deine Ohren sind so dreckig, da kann man ja Radieschen drin säen.
- Draußen scheint die Sonne, und du sitzt vor dem Fernseher!
- Du bist aber nicht »die anderen«.
- Du bringst mich noch zur Weißglut!
- Du denkst wohl, du bist hier im Hotel?
- Du kriegst gleich eine, dass du meinst, ein D-Zug hat dich gestreift.
- Du lernst nicht für mich, sondern fürs Leben!
- Du solltest doch um acht Uhr daheim sein, jetzt ist es neun. Ich hab mir schon Sorgen gemacht.
- Ellbogen vom Tisch!
- Es liegen schon ein paar Erfrorene auf der Straße.
- Fräulein, mit dir hab ich noch ein Hühnchen zu rupfen!
- Gegessen wird, was auf den Tisch kommt!
- Ich komme in einer Viertelstunde wieder, und dann ist das Zimmer pi-co-bel-lo!
- Ich zähl bis drei, dann … (drohend) eeeeeiinnnnss … (noch drohender) zweeeeeeeiiii …
- Kleine Sünden straft der liebe Gott sofort.
- Mach dir halt ein Käsebrot!
- Mach die Augen zu, dann siehst du, was deins ist!
- Mit vollem Mund spricht man nicht!
- 'ne Ansichtskarte hättest du ja wenigstens mal schreiben können.
- Nimm den Löffel zum Mund und nicht den Mund zum Löffel!
- Rufst du an, wenn du da bist?
- So gehst du mir nicht aus dem Haus!
- Trink nicht aus der Flasche!
- Um die Zeit willst du noch fortgehen?
- Was bis 1/2 Uhr nicht aufgeräumt ist, verschenk ich ans Rote Kreuz!

- Wenn dein Kopf nicht angewachsen wäre, hättest du ihn längst irgendwo vergessen.
- Wie heißt das Zauberwort?
- Wippel nicht so mit dem Stuhl rum!
- … und in Afrika verhungern die Kinder.

§ 8 Miterziehungsgesetz

(1) Kleinkinder, die sich im Supermarkt schreiend auf dem Boden wälzen, weil ihnen die Mutter keine Schokolade kauft, dürfen von anwesenden Kunden straffrei mit dem Einkaufswagen gerammt werden. Als Einkäufer in diesem Sinne gelten nicht die eigenen Eltern.

(2) Jugendliche, die sich an Haltestellen von öffentlichen Verkehrsmitteln zusammenrotten, um dort alkoholische Getränke zu konsumieren oder anderen zweifelhaften Tätigkeiten nachzugehen, und die fremde Personen ansprechen, ihnen hinterherpfeifen oder sie andersartig provozieren, sind unverzüglich als »verlotterte Jugend« zu bezeichnen.

§ 9 Regeln und Bestimmungen, Geschwister betreffend

(1) Tätlichkeiten unter Geschwistern, welche den Tatbestand der Folter und anderer grausamer, unmenschlicher oder erniedrigender Behandlungen (BGBl. 1990 II S. 246) erfüllen, sind bei einer Strafe von nicht unter drei Schlägen auf die Stirn verboten.

(2) Insbesondere:

- Muskelreiten,
- Brennnessel,
- Gehfehler verpassen,
- hinterrücks Ohren schnipsen,
- auf die Brust knien, die Arme mit den Beinen fixieren und einen Speichelfaden ins Gesicht laufen lassen.

(3) Gemäß dem internationalen »Vor-den-Kumpels-Coolness-Gesetz« ist es nicht zulässig, zum Spiel mit jüngeren Geschwistern gezwungen zu werden.

(4) Die verantwortlichen Eltern haben bei der Zeugung von Geschwistern darauf zu achten, dass diese im mindesten Fall achtzehn Monate zu alt/zu jung sind, um angemessene Spielpartner für Geschwister zu sein, und dass so ein Zusammenspiel erfolgreich verhindert wird.

Omigesetze

§ 1 Geltungsbereich

(1) Omis sind nicht mehr erwerbstätige, ältere weibliche Personen sowie all jene Personen, die von einem Enkel, Neffen oder anderen natürlichen Personen oder einem Kind als »Omi« angeredet werden.

(2) Omis bestehen lebensmitteltechnologisch zu 78 Prozent aus Knödelteig, zu 12 Prozent aus selbstgebackenen Plätzchen und zu 8 Prozent aus Einmachmarmelade.

(3) Omis, die schlank und braungebrannt sind und in neonfarbener Kleidung sowie mit Kopfschutz Radrennen fahren, sind ungeachtet ihres Alters keine Omis.

§ 2 Regelungen zur Omi-Prüfung

(1) Omi-Anwärterinnen haben einen bundeseinheitlichen Test zu bestehen, dieser wird mittels Fragebögen durchgeführt und erfordert detaillierte Kenntnisse und umfassende Gesprächsbereitschaft zu den Themen:

- Darmträgheit
- Gallensteine
- Magengeschwüre

- Königshäuser
- »Der Papst sieht krank aus.«
- »Der Pfarrer sieht krank aus.«

(2) Eine einmal erlangte Omischaft hat lebenslange Gültigkeit und kann nicht aberkannt werden.

§ 3 Nomenklausel

(1) Omis heißen Adele, Gerti, Hermine, Liesbeth, Anneliese, Brunhilde und Anni.

(2) Ist von Omis in der dritten Person die Rede, so geht der Omi ein Präfix ihres Wohnorts voraus (Herfurth-Omi).

Anmerkung: Zulässig als Namensbestandteil ist ebenfalls ein Präfix der Speise, deren Zubereitung der zu bezeichnenden Omi am besten gelingt (Schweinebraten-Omi).

§ 4 Haarerlass

Gemäß der Frisurenverordnung vom 11. März 1871 steht jeder Omi eine kurze Lockenfrisur zu, die zartlila schimmert (vgl. bonbonfarbige Tönungen).

§ 5 Regelungen zur Haltung und Pflege von Tieren durch Omis

(1) Eine Omi ist verpflichtet, mindestens einen Wellensittich zu beherbergen.

(2) Artikel 1 kann aufgehoben werden, wenn die betreffende Omi einen Hund hält.

(3) Der Hund darf in ausgewachsenem Zustand bis zur Wade reichen und trägt ebenfalls eine kurze Lockenfrisur.

(4) Dem Hund ist es gestattet, ein gehäkeltes Mäntelchen zu tragen, das dem betreffenden Hund bei schlechten Witterungsverhältnissen angezogen wird, sofern das Kleidungsstück nicht gegen § 28 Hundebekleidungsverbot verstößt.

§ 6 Möbelaustauschgesetz

Möbel und Einrichtungsgegenstände, welche nicht die Merkmale einer Antiquität erfüllen, müssen nach spätestens 25 Jahren ausgetauscht und aktuellen Strömungen der Innenarchitektur angepasst werden.

§ 7 Supermarktkassen-Dekret

Überschreitet das Abzählen kleiner Münzen an einer Supermarktkasse die wohlwollend eingeräumte Frist von vier Minuten, sind die Wartenden dahinter dazu berechtigt, den Generationenvertrag für nichtig zu erklären.

§ 8 Regelungen zum Transport von Omis in öffentlichen Verkehrsmitteln

(1) Der militante Einsatz von Gehstöcken, um etwaige vermeintliche Ansprüche auf einen Sitzplatz geltend zu machen, ist nicht zulässig.

(2) Dies gilt insbesondere dann, wenn hinreichend Sitzplätze zur Verfügung stehen.

(3) Das lautstarke Führen einer Beschwerde mit den Themenschwerpunkten »Rücksichtslosigkeit« und »heutige Jugend« ist ebenfalls unzulässig.

(4) Omis ist es gestattet, überführte Schwarzfahrer während der Weiterfahrt im Bus ausführlich zu läutern. Zulässiges Mittel ist der »Früher hätte es das nicht gegeben«-Blick. Gerichtsstand ist der betreffende Bus.

§ 9 Rundfunkstaatsvertrag

Omis sind dazu verpflichtet, sämtlichen im Fernsehen übertragenen Ansprachen des Papstes in voller Länge sowie in maximaler Lautstärke beizuwohnen.

§ 10 Regelungen zur gesundheitlichen Versorgung

(1) Die Unterbringung von Omis in Wartezimmern von Ärzten ist untersagt, auch wenn dies nur übergangsweise geschieht, um dringende Erledigungen zu besorgen.

(2) Omis, welche die Zwangslage, die Unerfahrenheit, den Mangel an Urteilsvermögen oder die Willensschwäche eines Apothekers dadurch zu ihren Gunsten ausbeuten, dass sie Probepackungen einfordern, deren enthaltene Menge in einem auffälligen Missverhältnis zu der eingekauften Menge steht, werden mit einer Geldstrafe nicht unter einer Praxisgebühr bestraft.

§ 11 Regelungen zu Geld-, Bank- und Steuergeschäften

(1) Die regelmäßige Entlohnung der omieigenen Enkelkinder für erbrachte Dienste fällt nicht unter das Steuerrecht und wird daher nicht als Schwarzarbeit strafrechtlich verfolgt.

(2) Die Nettigkeit und soziale Verträglichkeit von Omis hängt indirekt proportional mit deren zu vererbendem Vermögen ab.

(3) Die Strategie von Omis, im Rahmen staatlicher Glücksspiele auf die Geburtsdaten ihrer jeweiligen Enkel zu tippen und so regelmäßig lausige Lotto-Quoten zu verursachen, fällt unter den Strafbestand der mutwilligen Erbverschleuderung.

(4) Omis erfüllen die juristische Gesellschaftsform einer Privatbank, deren einzige Gesellschafter sie sind. Grundlagen bilden Spareinlagen, deren Zinssatz unter dem Lombardsatz bei 0 % liegt. Ausschließlicher Sitz und Verwaltung sowie Gerichtsstand der Privatbank ist der Bereich zwischen Bettgestell und Matratze der betreffenden Omi.

§ 12 Verabreichung von Speisen

Omis sind verpflichtet, in der Vorweihnachtszeit fristgerecht bis zum 2. Dezember eine Dose Vanillekipferl sowie eine Dose Plätzchen mit Marmelade bei der Familie abzuliefern.

§ 13 Regelungen zur Verwahrung von Kulturgütern

Die Sammlung deutschen Kaffeeporzellans mit Blümchendekor ist dem nationalen Kulturgut zuzurechnen. Die Beauftragten zum Schutz desselben sind Omis.

§ 14 Stammbaumverordnung

Vorgaben seitens der Omi, den gewünschten Schwiegersohn betreffend, entsprechen nicht dem Tatbestand einer rechtsgültigen Anordnung. Auch dann nicht, wenn Omis dies per Streitverkündung einklagen.

§ 15 Regelungen zum Kulturpessimismus

Aussagen einer Omi, in vergangenen Zeiten sei »alles besser gewesen«, sind mit dem Entzug aller technischen Hilfsmittel und Geräte sowie der Medikamente – außer dem Melissengeist – zu bestrafen.

§ 16 Häkel-Erlass

Omis, welche mit Hilfe ihrer vorzüglichen Strickkünste Kleidungsstücke und/oder Accessoires für Familienmitglieder unter 45 Jahren stricken, werden gemäß § 37 Geschmacksfriedensbruch bestraft.

Opigesetze

§ 1 Geltungsbereich

(1) Begriffsdefinition: Opis sind nicht mehr erwerbstätige männliche Personen sowie all jene Personen, die von einem Enkel, Neffen oder anderen natürlichen Personen oder einem Kind als »Opi« angeredet werden.

(2) Opis heißen Adolf, Reinhard, Josef und Franz.

(3) Richtige Opis haben in keinem Fall Ähnlichkeit mit dem Werthers-Echte- oder dem Fielmann-Opa.

§ 2 Regelungen zur Verwahrung von Kulturgütern
Opis sind exklusiv gerichtlich mit dem Schutz und Erhalt von Lodenmänteln beauftragt.

§ 3 Haarerlass
(1) Opis steht es von Gesetzes wegen frei, ein Toupet zu erwerben.
(2) Opis haben sich den Omis zu beugen, denen es freisteht, das Tragen eines Toupets zu verraten.

§ 4 Teilnahme am Straßenverkehr
Opis ist es gestattet, aktiv als Führer eines Kraftfahrzeugs am Straßenverkehr teilzunehmen, wenn sie folgende Auflagen erfüllen:
- Das Sehvermögen muss ausreichen, um mindestens einen Meter über die Stoßstange hinausblicken zu können.
- Zwischen Stirn und Windschutzscheibe hat stets ein Abstand von wenigstens zehn Zentimetern zu bestehen.
- Es muss noch eine vage Erinnerung daran vorhanden sein, dass Autobahnen auch eine mittlere und rechte Fahrbahn besitzen.
- Das Hörvermögen muss noch so weit vorhanden sein, dass, wenn ein Martinshorn sich länger als 20 Minuten unmittelbar hinter dem betreffenden Opi befindet, es von diesem zur Kenntnis genommen wird.
- Die Blinker zur Anzeige eines Richtungswechsels werden nicht mehr als drei Kilometer vor dem tatsächlichen Richtungswechsel gesetzt.
- Vor dem tatsächlichen Richtungswechsel wird die Geschwindigkeit von 5 km/h nicht unterschritten.

Gesetze des täglichen Bedarfs

§ 1 Erbrecht

Im Sinne der Magersuchtsverordnung kann die gesetzliche Anweisung ergehen, aufgenommene Mahlzeiten auf dem gleichen Wege der Aufnahme (oral) wieder von sich zu geben.

§ 2 Walbehinderung

(1) Wer mit Gewalt oder durch Androhung von Gewalt einen Wal behindert, wird mit einer Geldstrafe, in besonders schweren Fällen mit Freiheitsstrafe (siehe § 7) nicht unter einem Waljahr bestraft.

(2) Selbst der aussichtslose Versuch ist strafbar.

(3) Die Walfreiheit ist unantastbar.

§ 3 Sorgfaltspflicht

Wer dingliche Gegenstände zusammenfaltet, hat Sorge dafür zu tragen, dass diese in ihrer Beschaffenheit und Substanz für eine Faltung geeignet sind.

Ausnahme: Das Zusammenfalten von Auszubildenden bleibt straffrei.

§ 4 Krankschreibungsverordnung

(1) Die ordnungsgemäße Krankschreibung ist vom Arbeitgeber zu akzeptieren und nicht anfechtbar.

(2) Nicht zulässige Krankschreibungen sind:

- grank
- krang
- grang
- krahnk
- chrankch

§ 5 Vergesslichkeitsgesetze
Entfallen.

§ 6 Petzgesetze

(1) Wenn einer Person vorsätzlich körperliche oder seelische Leiden zugefügt werden, um von ihr eine Aussage oder ein Geständnis zu erlangen, um einen Dritten für eine tatsächlich oder mutmaßlich begangene Tat zu bestrafen oder um einen Dritten einzuschüchtern oder zu nötigen, oder aus einem anderen, auf irgendeiner Art von Diskriminierung beruhenden Grund, wenn diese Schmerzen oder Leiden von einem Lehrer oder einer anderen in amtlicher Eigenschaft handelnden Person auf deren Veranlassung oder mit deren ausdrücklichem oder stillschweigendem Einverständnis verursacht werden, so handelt es sich um Petzen.

(2) Petzen ist verboten.

(3) Ein Staat darf eine natürliche Person nicht in einen anderen Staat ausweisen, abschieben oder an diesen ausliefern, wenn stichhaltige Gründe für die Annahme bestehen, dass sie dort Gefahr liefe, verpetzt zu werden.

(4) Außergewöhnliche Umstände wie Krieg oder Kriegsgefahr, innenpolitische Instabilität oder ein sonstiger öffentlicher Notstand dürfen nicht als Rechtfertigung für Petzen geltend gemacht werden.

(5) Erhält der Anti-Petzen-Ausschuss nach Artikel 20 wohlbegründete Hinweise darauf, dass im Hoheitsgebiet eines Staats systematisch Verpetzungen stattfinden, so fordert der Ausschuss diesen Staat auf, bei der Prüfung der Informationen mitzuwirken und zu diesem Zweck Stellungnahmen zu den Informationen abzugeben. Wenn es der Ausschuss »für gerechtfertigt hält, kann er eines oder mehrere seiner Mitglieder beauftragen, eine vertrauliche, verdeckte Ermittlung durchzuführen und ihm sofort zu berichten«.

§ 7 Alltagsgesetze

(1) Jede positive Emotion ist zeitlich befristet.

(2) Die Einhaltung von Lieferterminen ist umgekehrt proportional zur Bedeutung ihrer Einhaltung.

(3) In jede Berechnung wird sich jeder mögliche Fehler einschleichen.

(4) Wenn mehr als eine Person für eine Fehlkalkulation verantwortlich ist, ist keiner der Schuldige.

(5) Wenn man Dinge nur lange genug aufbewahrt, kann man sie danach auch sicher wegwerfen.

(6) Wirft man hingegen etwas weg, so benötigt man es genau in dem Augenblick, in dem es nicht mehr verfügbar ist.

(7) Unabhängig vom Aufwand an Zeit und Mühe zur Ermittlung einer günstigen Einkaufsquelle wird ein Gegenstand, nachdem man ihn gekauft hat, im Nachbarladen billiger angeboten.

(8) Die andere Fahrspur ist immer schneller.

(9) Den Gegenstand, den man sucht, findet man immer an dem Platz, an dem man zuletzt nachschaut.

(10) Um ein Darlehen zu bekommen, muss man erst beweisen, dass man keines braucht.

(11) Maschinen, die versagt haben, funktionieren einwandfrei, wenn der Kundendienst ankommt.

(12) Jeder hat ein System, reich zu werden, das nicht funktioniert.

(13) In einer Hierarchie versucht jeder Untergebene seine Stufe der Unfähigkeit zu erreichen.

(14) Man hat niemals Zeit, es richtig zu machen, aber immer Zeit, es noch einmal zu machen.

(15) Alles Gute im Leben ist entweder ungesetzlich, unmoralisch, oder es macht dick.

(16) Die Natur ergreift stets die Partei des versteckten Fehlers.

(17) Um etwas sauber zu machen, muss etwas anderes dreckig werden. (Aber man kann alles dreckig machen, ohne etwas sauber zu bekommen.)

(18) Jedes Computerprogramm, das stabil läuft, ist veraltet.

(19) Die Komplexität von Computerprogrammen wächst so lange, bis sie die Fähigkeit des Programmierers übertrifft, der es weiterführen muss.

(20) Nichts ist so leicht, wie es aussieht.

(21) Alles dauert länger, als man glaubt.

(22) Wenn es die Möglichkeit gibt, dass Dinge schiefgehen, dann werden sie so schiefgehen, dass es den größten Schaden anrichtet.

(23) Jede Lösung bringt mindestens zwei neue Probleme.

(24) Wenn etwas einfach aussieht, ist es schwierig.

(25) Wenn etwas schwierig aussieht, ist es unmöglich.

(26) Wenn etwas unmöglich aussah, wird sich im Nachhinein rausstellen, dass es ganz einfach gewesen wäre.

(27) Hat man die Lösung für ein Problem gefunden, hat sich die Art des Problems geändert.

(28) Der Langsamste steht immer genau vor dir.

(29) Es gehen nur die Bücher durch Ausleihen verloren, die man unbedingt behalten möchte.

(30) Die Lieblings-CDs, die man wieder zurückbekommt, werden nicht mehr abspielbar sein.

(31) Der Kratzer auf der CD geht immer durchs Lieblingslied.

(32) Wenn man das Radio anschaltet, kommen immer die letzten Takte des Lieblingsstücks.

(33) Beginnt das Lieblingsstück erst, nachdem man das Radio eingeschaltet hat, wird es nach kurzer Zeit für einen dringenden Verkehrshinweis unterbrochen.

(34) Alle unbeseelten Gegenstände können sich gerade so weit bewegen, dass sie einem im Weg sind.

(35) Man kann die Zubereitungsdauer eines Fertiggerichtes nur so lange im Kopf behalten, bis man die Verpackung in den Müll geworfen hat.

(36) Die andere Warteschlange kommt stets schneller voran.

(37) Man weiß nie, wie tief eine Pfütze ist, bevor man hineingetreten ist.

(38) Der Wind kommt immer aus der Richtung des Lagerfeuers.

(39) Die Wahrscheinlichkeit, dass der Wecker zu spät oder nicht klingelt, nimmt mit der Wichtigkeit des ersten Termins zu.

(40) Wenn das Flugzeug Verspätung hat, wird der Anschlussflug pünktlich abheben.

(41) Sobald die Stewardess den Kaffee serviert hat, kündigt der Pilot Turbulenzen an.

(42) Hilft man einem Freund in der Not, wird er sich daran erinnern, wenn er wieder einmal in Not ist.

§ 8 Zeitverordnung

Physikalische Zeit kann grundsätzlich, im Rahmen der subjektiven Wahrnehmung, Schwankungen unterworfen sein. Ihre Einteilung ist anhand der Mitteleuropäischen Zeit-Tabelle (Meurop. Z.T.) geregelt.

Bezeichnung	Physikalische Zeit
Sommerzeit	1. August bis einschließlich 15. August
Winterzeit	16. August bis einschließlich 31. März
Scheißzeit	1. April bis 14. August
Akademische Zeit	+/– 15 Minuten
Liebesnacht	1–30 Minuten
Wann bringst du den Müll raus?	+ 24 Stunden
Wann bist du gestern nach Hause gekommen?	– 3 Stunden

§ 9 Regelungen zur Erstellung einer hypochondrischen Krankheitsanamnese

(1) Das reflexartige unwillkürliche, explosionsartige Ausstoßen von Luft (Husten) ist stets Vorbote einer möglichen bronchialen Erkrankung.

(2) Das Fehlen jeglicher körperlichen Beschwerden könnte darauf hindeuten, dass ein Großteil des Körpers bereits verstorben ist.

(3) Das Vergessen von Telefonnummern oder Namen von Menschen, denen man auf einer Party begegnet ist, stellt eine Vorstufe der Demenz dar.

(4) Eine ausreichend eigendiagnostizierte Krankheitsanamnese gilt erst dann als widerlegt, wenn mindestens fünf unabhängige Fachärzte nach ausführlicher Untersuchung zu einem anderen Ergebnis kommen.

(5) Bei ernstlicher Besorgnis bezüglich der Kompetenz der um Diagnosen gebetenen Mediziner ist das Internet zu konsultieren.

(6) In dubio pro Lupis – Im Zweifelsfall ist es Lupus.

§ 10 Regelung zur Medikamentenvergabe an Hypochonder

(1) Tritt nach der Einnahme eines Medikaments keine unverzügliche Besserung der Beschwerden ein, so ist die Dosierung nach billigem Ermessen zu erhöhen.

(2) Schließt die Einnahme eines Medikaments aufgrund bekannter Risiken und Nebenwirkungen die Einnahme eines weiteren Medikaments aus, so hat der Hypochonder das Recht, die Einnahme des zusätzlichen Medikaments (auch in Kombination mit Alkohol) vorzunehmen, wenn er von der Wirksamkeit der Einnahme überzeugt ist.

(3) Globuli sind keine Medikamente.

§ 11 Mehrpersonenhaushalts-Umgangsgesetz

(1) Jede im Mehrpersonenhaushalt lebende Person hat das Recht auf umgehende Erledigung ihrer Angelegenheit durch die für ihre Angelegenheit zuständige Person oder die dafür zuständigen Personen.

(2) Jede Angelegenheit wird stets mit der größtmöglichen Geschwindigkeit und absoluter Priorität sofort bearbeitet. Sofort im Sinne des BGB heißt weder »auf der Stelle« noch »ohne schuldhaftes Zögern«, sondern in einer nach Treu und Glauben unter Berücksichtigung der Verkehrssitte objektiv angemessenen Zeitspanne.

Als objektiv angemessene Zeitspannen nach § 11 Artikel 2 gelten:

- die Dauer audiovisueller Übertragungen von Sportereignissen zuzüglich der Nachberichterstattung sowie des Zeitraumes, den der Betrachter benötigt, um den aus seiner Sicht positiven oder negativen Ausgang des Sportereignisses emotional vollumfänglich zu verarbeiten,
- die Dauer durststillender Maßnahmen mittels im Kühlschrank befindlicher Gerstengetränke,
- ein Nickerchen auf dem Sofa.

(3) Leider kann eine Angelegenheit nicht fristgerecht bearbeitet werden, wenn:

- die für die Reparaturarbeiten im Mehrpersonenhaushalt benötigten Bauteile erst noch im Heimwerkermarkt besorgt werden müssen,
- sich in den Küchenschränken noch saubere Teller und Tassen befinden,
- sich der im Abfalleimer befindliche Müll mittels Muskelkraft dergestalt zusammenpressen lässt, dass der entstandene Platz noch für zwei weitere Tage ausreicht,
- der Rasenmäher des Mehrpersonenhaushaltes weniger als 120 PS hat,
- die Fenster noch nicht mehr als 50 Prozent des einfallenden Sonnenlichtes absorbieren.

§ 12 Kühlschrankgesetz

(1) Die Fläche innerhalb eines Kühlschranks zur Aufbewahrung von Nahrungsmitteln, die zum Verzehr geeignet sind, darf 10 Prozent der Gesamtfläche nicht überschreiten. Das Gemüsefach dient ausschließlich der Aufbewahrung von alkoholhaltigen Getränken.

(2) Langzeitexperimente in einem Kühlschrank mit Nudelgerichten, Fisch und Grillsoßen dürfen erst dann abgebrochen werden, wenn selbstbestimmtes, intelligentes Leben darin entstanden ist.

(3) Unter dem Gemüseschubfach hat sich ein Belag von karamelartiger Substanz zu befinden, der von der Konsistenz her geeignet ist, das Fundament eines Hochhauses zu befestigen.

(4) Tiefgefrorene Gerichte aus eigener Produktion sind ohne Datumskennzeichnung und unbeschriftet einzulagern. Der Betreiber des Kühlschrankes hat dafür Sorge zu tragen, dass Inhalte von einer schneeartigen Schicht überdeckt werden, die keine Rückschlüsse auf den Inhalt zulassen.

(5) Hat der Haushaltführende minderwertige Plastikbehältnisse verwendet und dadurch vorsätzlich oder fahrlässig zum Verderben der tiefgekühlten Ware beigetragen, so kann er wegen Gefrierbrandstiftung zur Anzeige gebracht werden.

§ 13 Allgemeine Haushaltsgesetze

(1) Es ist Besitzern und Benutzern von Waschmaschinen untersagt, Waschprogramme und Wäschekombinationen zu betreiben, welche geeignet sind, bei bestimmungsgemäßem Gebrauch die festgesetzte Farbigkeit eines Kleidungsstücks dauerhaft zu verändern (vgl. Rosa-Männerunterhose-Urteil).

(2) Gefrierbrand: Wer vorsätzlich oder fahrlässig Gefriergut durch unbotmäßige Verpackung in minderwertigen Plastiktüten in Gefrierbrand setzt oder durch eine Gefrierbrandstiftung ganz oder teilweise zerstört, wird mit Freiheitsstrafe von einem bis zu zehn Jahren bestraft.

Zusatz: In besonders schweren Fällen ist die Freiheitsstrafe nicht unter einem Jahr.

(3) Einen besonders schweren Fall von Gefrierbrandstiftung begeht, wer

- Rinderfilet,
- Wildragout,
- Langusten,
- Jakobsmuscheln

in Gefrierbrand setzt oder durch eine Gefrierbrandstiftung ganz oder teilweise zerstört.

(4) Ordnungswidrig handelt, wer in Fremd- oder Eigenbesitz befindliche Wohnräume der Verstaubung anheimfallen lässt. Die Maßeinheit zur Strafermessung bestimmt der Mittelwert von Größe und Aufkommen der in den Wohnräumen befindlichen Staubmäuse.

(5) Wer aus reiner Faulheit rechtswidrig die vorschriftsmäßige Trennung von Haushaltsmüll trotz ausreichenden Angebots und Wissen verweigert oder nicht beachtet, wird mit Freiheitsstrafe nicht unter drei Monaten Müll runterbringen bestraft (vgl. Joghurtbecher-Aludeckel-Gesetz).

(6) Ordnungswidrig handelt, wer gemäß Artikel 5 des Haushaltsgesetzes das zulässige Aufkommen an Pfandflaschen überschreitet. Als »überschreiten« im Sinne von überschreiten wird angezeigt:

- eine Überschreitung der Pfandflaschenmenge von 100 Stück,
- eine Überschreitung der Pfandflaschengesamtsammeldauer von 18 Monaten,
- eine Überschreitung des Pfandflaschenvolumens von einer Balkon-Normgröße von sechs Kubikmetern.

(7) Die grundlose Reduktion von Sockenpaaren zu Einzelsocken nach dem Waschvorgang ist unzulässig und frustrierend und bedarf der gelegentlichen Aufklärung.

(8) Wer einen Lebenspartner rechtswidrig durch das Nichteinkaufen

von Toilettenpapier fahrlässig in eine missliche Lage bringt, macht sich der Nötigung schuldig.

(9) Wer einen Lebenspartner rechtswidrig durch das Nichteinkaufen von Toilettenpapier vorsätzlich in eine missliche Lage bringt, macht sich einer schweren Körperverschmutzung schuldig.

(10) Wer eine andere Person durch festgelegtes Ausrichten der Zahnpasta unter Zwang setzt, macht sich der schweren Marotte schuldig.

Toilettenpapiergesetze

§ 14 Verfügbarkeit

(1) Toilettenpapier ist vom Eigentümer oder Betreiber der Toilette zu besorgen.

(2) Mindestens eine Ersatzrolle hat sich gut sichtbar in einer Nähe der Toilette zu befinden, die mit einer durchschnittlichen Armlänge zu erreichen ist.

Zusatz: Ist dies nicht der Fall, so sind Verschmutzungen des Sanitärbereichs, welche auf dem Versuch fußen, eine entfernte Ersatzrolle nach verrichtetem Geschäft zu erreichen, vom Eigentümer oder Betreiber zu reinigen.

§ 15 Regelungen zur Beschaffenheit

(1) Farbe und Aufdrucke des Toilettenpapiers sind frei wählbar. Ausgeschlossen sind die Farben Braun und Schwarz sowie Aufdrucke, die Persönlichkeitsrechte von Benutzern verletzen (Porträts).

(2) Die Markenbezeichnung und Werbebotschaften eines Toilettenpapiers haben angemessen zu erfolgen. Nicht statthaft sind Namen und Werbebotschaften, wie in der Anlage SOFT 2 beschrieben.

Anlage SOFT 2

Nicht (mehr) statthafte Markennamen für Toilettenpapier:

- Charming
- Allerwerthers Echtes
- Analïs Analïs by Cacharel
- Whish and go

Nicht statthafte Werbeaussagen für Klopapier (Markenname wurde durch »Klopapier« ersetzt):

- Klopapier. Mittendrin statt nur dabei.
- Klopapier. Separates the men from the boys.
- Klopapier. Einfach riesig gegen Flecken.
- Klopapier. Für das Beste im Mann.
- Klopapier. Bild dir deine Meinung.

§ 16 Notdurft im Stehen

(1) Wer sich bei der Verrichtung der privaten Notdurft nicht auf die Schüssel setzt, sondern die Notdurft im Stehen vollbringt, der wird mit einer Freiheitsstrafe von nicht unter einem Jahr bestraft.

(2) Ausgenommen von § 16 Art. 1 sind Zugtoiletten der Deutschen Bahn.

(3) Im besonders schlimmen Fall wird die Notdurft im Stehen mit einer Freiheitsstrafe von nicht unter 25 Jahren bestraft. Ein besonders schwerer Fall liegt vor, wenn

- eine nicht unerhebliche Menge Flüssigkeit in der flauschigen Umpüschelung oder an anderen Stellen aufgefunden wird,
- der Täter die Tat bestreitet und wahrheitswidrig behauptet, er habe sich hingesetzt,
- es sich um einen weiblichen Täter handelt.

§ 17 Hundekot-Bestimmung

Wer unwillkürlich auf einer Wiese, einem öffentlichen oder privaten Platz, Weg oder einer Fläche einen oder beide Schuhe ganz oder teilweise mit Hundekot in Kontakt bringt, ist dazu verpflichtet, unverzüglich das nächste Finanzamt aufzusuchen, selbst wenn dafür kein dringlicher Grund besteht.

§ 18 Erst-denken-dann-sprechen-Gesetz
(1) Die optionale Komponente des Erst-denken-dann-sprechen-Gesetzes befindet sich im zweiten Teil des Gesetzes.
(2) Personen, welche noch immer über Absatz 1 grübeln, sollten besser schweigen.

§ 19 Geldscheinwiedereinführungsgesetz
(1) Jedweder Automat, welcher über einen Banknoten-Eingabeschlitz verfügt, muss im mindesten Fall fünfmal die Annahme desselben verweigern.
(2) Dasselbe gilt für den Münz-Einwurf.

§ 20 Kartenspielnotlagegesetz
Fehlt beim Doppelkopf oder beim Schafkopf die vierte Person, so kann ein Dritter auf öffentlichem Grund angesprochen und zur Teilnahme an der Kartenrunde gezwungen werden. Dies geschieht aufgrund einer Notlage und kann nicht als Nötigung oder Geiselnahme geahndet werden.

§ 21 Bier-Gesetzmäßigkeiten
(1) Ist ein Bier durchsichtig oder erweist es sich nach mehrmaliger Probe als geschmacklos, hat der Trinkende ein neues Bier zu bestellen, da von einer Leere des Glases ausgegangen werden muss.
(2) Bemerkt der Trinkende neben der ungewöhnlichen Durchsichtigkeit und Geschmacklosigkeit des Bieres eine feuchte Oberbekleidung, hat er das Glas womöglich an der falschen Stelle am Kopf angesetzt und/oder der Mund nicht geöffnet.
(3) Bemerkt der Trinkende unterhalb des Tisches kalte und nasse

Füße, ist er angehalten, sein Glas wieder so lange zu drehen, bis dessen Öffnung nach oben zeigt.

(4) Bei warmen und zugleich nassen Füßen könnte es sich um Inkontinenz handeln.

(5) Ein verschwommen wirkender Boden muss nicht ursächlich von einer durch zu starken Alkoholkonsum hervorgerufenen Sehschwäche herrühren. Der Trinkende ist angehalten zu prüfen, ob die Ursache der Blick durch den Boden eines leeren Glases ist. Diesem ist mit der Bestellung eines neuen Bieres zu begegnen.

(6) Bei außergewöhnlicher Anziehungskraft eines Wandteppichs muss der Trinkende dringend davon ausgehen, auf dem Boden zu liegen.

§ 22 Starkbiergesetz

Es ist zulässig, die bewusstseinsverändernde Wirkung von Alkohol durch die Verwendung von hochprozentigem Starkbier bei zeitgleichem Fasten zu optimieren und als religiöses Brauchtum zu deklarieren (vgl. Mönchsgesetz).

§ 23 Operndauergesetz

(1) Die zeitliche Länge einer Opernaufführung ist durch das Operndauergesetz bestimmt.

(2) Eine Oper ist zum einen dann beendet, wenn der letzte heterosexuelle Zuschauer eingeschlafen ist.

(3) Eine Oper gilt als beendet, wenn die adipöse weibliche Person ihren Gesang einstellt hat.

§ 24 Push-Konstitution

Türen, welche mit »Push« oder »Drücken« beschriftet sind, sind in der Regel dadurch zu öffnen, dass die Kraft diesseits der Tür zur Anwendung kommt.

§ 25 Recycling-Beschluss

(1) Gemäß Umweltschutzgesetz sind Bürger verpflichtet, die Hausmüllmenge und die Menge an Wertstoffen, die vom Recyclingdienstleister entsorgt werden müssen, nach Treu und Glauben gering zu halten.

(2) Im Rahmen der Umsetzung von Artikel (1) sind folgende Maßnahmen zur Wiederverwertung zu beachten:

- Buchseiten von Büchern werden im Sinne der Mehrfachbenutzung nicht abgerissen, wie dies bei Kalendern der Fall ist.
- Handtücher, Kleidung und andere Textilien können beliebig oft gewaschen werden. Die vom Hersteller empfohlene Anzahl von 40, 60 oder 90 Waschungen auf dem eingenähten Etikett neben dem Waschmaschinen-Symbol kann folgenlos ignoriert werden.
- Wohnungen können mehrmals benutzt werden, wenn ein Schlüssel zum Öffnen selbiger beim Verlassen mitgeführt wird.

(3) Ehefrauen können in sogenannten Spas wiederaufbereitet werden.

§ 26 Bestimmung für Rezepte, Backrezepte, Kochanleitungen und Kochanweisungen

Die Verwendung der Wörter »vorher«, »bevor«, »zuvor« und »hätte man« ist nicht gestattet und wird mit nicht unter 50 Hieben mit dem Kochlöffel bestraft.

§ 27 Frauenmagazingesetz

(1) Sämtliche verkündeten Mode-, Beauty- und Beischlaf-Trends sind vollumfänglich und zeitnah umzusetzen.

(2) Die in Frauenmagazinen enthaltenen Horoskope sind in einer Frauenrunde in leicht ironischer Form vorzulesen, jedoch unter allen Umständen ernst zu nehmen.

(3) Sind bestimmte Pastelltöne in einer Saison nicht mehr im Trend,

so muss die betroffene Kleidung in einem Kleiderschrank verwahrt werden bis zu dem Zeitpunkt, an dem die Frauenmagazine die Farbgebung willkürlich wieder für gesellschaftlich zugelassen erklären.

(4) Frauen tragen im Herbst und im Winter Stiefel.

(5) Der Mythos, dass mit einem speziell einzuhaltenden Essensplan – einer sogenannten Diät – auch ohne intensive körperliche Ertüchtigung ein Gewichtsverlust herbeigeführt werden kann, ist unter allen Umständen aufrechtzuerhalten.

(6) Durch geschickt plazierte Widersprüche ist in jedem Frauenmagazin die Unzufriedenheit als Grundzustand der Frau zu zementieren. So sollen Frauen sich beispielsweise stets jeglichen Modetrends unterwerfen und dabei jedoch stets so bleiben, wie sie sind.

§ 28 Ski-Vorfahrtsregel

Zur Abwicklung des Betriebs auf Skipisten, Hängen und Loipen gilt die Ski-Vorfahrtsregel, die besagt, dass demjenigen Skiläufer Vorfahrt gewährt wird, der als Erster »Aus der Bahn – Kartoffelschmarrn!« brüllt.

§ 29 Standardtänzerverwechslungsgesetz

Wer einen Standardtänzer mit einem Pornodarsteller verwechselt, bleibt dann straffrei, wenn die objektiven Eigenschaften des Standardtänzers

- aufgeknöpftes Hemd
- affektiertes Auftreten
- im Solarium gebräunte Haut

der Verwechslung Vorschub geleistet haben.

§ 30 Dr.-Sommer-Generationenvertrag

Der Dr.-Sommer-Generationenvertrag sichert jeder Generation aufs Neue das Recht zu, selbständig beim Dr.-Sommer-Team Erkundigungen darüber einzuholen, ob

- man vom Küssen schwanger werden kann,
- der Busen der Normgröße entspricht,
- die Biegung des Genitals der Normbiegung entspricht.

§ 31 Gelbwurstgesetz

(1) Kindern und Heranwachsenden unter 13 Jahren ist in Metzgereien und an Wursttheken unaufgefordert eine Scheibe Gelbwurst anzubieten und darzureichen.

(2) Jugendliche und Erwachsene, die sich mit dem Vorsatz der Erschleichung einer Gelbwurst-Scheibe auf Knien oder in gebückter Haltung einer Wursttheke nähern, machen sich der arglistigen Täuschung strafbar.

§ 32 Lebensmittelbezeichnungsgesetz

Präambel: Lebensmittel sind zum Genuss des Menschen durch Verzehr bestimmte Stoffe. Die Bezeichnung der Lebensmittel unterliegt in erheblichem Umfang staatlicher Überwachung. Das Lebensmittelbezeichnungsgesetz regelt die rechtmäßige Formulierung von Produktnamen. Folgende Produktnamen sind aufgrund des Verbraucherschutzes nicht zulässig:

Produkt	Unzulässige Produktnamen
Margarine	Salmonella Ranza Oma Gold
Joghurt	Dannohne Handliebe Zoff Cacktimel Hyperactivia
Frischkäse	Frankophiladelphia Excusa Schalmette

Kaugummi	Alimentos Morbid ohne Zucker Wrangler's Leathermint
Schokolade	Ritter Spott Müllka
Bonbons	Werthers Schlechte Nimm zu!

§ 33 Gilette-Erlass

Wer öffentlich behauptet, Barthaare stellen den besten Teil eines Mannes dar, macht sich der Verleumdung und der Beleidigung schuldig.

§ 34 Aquariums-Imitationsgesetz

Besitzern oder Betrachtern eines Aquariums ist es nicht gestattet, die Mimik und Mundbewegungen von Fischen zu imitieren.

§ 35 Erregung öffentlichen Ärgernisses durch Spießigkeit

(1) Wer öffentlich spießige Handlungen vornimmt und dadurch absichtlich oder wissentlich ein Ärgernis erregt, wird mit Freiheitsstrafe bis zu einem Jahr oder Geldstrafe bestraft.

(2) Als Ärgernisse durch Spießigkeit werden folgende Sachverhalte definiert:

- sich über Fahrradfahrer zu mokieren, die auf dem Radweg in der falschen Fahrtrichtung fahren,
- über nächtliche Privatpartys und laute Musik zu zürnen sowie die Staatsgewalt fernmündlich über derartige Ereignisse in Kenntnis zu setzen,
- die kategorische Verurteilung von Tätowierungen und anderem Körperschmuck,

- Raucher ungefragt mit den gesundheitsschädlichen Folgen ihrer Sucht zu konfrontieren,
- aufgrund der Rauchentwicklung neben Rauchern übertriebene Hustenanfälle zu simulieren,
- das Führen von Kraftfahrzeugen der Marke Opel,
- der Verweis auf die gute alte Zeit, in der alles besser gewesen sei – insbesondere, wenn diese gute alte Zeit vom Verweisgeber vor dem Inkrafttreten des Besseren Gesetzbuches angesiedelt wird.

Auf vielfachen Wunsch von Kindern wurde folgendes Gesetz ins neue BGB aufgenommen:

§ 36 In Verkehr bringen von Rosenkohl

(1) Mit Freiheitsstrafe von nicht unter einem Jahr wird bestraft, wer
- Rosenkohl in der Absicht kocht, dass er als Gericht in Verkehr gebracht oder dass ein solches In-Verkehr-Bringen ermöglicht wird,
- Rosenkohl in dieser Absicht sich verschafft oder feilhält oder
- Rosenkohl, den er unter den Voraussetzungen der Nummern 1 oder 2 gekocht, zubereitet oder sich verschafft hat, in Verkehr bringt.

Handelt der Täter als Mitglied einer Familie, die sich zur fortgesetzten Darreichung von Rosenkohl verbunden hat, und gilt die Regel »Du stehst erst auf, wenn dein Teller leer gegessen ist«, so ist die Strafe Freiheitsstrafe von nicht unter zwei Jahren.

§ 37 Geschmacksfriedensbruch

(1) Wer sich aus einer Menschenmenge heraus in einer die öffentliche Ordnung und Sicherheit gefährdenden Weise an Geschmacklosigkeiten als Täter oder Teilnehmer beteiligt oder wer auf Dritte dergestalt einwirkt, um ihre Bereitschaft zu solchen Geschmacklosigkeiten zu

fördern, wird mit Musikantenstadl nicht unter zehn Jahren oder mit Geldstrafe an Scientology bestraft.

(2) Als Geschmacklosigkeiten, die den Tatbestand des Geschmacksfriedensbruchs erfüllen, gelten hiermit folgende Handlungen und äußerliche Zurschaustellungen als festgesetzt:

- Subkutan unter die Haut eingebrachte Zeichnungen oberhalb des Steißbeins.
- Das Tragen von baumwollener Fußunterbekleidung unter semipermeablem Schuhwerk in den Sommermonaten.
- Das Tragen von Bekleidung, die nach ihrer Art und Gattung geeignet ist, an das vorletzte Jahrzehnt des letzten Jahrtausends zu erinnern.
- Das Tragen von Beinkleidern mit Bund unterhalb der Hüftlinie.
- Das Tragen von das Abdomen freilegender Oberbekleidung bei adipösen Frauen.
- Das Tragen von das Abdomen freilegender Oberbekleidung bei Männern, deren Haarbewuchs die Zahl von 20 Kapillaren pro Quadratzentimeter um den Umbilicus herum überschreitet.
- Das Tragen von Badehosen, deren Schnitt dem Betrachter ein genaues Abschätzen der Größe und Form des in der Badehose enthaltenen primären Geschlechtsorgans ermöglicht. Insbesondere das Tragen von enger Badekleidung der Marke Speedo, die umgangssprachlich unter der Bezeichnung »Bananenhängematte« bekannt wurde.
- Sämtliche audiovisuellen Beiträge, die in Heimwerkermärkten verbreitet werden.
- Die Verabreichung von koffeinhaltigen Heißgetränken nach italienischer Rezeptur in Gefäßen ohne Henkel.
- Rhythmische Körperbewegungen zur Musik von Phil Collins.
- Das Tragen von kurzem Beinkleid bei adipös-verkürzten Extremitäten.
- Das Tragen von unkonventioneller Gesichtsbehaarung.

- Die öffentliche Zurschaustellung von Körperbehaarung an Schulter und Rücken.
- Die bewusste Öffnung von Oberbekleidung zum Zwecke der Zurschaustellung von Brustbehaarung.
- Das Tragen von Oberbekleidung, die mit Werbelogos des Arbeitgebers bedruckt ist.
- Bestimmte Kopfhaarfrisuren, die erblich bedingten starken Haarausfall oder Glatzen mit längerem Seitenhaar kombinieren.
- Jede Form der netzhaften oder maschenartigen Oberbekleidung bei Männern.
- Jede Art von Sweatshirts oder anderer Oberbekleidung mit figürlicher Bedruckung (Bsp. Skispringer, Elch, Teddybär).
- Jede Form der gemusterten oder getönten Augenlinsen.
- Jegliche Form der Tönung, Strähnchen oder andere farbliche Einwirkung bei Männerhaar.
- Die Einbringung von sogenanntem Permanent-Make-up in die Gesichtshaut.
- Die Anbringung von Mobilfunkfernsprechern am Gürtel oder andere Befestigungen auf Hüfthöhe.
- Die Sichtbarwerdung von Unterwäsche durch Tragen des Beinkleides unterhalb der Hüftlinie.
- Das Mitführen von Geldbeuteln oder anderen Behältnissen, die durch ihre Größe oder Beschaffenheit für eine Handtasche gehalten werden könnten, bei Männern.
- Das Tragen von Schmuck mit türkisen Edelsteinen oder edelsteinartigen Steinen bei Männern.
- Das Tragen von Schuhwerk der Marke »Crocs«.
- Das Tragen von Baseballkappen, wenn die Sonnenschutzklappe nicht gerade nach vorne getragen wird.
- Das Tragen von Brillengläsern, die aufgrund von Veränderungen der Helligkeit ihren Tönungsgrad verändern.
- Das Umhängen von Brillen an Brillenketten.

- Kreisförmige Ohrringe mit einem Durchmesser von mehr als 12 Millimetern.
- Männer, die aufgrund ihres Abdominalumfangs Assoziationen mit schwangeren Frauen erwirken.
- Sämtliche Bekleidungsstücke, die in ihrer Art, Gestaltung oder Beschaffenheit an Produkte der Marke »Ed Hardy« erinnern.
- Das Tragen von farbigen Armbändern, die in Zusammenhang mit Charity-Projekten oder für gemeinnützige Stiftungen ersonnen oder gestaltet wurden.
- Armbänder mit Hologrammen, denen eine wie auch immer geartete gesundheitlich-medizinische Wirksamkeit unterstellt wird.
- Das Tragen von Sonnenbrillen innerhalb von geschlossenen Gebäuden oder im Zeitraum zwischen Sonnenuntergang und Sonnenaufgang.
- Das Tragen von kurzärmeliger Oberbekleidung in Kombination mit einer Krawatte.
- Das Tragen von Freisprecheinrichtungen außerhalb eines Kraftfahrzeugs, insbesondere auf öffentlichen Gehwegen oder in Fußgängerzonen.
- Die Anbringung des Geldbeutels an einer am Beinkleid befestigten Edelstahlkette.
- Die Einführung, Verwendung oder Tolerierung von Namen für das männliche Genitalorgan.
- Die Einführung, Verwendung oder Tolerierung von Slangausdrücken für das weibliche Geschlechtsorgan oder die sekundären Geschlechtsorgane (siehe Lex Hans und Franz).
- Die Verwendung des Habitus oder von Formulierungen, die ihre Herkunft oder ihren Nutzungsschwerpunkt in der Rap-Musik haben.
- Die Verwendung von Synonymen für den Ausdruck »Menstruation«.

- Die Verwendung der folgenden Phrase: »Nicht, dass ich wüsste«, auf die Frage: »Haben Sie Kinder?«
- Das Führen oder Bereitstellen eines Kraftfahrzeugs der Typenbezeichnung »PT Cruiser«.
- Die Verwendung von humoristischen Texten auf Anrufbeantwortern.
- Die Verwendung eines auffälligen, individuell gestalteten Klingeltons beim Mobiltelefon.
- Sämtliche Gegenstände oder technischen Geräte, die dafür hergestellt worden sind oder aus anderen Gründen Anwendung finden, in Kraftfahrzeugen am Innenspiegel befestigt zu werden.
- Die Inbesitznahme von kleinen Hunderassen, deren Lebensraum sich mehrheitlich auf dem Schoß oder unter dem Arm des Eigentümers befindet.
- Das Nach-oben-Stellen des Kragens in der Öffentlichkeit.
- Das Weiterleiten von Massennachrichten humoristischen Inhalts über multimediale Kanäle.
- Die Verwendung von Gerätschaften oder Medikamenten mit der Intention, dadurch das männliche Genital zu vergrößern oder die Fähigkeit der Erektion zu verlängern oder zu erhöhen.
- Das Weiterbewegen der Beine im Stand beim Joggen an einer roten Wechsellichtanlage.
- Die Verwendung von Kleidungsstücken mit dem Aufdruck »Harley Davidson«, wenn der Träger nicht selber Nutzer und Halter eines Zweirads ist.
- Die Benutzung eines Skateboards, eines Kickboards oder anderer jugendaffiner Trendfortbewegungsmittel, wenn man das 30. Lebensjahr überschritten hat.

§ 38 Besonders schwere Form des Geschmacksfriedensbruchs

(1) Besonders schwere Formen des Geschmacksfriedensbruchs nach § 37 werden mit einer Freiheitsstrafe von mindestens 45 Jahren in einer ehegemäßen oder eheähnlichen Gemeinschaft bestraft.

(2) Besonders schwere Formen des Geschmacksfriedensbruchs liegen vor:

- wenn der Täter eine nukleare Reaktion herbeiführt,
- wenn der Täter ein T-Shirt mit einem scheinbar humoristischen Aufdruck trägt oder bei sich führt,
- wenn der Täter ein Liegefahrrad benutzt oder ein solches bei sich führt, um es zu benutzen.

§ 39 Bekleidung an FKK-Stränden

(1) Ein Mann, der eine andere Person im FKK-Gelände durch Kleidung belästigt, wird mit Freiheitsstrafe von bis zu einem Jahr oder mit Geldstrafe bestraft.

(2) Die Tat wird nur auf Antrag verfolgt, es sei denn, dass die Strafverfolgungsbehörde wegen des besonderen öffentlichen Interesses an der Strafverfolgung ein Einschreiten von Amts wegen für geboten hält.

(3) Das Gericht kann die Vollstreckung einer Freiheitsstrafe auch dann zur Bewährung aussetzen, wenn zu erwarten ist, dass der Täter erst nach einer längeren Heilbehandlung seine Kleidung öffentlich ausziehen wird.

§ 40 Verbreitung pflanzenpornographischer Schriften

Wer pornographische Schriften, die

1. Gewalttätigkeiten

oder

2. sexuelle Handlungen von Menschen an Pflanzen zum Gegenstand haben,

- verbreitet, öffentlich ausstellt, anschlägt, vorführt oder sonst zugänglich macht oder
- herstellt, bezieht, liefert, vorrätig hält, anbietet, ankündigt, anpreist, einzuführen oder auszuführen gedenkt, um sie oder aus ihnen gewonnene Stücke im Sinne der Nummer 1 oder Nummer 2 zu verwenden oder einem anderen eine solche Verwendung zu ermöglichen, wird mit Gartenarbeit bis zu drei Jahren oder mit Geldstrafe bestraft. (Vgl. BGH Melonen-Urteil vom 13. März 2011.)

(Auf Wunsch des Veganer-Komitees aufgenommen)

§ 41 Vorsätzliches Teleshopping

(1) Wer in der Absicht, sich oder einem Dritten einen rechtswidrigen Vermögensvorteil zu verschaffen, das Vermögen eines anderen dadurch beschädigt, dass er durch Vorspiegelung falscher oder durch Entstellung wahrer Tatsachen einen Irrtum erregt und damit minderwertigen Plunder auf Teleshoppingsendern feilbietet, wird mit Freiheitsstrafe von bis zu fünf Jahren oder mit einer über GebührenGeldstrafe bestraft.

(2) Der Versuch ist strafbar.

(3) In besonders schweren Fällen ist eine Freiheitsstrafe von sechs Monaten bis zu zehn Jahren zu verhängen. Ein besonders schwerer Fall vorsätzlichen Teleshoppings liegt in der Regel vor, wenn der Täter:

- gewerbsmäßig oder als Mitglied eines Senders handelt, der sich zur fortgesetzten Begehung des Verkaufs von wertlosem Tand an Senioren verbunden hat,
- einen Vermögensverlust großen Ausmaßes dadurch herbeiführt, dass wertlose Beigaben den wahren Wert verschleiern (»da lege ich noch diesen tollen Messerblock dazu«),
- die Dummheit der Kunden ausnützt und so wirtschaftliche Not herbeiführt,

- seine Befugnisse oder seine Autorität als Moderator missbraucht oder
- den effektiven Nutzen eines Bauchtrainingsgeräts vortäuscht.

Flatulenzgesetze

§ 42 Geltungsbereich

(1) Als Flatulenz wird jegliche Form der Gasentweichung aus dem After bezeichnet. Dabei ist es juristisch unerheblich, ob die Gasentweichung akustisch oder olfaktorisch von einer dritten Person wahrnehmbar erfolgt.

(2) Das mutwillige oder grob fahrlässige Flatulieren in geschlossenen Räumen wird mit gesellschaftlicher Ächtung nicht unter einem Tag bestraft.

(3) Als grob fahrlässig gilt bereits die wissentliche Herbeiführung eines erhöhten Flatulenzrisikos durch die Einnahme von flatulenzrisikoerhöhenden Nahrungsmitteln wie Hülsenfrüchten, Kohl oder ähnlichen Lebensmitteln.

§ 43 Allgemeine Regelungen

(1) Wer alleine flatuliert, muss dies nicht zur Anzeige bringen. Als allein im Sinne des BGB gilt in geschlossenen Räumen ein Mindestabstand zu anderen Personen von drei Metern, unter freiem Himmel gilt ein Mindestabstand von zwei Metern.

(2) Kann der Flatulierende ein amtsärztliches Attest vorlegen, wonach die Flatulenz unwillkürlich erfolgt, beispielsweise durch eine genetisch bedingte Anomalie im Schließmuskel, so kann von der Strafverfolgung auf Antrag Abstand genommen werden.

(3) Das wissentliche Herbeiführen von Flatulenzen, um diese mittels eines Feuerzeuges zu entzünden, gilt nicht als Flatulenzmissbrauch.

§ 44 Schwerer Fall von Flatulenzmissbrauch

Um einen schweren Fall von Flatulenzmissbrauch handelt es sich, wenn

- sich der Flatulierende in einem Lift aufhält;
- sich der Flatulierende in einer Wahlkabine bei einer freien und geheimen Wahl aufhält;
- sich der Flatulierende in einer Kirche oder der Einrichtung einer anderen Religionsgemeinschaft oder Weltanschauungsvereinigung befindet und dabei ihre Gebräuche oder Rituale stört;
- bei der Flatulenz nicht nur Gase austreten;
- bei der Flatulenz Gewässer verunreinigt werden oder sonst deren Eigenschaften nachteilig verändert werden, Stoffe in den Boden eingebracht werden, die geeignet sind, die Gesundheit von Tieren oder Pflanzen zu schädigen;
- die Geruchsbelästigung so hoch ist, dass der Flatulenzmissbrauch in Tateinheit mit Erregung öffentlichen Ärgernisses einhergeht;
- der Flatulierende sich auf einer Beerdigung befindet oder bei einem anderen Anlass, bei dem die Flatulenz zu nicht angemessener Heiterkeit führen kann;
- der Flatulierende wider besseres Wissen eine Behauptung aufstellt, die geeignet ist, eine unschuldige, dritte Person irrtümlicherweise eines Flatulenzmissbrauchs zu verdächtigen;
- der Flatulierende ein hohes Amt innehat oder religiöser Würdenträger ist;
- die Flatulenz geeignet ist, bewusstseinsverändernde Prozesse hervorzurufen, die unter das Betäubungsmittelgesetz fallen.

§ 45 Besonders schwerer Fall von Flatulenzmissbrauch

(1) Um einen besonders schweren Fall von Flatulenzmissbrauch handelt es sich, wenn

- dabei Menschen ums Leben kommen;
- nukleare oder andere kerntechnische Einrichtungen zu Schaden kommen:
- ein nuklearer Angriffskrieg ausgelöst wird oder die Flatulenz sonst geeignet ist oder in der Absicht vorgenommen wurde, das friedliche Zusammenleben der Völker zu stören.

(2) Bei einem besonders schweren Fall von Flatulenzmissbrauch kann grundsätzlich keine Notwehr geltend gemacht werden.

(3) Wird bei einem besonders schweren Fall von Flatulenzmissbrauch nachträgliche Sicherheitsverwahrung angeordnet, so hat diese grundsätzlich in einer Einzelzelle zu erfolgen.

Tiergesetzbuch

Katzengesetze

§ 1 Regelungen zur Haltung, zu Rechten und Pflichten der Hauskatze (Felis silvestris catus) im Haushalt und zum Umgang mit dem Homo sapiens

(1) Katzen (Felidae), Katzenartige (Feloidea), Kleinkatzen (Felinae) und Kätzchen (Felicitas) dürfen nur gehalten werden, wenn der Halter

- die erforderliche Zuverlässigkeit und ausreichende Kenntnisse über die Haltung und Pflege der Tiere hat und
- über die erforderlichen Einrichtungen verfügt, die Gewähr dafür bieten, dass die Haltung den tierschutzrechtlichen Vorschriften entspricht und der Halter entsprechend Kübelpflanzen zur Zerstörung bereithält.

§ 2 Geltungsbereich

(1) Jedes bewegliche und nicht bewegliche Objekt ist ein Katzenspielzeug.

(2) Jedes bewegliche und nicht bewegliche Objekt, das kein Katzenspielzeug ist, wird in dem Zeitpunkt zum Katzenspielzeug, in dem die Katze ein Interesse an dem Objekt bekundet.

(3) Objekt im Sinne der Verordnung schließt ausdrücklich auch menschliche Extremitäten ein, die unter Bettdecken hervorsehen, sowie Nasen.

(4) Der Tagesbeginn ist dem zuständigen Besitzer unverzüglich anzuzeigen. Als Tagesbeginn gilt der Moment, in dem die Katze aufsteht. Dieser Zeitpunkt steht in keiner Relation zur tatsächlichen Uhrzeit oder dem Sonnen- bzw. Mondstand und hängt allein von der Gepflogenheit der Katze ab.

Dies geschieht insbesondere:

- durch eine liegende Position quer über den Hals des Besitzers,
- durch ein Touchieren der menschlichen Nase mit der Pfote,
- durch das Erhaschen von Objekten gemäß Artikel 3,
- durch das Sitzen auf dem Brustkasten des Menschen.

§ 3 Nötigung der Katze durch Haltung oder Behandlung wie einen Haushund (Canis lupus familiaris)

Wer eine Katze ungerechtfertigt

- außerhalb eines geschlossenen Gebäudes an einer Leine oder
- an einem Katzengeschirr

ausführt, wird mit zivilem Widerstand der Katze bestraft. Dabei legt sich die Katze flach auf den Boden und gräbt die Krallen tief in den Boden, um eine maximale Bodenhaftung zu gewährleisten.

§ 4 Regelungen zur Nutzung von Türen, Eingängen und anderen Einrichtungen, die geeignet sind, Katzen den Durchgang zu verwehren

(1) Geschlossene Türen widersprechen dem Grundrecht der Freizügigkeit und dem Grundrecht auf Unverletzlichkeit der Wohnung: Jede Katze hat das Recht auf ein ungehindertes Durchschreiten der Räumlichkeiten und auf einen ungestörten Aufenthalt.

(2) Bei geschlossener Tür ist die Katze berechtigt, an selbiger zu kratzen und durch lautes Miauen auf den Missstand aufmerksam zu machen, bis der für das Katzenwohl erforderliche Zustand wiederhergestellt wird.

(3) Wird die Tür geöffnet, hat die Katze mit erhobenem Schwanz eine Position auf der Mitte der Schwelle einzunehmen. An diesem Ort hat die Katze eine angemessene Zeitspanne zu verweilen, die sie nach billigem Ermessen eigenständig festlegen kann.

(4) Wird die Katze durch den zuständigen Besitzer genötigt, vor Ablauf der selbstgesetzten Frist ein- oder auszutreten, und wird die betreffende Tür wieder geschlossen, so hat die Katze das Recht, auf den Missstand durch Kratzen oder lautes Miauen aufmerksam zu machen.

(5) An sehr heißen oder sehr kalten Tagen sowie bei einem sehr hohen Moskitoaufkommen können Katzen nach freiem Ermessen eine Erhöhung der Aufenthaltsdauer auf der Schwelle festsetzen.

§ 5 Regelungen zur Mediennutzung

(1) Katzen haben das Recht auf unbeschränkte Einsicht in die im Haushalt genutzten Medien und können somit von ihrem Recht der Pressefreiheit Gebrauch machen. Zeitungen sind in dem Moment, in dem der zuständige Besitzer diese lesen will, mit der größtmöglichen Körperfläche zu bedecken.

Dies gilt gleichermaßen

- für Zeitschriften,
- für Bücher,

- für jegliches Papier, das zum Zweck des Beschreibens oder des Lesens durch den Besitzer ausgelegt wird.

(2) Wird das Bedecken des Papiers mit dem Körper durch wiederholtes Entfernen der Katze durch den Besitzer verhindert oder erschwert, so hat die Katze das Recht, nach billigem Ermessen die Gegenstände vom Tisch hinunterzuwerfen, zu zerstören, zu beschädigen oder sonst wie den Konsum oder die Nutzung unmöglich zu machen.

§ 6 Sonderregelungen bei Computernutzungen

(1) Computer und elektronische Mediengeräte gelten als Medien im Sinne der Regelungen zur Mediennutzung.

(2) Die Katze hat das Recht, die Nutzung eines Computers nach billigem Ermessen dadurch zu unterbinden, dass sie sich auf die Tastatur legt oder die Benutzung maßgeblich erschwert, indem sie sich vor den Computerbildschirm, auf die Maus, auf den Drucker, die notwendigen Kabel oder andere sogenannte Devices legt, darauf rutscht oder sich daran reibt.

(3) Diese Handlungen können ohne Vorankündigung erfolgen und liegen gemeinhin in der Verantwortung des Katzenbesitzers.

(4) Die Konsequenzen sind dabei umso dramatischer, je wichtiger das geöffnete Dokument auf dem Computer ist.

§ 7 Regelungen zum Umgang mit Zimmerpflanzen, Kübelpflanzen, Topfpflanzen und anderer in geschlossenen Räumen oder Gärten zugänglicher Fauna

(1) Kübelpflanzen sind gemäß § 2 Artikel 1 Katzenspielzeug. Die Katze darf mit Aus- und Umtopfen einer Pflanze nach ihrem billigen Ermessen verfahren.

(2) Auch der Versuch bleibt straflos.

(3) Das Benutzen oder Verrichten von Kübelpflanzen, Topfpflanzen oder anderer in geschlossenen Räumen oder Gärten befindlicher Fauna durch die Katze unterliegt selbst in besonders schweren Fällen

der erweiterten Spielzeug-Regelung und wird nur auf Antrag der Staatsanwaltschaft verfolgt.

§ 8 Regelungen zur Teilnahme an Gesellschaftsspielen und anderen Formen der Interaktion zwischen Katzen und ihren Besitzern

(1) Das Aufstellen von Figuren auf einem Brettspiel stellt eine »invitatio ad efferendum« (einseitige Aufforderung zum aktiven Spiel) gegenüber der Katze dar.

(2) Dieses unverbindliche Vertragsangebot kann von der Katze stillschweigend angenommen werden.

(3) Der Vertrag kann mit sofortiger Wirkung aufgrund der arglistigen Täuschung oder widerrechtlichen Drohung angefochten werden, wenn die Katze sich getäuscht sieht und etwa eine Nahrungsverabreichung erwartete.

(4) Die Spielregeln von Brettspielen können von den Katzen jederzeit einseitig widerrufen werden. Der Widerruf bedarf keiner Erklärung, auch keiner konkludenten.

(5) Als einseitiges, verbindliches Regelangebot gilt, mit nur einem Hieb so viele Spielfiguren wie möglich für immer unauffindbar zu machen oder irreversibel zu zerstören. Als Spielfiguren im Sinne der Definition gelten auch Würfel oder andere Spielbestandteile, die der Katze zugänglich sind.

§ 9 Regelungen zum Umgang mit Schachteln, Kartons und anderen Umverpackungen

(1) Im Haushalt befindliche Schachteln, Kartons und andere Umverpackungen gelten als privilegierter Aufenthaltsort der Katze und werden deshalb auch ohne ausdrückliche Anweisung dauerhaft mietfrei besetzt.

(2) Es besteht auch durch eine außerordentliche Kündigung kein Verweigerungsanspruch seitens der Besitzer.

(3) Diese Regelungen gelten unabhängig von der Größe der Umverpackungen.

§ 10 Verordnung zum Verhalten bei weiteren anwesenden Personen, die ihren eingetragenen Wohnsitz nicht im Gebäude der Katze haben

(1) Die Katze hat das Recht, die uneingeschränkte Aufmerksamkeit von Gästen und Besuchern nach billigem Ermessen einzufordern. Dies kann durch jede Form des katzentypischen Verhaltens geschehen, etwa durch einen gestreckten Sprung auf den Rücken des Gastes, bei dem alle zwanzig Krallen in die Epidermis des Gastes eingeführt werden.

(2) Der Gast erklärt sich durch das Betreten der Wohnräume damit einverstanden und verzichtet auf sein gesetzliches Rücktritts- oder Kündigungsrecht.

(3) Die Katze ist berechtigt, den Schoß des Gastes zu erklimmen und dort bis zu fünfzig Prozent des gesamten Katzenhaar-Aufkommens abzuwerfen.

(4) Von Gästen mitgebrachte Taschen und Koffer unterliegen den Regelungen zum Umgang mit Schachteln, Kartons und anderen Umverpackungen. In den Taschen und Koffern der Gäste ist auf eine gleichmäßige Verteilung der Haare zu achten, die den Gast langfristig an den Besuch erinnern.

§ 11 Allergievorschriften

(1) Personen, die aufgrund der Anwesenheit der Katze zu allergischen Symptomen wie Tränen, Schweißausbrüchen, überquellenden Nasenschleimhäuten etc. neigen, werden von der Katze frühzeitig erkannt und besonders zeitintensiv in das Spielprogramm eingebunden.

(2) Hier gilt insbesondere § 10 Artikel 3 der Verordnung zum Verhalten bei weiteren anwesenden Personen, die ihren eingetragenen Wohnsitz nicht im Gebäude der Katze haben.

§ 12 Sofaverordnung

(1) Die in den Räumlichkeiten gestellten Sitzgelegenheiten, insbesondere Sofas und Sessel, dienen dem Wohlbefinden der Katze.

(2) Bei einer herkömmlichen Hauskatze ist davon auszugehen, dass sie die gesamte Fläche eines Dreisitzer-Sofas beansprucht, um eine komfortable Liegeposition zu erlangen.

(3) Andere Personen haben gegebenenfalls den Sitzplatz freizumachen und zu stehen.

§ 13 Vorschriften über das Kratzen von Katzen

(1) Jedes in geschlossenen Räumlichkeiten befindliche Möbel kann von der Katze auch zu einem anderen Zweck verwendet werden. Darunter fallen Sessel, Sofas, Vorhänge, Tapeten sowie alle anderen Gegenstände, die sich für die Schärfung der Krallen der Katze eignen.

(2) Sämtliche Gegenstände, deren Verwendung zu emotionalen Reaktionen seitens der Katzenbesitzer führen (wie Wut, Trauer, Panik), fördern und steigern das Interesse der Katze. Eine Ausnahme bildet der mit Sisal umgewickelte Turm mit dem bunten Gummiball.

§ 14 Vorschriften über die Eigenjagd

(1) Spielt die Katze mit eigenem Schwanz, so geht sie davon aus, es handle sich um ein eigenständiges Lebewesen.

(2) Diese Handlung dient ausschließlich katzenprivatwissenschaftlichen Zwecken und ist als solche unwiderruflich.

(3) Der Versuch einer substanzverletzenden, körperlichen Misshandlung seitens der Katze gegenüber ihrem eigenen Schwanz ist straffrei.

§ 15 Regelungen über das Verhalten der Katzen an Weihnachten

(1) Die Katze hat das Recht, sich während der Weihnachtszeit in unmittelbarer Nähe des sogenannten Christbaumes aufzuhalten.

(2) Der bevorzugte Aufenthaltsort der Katze befindet sich unmittel-

bar unter der Baumkrone. Er wird angesteuert, unmittelbar bevor die Weihnachtskerzen entzündet werden.

§ 16 Vorschriften über Geschenke

(1) Die Katzen können nach ihrem billigen Ermessen bei der Ein- und Entpackung von Geschenken Hilfeleistung erbringen.

(2) Wird dabei das gewählte Papier beschädigt, so haftet die Katze nur für Vorsatz und grobe Fahrlässigkeit.

(3) Die Mitwirkung einer Katze an der Geschenkeein- und -entpackung und daraus entstehende Schäden sind grundsätzlich nicht vorsätzlich oder grob fahrlässig, sondern Teil des natürlichen Lebensraums und Verhaltens einer Katze.

(4) Ist das verpackte Objekt mit einer Schleife drapiert, so handelt es sich dabei um ein Katzenspielzeug gemäß § 2 Artikel 1.

§ 17 Regelungen über die Nutzung von Katzenspieltürmen

(1) Der Gebrauch von mehrstöckigen Katzenspieltürmen mit Liege-flächen, Gummibällen und Tunneln ist gemäß Art. 1 des Katzenspiel-zeuggesetzes ausschließlich Menschen überlassen.

(2) Die Schachtel, in der das besagte Objekt in den Lebensraum der Katze transportiert wurde, sowie das Füllmaterial aus Styropor stehen der Katze jedoch zur freien Verfügung und generieren höchstes Interesse.

§ 18 Interaktionen zwischen Humanoiden und Katzen

(1) Trägt oder balanciert der zuständige Katzenbesitzer einen Gegenstand und ist aufgrund dessen seine Sicht eingeschränkt, so hat er dafür Gewähr zu leisten, dass er die am Boden schlafende Katze nicht stört oder berührt.

(2) Wird ein Korb mit Wäsche frisch aus dem Wäschetrockner transportiert und kommt es dabei zur Verschmutzung oder Beschädigung

durch einen Sturz, so liegt eine Sorgfaltspflichtverletzung des Katzenbesitzers vor.

(3) Die Katze kann nach billigem Ermessen Hilfestellungen bei alltäglichen Haushaltstätigkeiten leisten. Darunter versteht man etwa die Unterstützung beim Bettenmachen. Dabei ist darauf zu achten, dass die Katze bei Bedarf in den Laken verbleiben kann.

§ 19 Übelkeit

(1) Tritt aufgrund eines Vomitus ein Kloß aus Magensaft und abgestorbenen Haaren zutage, so ist dieser auf einem Teppich zu belassen.

(2) Ist kein Teppich vorhanden, kann die Katze nach billigem Ermessen auf ein gepolstertes Möbelstück ausweichen.

§ 20 Tag- und Nachtruhe

(1) Die Tagruhe an Werktagen und an Sonn- und Feiertagen ist einzuhalten.

(2) Die Vorschriften über ungestörte Ruhe finden entsprechende Anwendung.

(3) Die Nachtruhe beginnt, wenn die Katze in den frühen Morgenstunden von ihrer Jagd zurückkehrt. Als Signal gilt das lautstarke Umräumen der Mülltonnen.

§ 21 Futtergesetze

(1) Feucht- und Trockenfutter unterliegen der Regelung zur gleichmäßigen Verteilung und Streuung von Futtermitteln beim Konsum. Es ist eine Verteilung einzelner Futter-Teilstücke in einem Radius von mindestens zwei Metern Normmaß um das entsprechende, offene Nahrungsmittelbehältnis einzuhalten.

(2) Ist das Futterangebot nicht zufriedenstellend, so wird das Angebot so lange ignoriert, bis eine Auswechslung stattfindet (Recht auf individuelle Futterselektion). Als Wiedergutmachung für minderwertige

Kost kann auch eine höherwertige Ersatzleistung beansprucht werden (Recht auf Nachfrist).

(3) Bringt die Auswechslung nicht das erwünschte Resultat, wird das Ersatzfutter so lange ignoriert, bis ein erneuter Futterwechsel stattfindet.

(4) Trifft das Alternativfutter nach dem Futterwechsel erneut nicht den Geschmack, wird es ignoriert, bis eine weitere Auswechslung stattfindet.

(5) Das Austausch- und Rücktrittsrecht ist unbefristet und unbeschränkt. Entscheidend ist der unbeugsame Wille.

(6) Die Katze macht von ihrem Rücktrittsrecht in jedem Fall Gebrauch, wenn die Qualität der angebotenen Nahrungsmittel nicht ihrer Erwartungshaltung entspricht.

§ 22 Karlsruher Tisch-Statut
(Sonderregelungen über den Aufenthalt an Esstischen)

(1) Das Karlsruher Tisch-Statut regelt die Anwesenheit von Katzen auf Esstischen.

(2) Der Aufenthalt auf Esstischen ist für Katzen verboten.

(3) Die Regelung gilt so lange, wie diejenige Person anwesend ist, die das Verbot ausgesprochen hat und über dessen Einhaltung wacht.

(4) Wird die Katze während eines ordnungswidrigen Aufenthalts auf einem Esstisch überraschend aufgegriffen, so kann dieses Verhalten straffrei bleiben, wenn sie schlüssig vortragen kann, dass sie keinerlei Kenntnis von einem etwaigen Verbot hatte.

(5) Die Unschuldsvermutung gemäß Absatz 4 liegt insbesondere dann vor, wenn die Katze ihre verminderte Schuldfähigkeit bzw. die Unfähigkeit, das Unrecht der Tat einzusehen, durch einen schief gelegten Kopf und große Augen dokumentieren kann.

(6) Ist die Reaktion des Katzenbesitzers unangemessen und stark emotional, so ist der Sprung der Katze an einen schwer zugänglichen Ort gerechtfertigt. Dies gilt als Rücktritt von der Straftat und schützt die Katze vor weiterer Bestrafung.

Hundegesetze/Lex Canis

§ 23 Regelungen zur Haltung, zu Rechten und Pflichten des Haushundes (Canis lupus familiaris) im Haushalt und im Umgang mit dem Homo sapiens

(1) Hunde (Canis), Hundeartige (Canoidea), Kleinhunde (Caninae) und Hündchen (Candiszucker) dürfen nur gehalten werden, wenn der Halter

- die erforderliche Zuverlässigkeit und ausreichende Kenntnisse über die Haltung und Pflege der Tiere hat und
- über die erforderlichen Einrichtungen verfügt, die Gewähr dafür bieten, dass die Haltung den tierschutzrechtlichen Vorschriften entspricht und der Halter ausreichend Scheißtüten beim Gassigehen bereithält.

(2) Die Wörter »Sitz«, »Platz« und »Nein« sind eine traditionelle Form der Ansprache und ähneln den akademischen Graden, wie sie heute noch in Österreich benutzt werden, darüber hinaus haben sie keine weitere Bedeutung oder Relevanz.

§ 24 Geltungsbereich

(1) Jedes bewegliche und nicht bewegliche Objekt ist ein Hundespielzeug.

(2) Jedes bewegliche und nicht bewegliche Objekt, das kein Hundespielzeug ist, ist ein Hundespielzeug, sobald der Hund ein Interesse an dem Objekt bekundet.

(3) Die Beschleckung menschlicher Körperteile gilt als Spielen.

(4) Die simulierte Begattung eines menschlichen Beines gilt als Spielen.

§ 25 Regelungen zur Abwendung von Strafen

(1) Im Falle einer drohenden Bestrafung aufgrund der verbotenen Nutzung eines Gegenstands ist durch intensives Untersuchen des

betreffenden Objektes der Eindruck zu erwecken, selbiges zu keinem Zeitpunkt zuvor gesehen zu haben.

(2) Scheitert die in Artikel 1 beschriebene Maßnahme, ist eine Strafandrohung durch eine deeskalierende Körperhaltung zu vermeiden. Dazu sind die Ohren in die rückwärtige Richtung zu bringen. Außerdem ist die Rute (falls vorhanden) zwischen die Hinterläufe an das Abdomen zu pressen.

(3) Scheitern die in § 25 Artikel 1 und 2 beschriebenen Maßnahmen, hilft nur noch das demütige Ablegen auf den Rücken im Verbund mit einem kläglichen Winseln.

§ 26 Regelungen zur Verrichtung der Notdurft

(1) Die Notdurft ist stets an zentralen, belebten und gut einsehbaren Orten zu verrichten.

(2) Hat der verantwortliche Besitzer die Fäkalientransportumverpackung nicht griffbereit, so ist als geeigneter Ort die Mitte einer Straße während der grünen Fußgängerampel-Phase oder ein Kinderspielplatz anzusehen.

§ 27 Regelungen zum Verhalten während und nach Spaziergängen und/oder dem Gassigehen

(1) Bei Niederschlägen aller Art oder anderweitigem Kontakt mit Wasser ist nach Spaziergängen das Fell durch kurze, heftige Körperbewegungen zu trocknen.

(2) Dieser Vorgang ist unmittelbar neben unbeteiligten Dritten durchzuführen.

(3) Bei anhaltender Nässe des Haarkleids des Hundes im häuslichen Umfeld ist selbiges an den Tapeten und Gardinen der Wohnräume zu trocknen.

(4) Kann eine vollständige Trocknung nicht erreicht werden, so ist das Wälzen auf der Schlafstätte der verantwortlichen Besitzer zu vollziehen.

(5) Sollte im Rahmen eines Spaziergangs ein in das Stadium der Fäulnis übergegangener Kadaver entdeckt werden, ist dieser durch Wälzung tiefstmöglich in das Fell einzumassieren.

(6) Dies sollte so umfänglich und nachhaltig geschehen, dass der Geruch auch durch mehrere Waschungen mit handelsüblichen Hunde-Shampoos nicht an Intensität einbüßt.

(7) Den Aufforderungen von Rehen, Kaninchen und Hasen zur intensiven Beschäftigung und gemeinsamen Bewegung ist stets Folge zu leisten. Selbiges gilt für Leibesertüchtigung durch Interaktion mit Mäusen.

(8) Jogger und andere Menschen, die sich laufend oder rollend fortbewegen, fallen unter Hundespielzeug im Sinne von § 23 Artikel 1 der Hundegesetze.

§ 28 Hundebekleidungsverbot

Wer einen Hund mit gewebter, gestrickter oder andersstofflicher Bekleidung ausrüstet oder bekleidet und somit in einer Weise, die zu Rufschädigung und übler Nachrede geeignet ist, anderen Hunden gegenüber vorführt, wird mit dem Tragen eines Hundepelzmantels von nicht unter drei Monaten bestraft.

§ 29 Regelungen zur nächtlichen Ruhelosigkeit

(1) Dem Unmut des Hundehalters über die nächtliche Ruhelosigkeit des Hundes ist anhand fingierter Durchfallerkrankungen mit Nachtspaziergängen entgegenzuwirken.

(2) Nächtliche Ruhelosigkeit kann am besten durch ausgedehnte Schlafphasen während des Tages erreicht werden.

(3) Auf dem Boden bereitgestellte Schlafstätten, wie Körbe und Decken, sind nicht als obligatorische Ruhestätte, sondern allenfalls als mögliche Alternative anzusehen.

§ 30 Übelkeit

Bei einem nahenden Vomitus ist unverzüglich eine weiche, saugfähige Unterlage aufzusuchen, wie etwa ein Sofa, ein Sessel, ein Bett oder ein Teppich.

§ 31 Futtergesetze

(1) Dem dargebotenen Nahrungsangebot im Futternapf sind die in Anlage MAMPF 6 aufgeführten Mahlzeiten vorzuziehen.

Anlage MAMPF 6
Dem Tierfutter vorzuziehen sind:
- Mahlzeiten von Menschen,
- ehemalige Mahlzeiten von Menschen,
- ehemalige Mahlzeiten generell,
- jegliche organische Masse, in jeder Phase der Fäulnis, die während eines Spaziergangs aufgefunden wird,
- vom Menschen ausgeschiedene Mahlzeiten, die während eines Spaziergangs aufgefunden werden (und vornehmlich hinter Sträuchern mit einem weißen Taschentuch zweckmäßig markiert sind).

(2) Nahrung, die sich bereits im Maul befindet, muss beim Befehl »Aus« des Hundehalters unverzüglich in den Schlund verbracht werden.

§ 32 Regelungen zur Nahrungsbeschaffung

(1) Folgende Beschaffungsmaßnahmen von Mahlzeiten aus Menschenhand sind zulässig:
- das Auflegen des Kopfes auf der Beinpartie des emotional schwächsten Gliedes der anwesenden natürlichen Personen,
- über einen frei stehenden Stuhl den Zugang auf den Tisch zu verschaffen,
- durch emotional aufgeladene Blicke,
- durch nachhaltige Verweigerung des in der Futterschüssel verabreichten Nahrungsangebots.

(2) Zeigen die Beschaffungsmaßnahmen keine Wirkung, kann im Fall von Nahrungsmittelknappheit nach billigem Ermessen auf das Futter im Napf zurückgegriffen werden.

(3) Während der Darreichung von Nahrungsmitteln ist durch Springen, Japsen und Hecheln stets der Eindruck vorzutäuschen, die letzte Nahrungsübergabe habe vor einem unverhältnismäßig weit zurückliegenden Zeitpunkt stattgefunden.

§ 33 Regelung zur Verschönerung der häuslichen Einrichtung

Nahrungsmittel, die in einem Fressnapf auf einer dafür bereitgestellten Fressnapfunterlage dargereicht werden, müssen als Zeichen der Wertschätzung umfangreich verteilt werden. Hierbei ist insbesondere auf eine gründliche, tiefe Einarbeitung zu achten, falls es sich um einen Teppichboden handeln sollte.

§ 34 Regelung zur Aufnahme von Wasser

Wasser aus bereitgestellten Wasserschüsseln ist zu vermeiden. Zur Flüssigkeitsaufnahme geeignete Vorrichtungen sind:

- Toiletten
- Bidets
- Pissoirs (der rassetypischen Körpergröße entsprechend)
- Blumenuntersatzgefäße
- öffentliche Gewässer, dazu zählen Seen, Flüsse, Bäche und stinkende Kloaken

§ 35 Regelungen zur Begrüßung von Humanoiden

(1) Das Geräusch der Türklingel stellt eine direkte Herausforderung zum Zweikampf dar.

(2) Unmittelbar nach Öffnen der Tür sind dem vor der Tür befindlichen Menschen beide Vorderpfoten auf die Brust zu legen. Ist dies aufgrund der rassebedingten Körpergröße unmöglich, so ist das vordere

Kopfende in direkten Kontakt zu den primären Geschlechtsmerkmalen der Person zu bringen.

(3) Die Kontaktaufnahme mit bereits bekannten Personen ist mittels eines innigen Zungenkusses durchzuführen.

(4) Menschen, die auf dem Sofa Platz nehmen, sind als Unterlage anzusehen und können zum Zweck der Niederlassung erklommen werden.

(5) Uniformierte Personen stellen eine ernste Bedrohung für Leib und Leben dar und sind unter allen Umständen vom mittelbaren Lebensraum fernzuhalten.

§ 36 Regelungen zur Abtrennung der Wohneinheit zwischen Hund und Mensch

(1) Die Wohn- und Schlafeinheit ist zwischen Hund und Mensch klar abzutrennen.

(2) Dabei handelt es sich um eine täglich neu verhandelbare Regelung.

(3) Nachfolgende Abtrennungsmodalitäten sieht der Gesetzgeber ausdrücklich vor:

1. Das Haus darf nicht betreten werden.

2. Das Haus darf betreten werden, diese Erlaubnis ist auf einen klar abgegrenzten Bereich beschränkt.

3. Alle Räume dürfen betreten werden, explizit ausgeschlossen ist das Sofa.

4. Das Sofa ist erlaubt.

5. Das Liegen im Bett ist nicht gestattet.

6. Das Liegen im Bett ist gestattet, aber nur bei Gewitter.

7. Das Liegen im Bett ist zeitlich unbeschränkt gestattet, nicht jedoch unter der Decke.

8. Unter der Decke schlafen ist nur in Ausnahmefällen erlaubt.

9. Die Nacht kann unter der Decke verbracht werden.

10. Die unterhaltspflichtigen Menschen dürfen sich nachts nicht um-

drehen, wenn dies einen unvorteilhaften Lagewechsel für den Hund bedeutet.

§ 37 Regelungen zum alleinigen Verbleib in der Wohnung

(1) Ein alleiniges Verbleiben in Wohnung oder Haus kann nicht ohne weiteres hingenommen werden.

(2) Ein alleiniger Verbleib in der Wohnung wird durch die Wirkungskette: Bellen → Nachbarn → Besitzer aufgelöst.

§ 38 Regelungen zum Umgang mit schlafenden Humanoiden

(1) Bei in Tiefschlaf gefallenen Menschen müssen die Lebensfunktionen in regelmäßigen Abständen durch ein Abtasten des Gesichtes unter Zuhilfenahme der Zunge überprüft werden.

(2) Um den verantwortlichen Hundebesitzer morgens aus dem Schlaf- in den Wachzustand zu bringen, ist die Schnauze in unmittelbare Nähe des ruhenden Kopfes zu bringen und mit einer stark hechelnden Atmung zu beginnen. Auf das Ausmaß der Wirkung kann durch eine gezielte Auswahl des vorherigen Nahrungsmittelverzehrs Einfluss genommen werden.

§ 39 Eigentumsrecht

(1) Das Eigentumsrecht an der Couch geht binnen vier Wochen nach Einzug des Hundes automatisch an den Hund über.

(2) Die rechtliche Zuordnung beweglicher und unbeweglicher Sachen zu einem natürlichen oder juristischen Hund erfolgt gemäß nachfolgend aufgeführten zehn Geboten (Lex Carní).

Lex Carní

1. Wenn ich es mag, ist es meins.
2. Wenn ich es im Maul habe, ist es meins.

3. Wenn ich es dir wegnehmen kann, ist es meins.

4. Wenn ich es vor einer Weile schon mal gehabt habe, ist es meins.

5. Wenn es meins ist, hast du nie wieder die Chance, dass es deins wird.

6. Wenn ich etwas zerkaue, sind alle Teile meine.

7. Wenn es so aussieht, als ob es meins wäre, dann ist es meins.

8. Wenn ich es zuerst gesehen habe, ist es meins.

9. Wenn du etwas weglegst, mit dem du gespielt hast, ist es automatisch meins.

10. Wenn es kaputt ist, ist es deins.

§ 40 Welpen-Fotografie-Regeln

(1) Der Welpe ist aus dem Abfalleimer zu entfernen und die Schnauze von Kaffeesatz zu reinigen.

(2) Die Kamera ist dienstbereit vor dem gewünschten Hintergrund zu positionieren.

(3) Der Welpe ist aufzufinden und von dem Socken in seinem Maul zu lösen.

(4) Der Welpe ist vor dem gewünschten Hintergrund zu plazieren und die Kamera aufzusuchen.

(5) Dem Welpen ist durchs Haus hinterherzulaufen.

(6) Die Kamera ist neu einzustellen und der Welpe wieder anzulocken.

(7) Das Objektiv ist mittels eines Taschentuchs vom Nasenabdruck zu reinigen.

(8) Die Katze ist aus dem Zimmer zu absentieren, etwaige Kratzer auf der Nase des Welpen sind mit Gel zu behandeln.

(9) Für einen interessanten Ausdruck des Welpen ist die Kamera in einer Hand und ein Quietschpüppchen in der anderen Hand über den Kopf zu halten.

(10) Die Brille muss zurechtgerückt werden, die Kamera und das Quietschpüppchen werden unter dem Sofa hervorgeholt.

(11) Der Welpe wird rechtzeitig am Nacken ergriffen, die passenden Worte sind »Nein – das machst du draußen!«

(12) Der Vorsatz, am darauffolgenden Tag Erziehungsmaßnahmen (und Fotoaufnahmen) bezüglich des Welpen zu beginnen, ist zu fassen.

§ 41 Hundebesitzergesetze

(1) Maulkorbzwang: Die Anordnung eines Maulkorbs ist zulässig bei besonders bissigen Hunden mit aggressivem Genpotenzial und schlechter Sozialprognose und bei unverhältnismäßig geschwätzigen Hundebesitzern.

(2) Wer als Hundebesitzer oder -halter durch den Hund abgelegten Kot auf öffentlichen Plätzen nicht entfernt, durch

- starres Blicken in eine andere Richtung,
- Vortäuschen eines wichtigen Handy-Gesprächs,
- Leugnen der Zuständigkeit,

wird mit Freiheitsstrafe von nicht unter zwei Monaten in einem Zwinger im Tierheim bestraft.

(3) Das ordnungsgemäße Befüllen und Entsorgen von Hundekottüten mit Aufdrucken, welche geeignet sind, das Interesse von Kindern zu wecken, ist nicht statthaft (vgl. Snickers-Mars-Twix-Gameboy-Tüten-Gesetz).

(6) Das Schnüffeln von Hunden im Genitalbereich von Dritten in Tateinheit mit einer verstreichenden Unterlassungsaufforderung seitens des Besitzers fällt unter den Tatbestand der sexuellen Belästigung.

§ 42 Insekten-Verfügung (InV)

(1) Die Insekten-Verfügung regelt den Umgang mit Insekten.

(2) Eine Mücke darf nur dann in Notwehr getötet werden, wenn sie rechtswidrig und vorsätzlich zum Durchstechen der Epidermis mit dem Vorsatz des Blutdiebstahls angesetzt hat und sich dabei trotz dringenden Tatverdachts der Inhaftierung durch Flucht widersetzt.

Dabei muss sowohl Verdunklungs- als auch Wiederholungsgefahr bestehen.

(3) Kann aufgrund der normativen und subjektiven Tatbestandsmerkmale nicht zweifelsfrei festgestellt werden, ob es zum Begehungsdelikt auch tatsächlich gekommen wäre, sollte auf ein Handeln ohne Strafverfahren verzichtet werden, um keinen Erlaubnistatbestandsirrtum zu begehen.

(4) Es ist strafprozessual zu prüfen, ob die Mücke aufgrund ihrer genetischen Disposition überhaupt strafmündig ist.

(5) Wer sich nachts neben eine Mücke setzt und summt, damit diese nicht einschlafen kann, macht sich nicht der Nötigung schuldig.

(6) Aufgrund der Streichung des Paragraphen Mundraub bei der Unterschlagung von Nahrungsmitteln und Genussmitteln in geringer Menge oder unbedeutenden Werts können sich auch Wespen nicht mehr drauf berufen und werden wegen Diebstahls bestraft.

(7) Die mietfreie Inbesitznahme von Wohnraum gegen den Willen der Bewohner durch Kakerlaken oder andere Gliederfüßler erfüllt den Tatbestand des Hausfriedensbruchs. Sie können durch eine gewaltsam durchgeführte Freimachung des Raums (Räumung) ohne Rechtsbehelf entfernt werden.

(8) Es ist zulässig, nachts in unregelmäßigen Abständen das Deckenlicht einzuschalten, um eine Spinne zu erschrecken, die über dem Bett hängt.

(9) Die Summe der psychosozialen Probleme von Stubenfliegen wird Fliegenklatsche genannt.

§ 43 Zoogesetze

(1) Der gezielte Auswurf von Saliva (Speichel) ist nur Lamas gestattet.

(2) Wer sich in unangemessener Weise auf dem Boden rollt, Art- oder Altersgenossen durchs Gehege jagt, in belästigender Lautstärke schreit, wiederholt nach Futtermitteln bettelt oder sich mit Futtermitteln beschmiert, hat den Zoo umgehend in Begleitung der Eltern zu verlassen.

(3) Heulen ist außerhalb der gesetzlichen Ruhezeiten nicht zulässig (vgl. Wölfe, Schakale, Tierschützer).

(4) Folgende Aussagen verstoßen gegen das Phrasenverbotsgesetz und werden mit einer Freiheitsstrafe bis zu sechs Monaten oder Geldstrafe bestraft:

- »Die sind so lustig in ihren Anzügen.« (Pinguine)
- »Die roten Ärsche sind aber eklig.« (Paviane)
- »Hier riecht es wie in deinem Zimmer, Kevin!« (Raubtierhaus)
- »Nein, können wir nicht, die bleiben da!« (Streichelzoo)
- »Guck mal, Mama, wie traurig die gucken und so hin und her wackeln.« (Elefanten, Rentner)

Nachbarschaftsverordnung (NVo)

§ 1 Geltungsbereich

(1) Ein Nachbar im Sinne von Nachbar ist eine räumlich nahe lebende Person, wobei die Nähe nicht näher definiert ist.

(2) Nachbarn sind in folgende Untergruppen einzuteilen:

- Neurotische Spießer
- Lärmende Barbaren
- Nervige Spätklingler
- Manische Stühlerücker
- Osmanische Großfamilien
- Faschistische Kontrollfreaks
- Stille Perverse
- Stöhnende Sexbomben
- Nachtaktive Pumpsträgerinnen
- Stinkende Balkongriller

- Besenstielklopfende Dauerbeschwerer
- Taube Extremfernsehende
- Vereinsamte Treppenhausvollquatscher

§ 2 Regelungen über gerichtliche Auseinandersetzungen zwischen Nachbarn

(1) Der Nachbar ist schuld.

(2) Aus § 2 Artikel 1 folgt: Zivilrechtsklagen unter Nachbarn werden kategorisch abgelehnt.

§ 3 Allgemeine Regelungen

(1) Es ist jeder natürlichen Person freigestellt, zu begehren seines Nachbarn Weib, Grill oder Traktorrasenmäher.

(2) Bewohner, die an Sonn- und Feiertagen vor 12 Uhr den Abstreifer vor ihrer Wohnungstür mittels eines Staubsaugers reinigen, dürfen mit Gewalt vom Gerät getrennt werden.

(3) Zeitungen und Zeitschriften, die sich im Briefkasten eines Nachbarn befinden, sind aufgrund der übereinstimmenden Adresse zu fünfzig Prozent Allgemeingut (z. B. Sportteil).

(4) In Handarbeit angefertigte bunte, eigengetöpferte und/oder lasierte Namensschilder an Türen sind mit einer Geldstrafe von nicht unter einhundert Euro zu bestrafen.

Zusatz: Wenn sämtliche Familienmitglieder namentlich mit Vornamen aufgeführt sind, erhöht sich die Geldstrafe auf nicht unter zweihundert Euro.

Zusatzzusatz: Wenn das Haustier ebenfalls namentlich aufgeführt ist, erhöht sich die Geldstrafe auf nicht unter tausend Euro.

(5) Rauchentwicklung aus tiefer gelegenen Balkoneinheiten aufgrund Grillguts ist mit einem anhaltenden Gießen der eigenen Balkonblumen zu unterbinden.

(6) Jegliche Weihnachtsbeleuchtung, die in Teilen oder im Ganzen aus elektrischen oder batteriebetriebenen Leuchtkörpern besteht, die

im öffentlichen Raum wahrgenommen werden könnten, erfüllt den Tatbestand einer Kriegserklärung. Der Nato-Bündnisfall tritt jedoch nicht ein.

§ 4 Regelungen über werkstoffgewordene Stellvertreter der menschlichen Phantasie (Gartenzwerg-Klausel)

(1) Gartenzwerge dürfen von jedem Grundstück stillschweigend entfernt und/oder anstößig bemalt werden.

(2) Verbleibende Überreste der Gartenzwerge hat der Gartenzwerg-Aussteller selbst zu entsorgen.

Zusatz: Gleiches gilt für bunte Glitzerkugeln.

Zusatz II: Gleiches gilt für rustikale Zierschubkarren aus Holz.

§ 5 Regelungen für Schallübertragungen zwischen nachbarschaftlichen Wohneinheiten

(1) Nachbarn ist es nicht gestattet, Kinder zu halten (womöglich das umstrittenste Gesetz im Besseren Gesetzbuch).

(2) Nachbarn ist es nicht gestattet, Haustiere zu halten.

(3) Nachbarn ist es nicht gestattet, Musikinstrumente zu spielen.

(4) Bei gut vernehmbaren Schallübertragungen aus Musikanlagen zum Zwecke einer privaten Feier gilt die Lex Bang und Olufsen aus dem Jahr 1804. Diese besagt:

Der Lautere gewinnt.

Zusatz: Liedgut, das in den Jahren 1980 bis 1989 produziert wurde, unterliegt nicht § 5 Artikel 4 und wird strafrechtlich verfolgt.

(5) Beschwerden, die gut vernehmbare Schallübertragung betreffend, sind nicht zulässig, wenn zuvor durch den Lärmverantwortlichen durch einen Zettel im Treppenhaus auf eine zu erwartende gut vernehmbare Schallübertragung hingewiesen wurde.

Zusatz: Der Hinweis »Alle Hausbewohner sind herzlich eingeladen« auf dem Anschlag besitzt ausschließlich formellen Charakter und stellt in keinem Fall eine tatsächliche Einladung dar.

(6) Nachbarn, welche oberhalb einer Mietpartei wohnen und deren Wohnfläche ganz oder zum Teil mit Parkett oder Laminat ausgelegt ist, sind verpflichtet, diese ausschließlich in Wollsocken zu begehen.

§ 6 Regelungen für ursächlich sexuelle Schallübertragungen zwischen nachbarschaftlichen Wohneinheiten

(1) Nachbarn, die sich während unzüchtiger Handlungen mit mindestens einem Partner zu einer Lautäußerung hinreißen lassen, haben dies in einer Lautstärke nicht über Unterhaltungsniveau zu tun.

(2) Nachbarn, die sich während unzüchtiger Handlungen mit mindestens einem Partner zu einer Lautäußerung hinreißen lassen, haben die Fenster zu schließen. Geöffnete Fenster sind ausschließlich in Kombination mit einer Live-Übertragung in den Hof straffrei.

§ 7 Regelungen für die Kommunikation zwischen Nachbarn

(1) Rhythmische Klangsignale mit dem Besenstiel stellen kein angemessenes Mittel zur Kommunikation dar, wenn bei einer Wohneinheit von dem Vorhandensein einer Tür mit Klingel ausgegangen werden kann.

(2) Die versuchte Anbahnung einer Ausleihe von Eiern und/oder ähnlichen Bedarfsartikeln wie Zucker, Salz oder Mehl bei einer Nachbarin gilt aufgrund ausreichend langer Ladenöffnungszeiten als unsittliche Annäherung und fällt in das Rechtsgebiet der Abkommen zur Aufforderung zum Geschlechtsverkehr (AAzGv).

(3) Die Anrede »Na, Herr Nachbar« ist ausschließlich Nachbarn gestattet, welche im besten freundschaftlichen Verhältnis zueinander stehen. Ansonsten ist die Anrede Herr/Frau zuzüglich des Nachnamens vorzuziehen.

§ 8 Regelungen über den Aufenthalt im Treppenhaus

(1) Das Treppenhaus ist kein Ort der Begegnung, sondern der Bewegung – nach oben oder nach unten.

(2) Dies gilt auch und im Besonderen für Verbesserungsvorschläge bezüglich der Hausordnung seitens im Ruhestand befindlicher Nachbarn. Es ist erlaubt, ohne gegenseitiges Einvernehmen das Gespräch sowie einige Stufen zu überspringen.

§ 9 Regelung zum Türklingel-Irrtum

Die Anzahl aller Bekannten und Verwandten eines Nachbarn, die sich während der Dauer eines Mietverhältnisses in der Türklingel irren, ist von betreffendem Nachbarn beim Auszug in Euro auszuzahlen.

§ 10 Regelung zur Nutzung von Wohnflächen

Ist ein Nachbar verreist oder für eine Mindestdauer von drei Tagen nicht in der Wohnung anzutreffen, darf eine geeignete Mauer durchbrochen und so die Nutzung des Wohnraums gewährleistet werden.

Kiffergesetze

§ 1 Bau und Anrauchen

(1) Derjenige, der die cannabishaltige Rauchware rollt, raucht sie auch an, egal wessen Gras es ist.

(2) Wenn jemand einen schönen Joint rollt, sollte ihm zumindest einer der Anwesenden ein Kompliment, seine Bau-Fertigkeiten betreffend, machen. Ist derjenige alleine, kann er sich dieses Kompliment auch selber machen.

§ 2 Weitergabe der Rauchware

(1) Die Rauchware ist zeitnah an den nächsten Raucher weiterzugeben.

(2) Die Weitergabe eines Joints abzulehnen ist in keinem Fall zulässig.

Zusatz: Die Besitzverhältnisse, das in dem Joint befindliche Gras betreffend, sind dabei unerheblich.

Zusatz II: Ist derjenige alleine, ist die Konsumierung durch nur eine Person gestattet.

(3) Mehr als drei Lungenzüge sind nicht statthaft.

(4) Die Rauchware darf nicht durch zu starkes Ziehen übermäßig erhitzt werden.

(5) Das Einspeicheln eines Joints, insbesondere des Mundstücks, ist unbedingt zu unterlassen.

Ausnahme: Ist derjenige alleine, steht es ihm frei, Joints einzuspeicheln oder eingespeichelte Joints weiterzugeben.

Zusatz: Die Pflicht zur Weitergabe entfällt. (Artikel 3, Zusatz II)

§ 3 Allgemeine Rechte und Pflichten

(1) Findet die Konsumierung eines Joints in Privaträumen statt, so ist der Besitzer bzw. Mieter der Räume dazu verpflichtet, den Inhalt seines Kühlschranks sowie aller anderen Vorratsmöglichkeiten von Lebensmitteln den Anwesenden zugänglich zu machen.

Zusatz: Dies trifft auch und gesondert für Getränke zu.

(2) Die Qualität von Drogen, die zur Konsumierung gereicht werden, darf nicht öffentlich kritisiert werden, wenn der Besitzer diese kostenfrei zur Verfügung gestellt hat.

(3) Wer die Rauchware mitgebracht hat, darf die Musik bestimmen.

(4) Besuche, deren einziger Grund das Interesse des Besuchers an etwaigen Beständen des Besuchten ist, fallen unter das Drogen-Missbrauchsgesetz.

§ 4 Bongverordnung

(1) Wer eine Bong stopft, ist ermächtigt, den ersten Zug zu nehmen. Dabei ist es unerheblich, in welchem Eigentumsverhältnis das Rauschmittel oder die Bong zu den anwesenden Personen steht.

(2) Wer wissentlich, fahrlässig oder wider besseres Wissen in eine Bong hineinbläst und somit das ganze Zeug auf dem Boden verteilt, ist mit einer Geldstrafe von nicht unter fünfzehn Euro/Gramm zu bestrafen.

(3) Genügt die Mischung einer Bong nicht mehr für die nächste Person in der Reihe, so hat der Raucher den restlichen Rauch in der Bong zu belassen.

(4) Ist eine Bong zu Ende geraucht, so ist die nächste Person auf diesen Umstand hinzuweisen.

(5) Das Mundstück der Bong ist nicht einzuspeicheln.

(6) Wer Bongwasser verschüttet, ist dazu verpflichtet, die entsprechende Stelle zu säubern.

Zusatz: Und Wasser nachzufüllen.

Zusatz II: Über die grundsätzliche Rechtmäßigkeit des Konsums von THC-haltigen Rauschmitteln haben die Gerichte nach billigem Ermessen zu entscheiden. Als geringe Menge gilt dabei je nach Region ein Stück zwischen einem Gramm (Bayern) und einer Tonne (Hamburg/St. Pauli).

Nervensägengesetze

§ 1 Gesetze, Intellektuelle und Pseudo-Intellektuelle betreffend

(1) Verboten ist das Vortäuschen von Intellektualität durch

- das Aufstellen von umfangreichen Bücherregalen, ohne die Bücher gelesen und/oder verstanden zu haben,

- das Kauen am linken oder rechten Bügel einer Brille,
- das Schwenken von Rotweinen in Grandezza-Rotweingläsern sowie das Nippen mit anschließendem angedeutetem Nicken bei geschlossenen Augen.

(2) Ordnungswidrig handelt, wer sich herablassend gegenüber einer anderen natürlichen Person verhält, die blöder, dümmer, bescheuerter, hässlicher oder sonst wie beschissen dran ist (Onkel-Erwin-Gesetz).

(3) Hinweise auf die fehlende Subtilität von amerikanischen Actionfilmen werden mit nicht unter vier Teilen der Alien-Filmreihe bestraft.

§ 2 Journalisten-Schnorrerverordnung

Ordnungswidrig handelt, wer mit seinem Presseausweis wedelt und kostenlosen Eintritt zu Veranstaltungen erzwingt, obwohl er im Rahmen seiner journalistischen Tätigkeit nie darüber berichtet (vgl. Nationalgalerie-Truckermagazin-Gesetz).

§ 3 Privatsphäregesetz

Wer als Journalist über die Privatsphäre von Prominenten oder anderen Personen des öffentlichen Lebens berichtet, der kann nach dem BGB-Privatsphäregesetz gerichtlich dazu gezwungen werden, vergleichbare Informationen über sein eigenes Privatleben preiszugeben (vgl. Diekmanns-kurze-Pimmel-Verordnung).

§ 4 Millionärsgesetze

(1) Die erste Million ist die schwerste.

(2) Geld macht nicht glücklich.

(3) Man kann sich aber eine Menge Dinge kaufen, die glücklich machen.

(4) Sollte die Millionärs-Ehe geschieden werden, so richtet sich der Unterhalt der Ex-Gattin nach dem Existenzmaximum.

(5) Das Existenzmaximum errechnet sich aus

- dem Preis für eine 30 Meter lange Motoryacht der Marke Dynasty Yachts,
- dem Kaufpreis des führenden Fußballvereins der Champions League,
- dem Jahresbetrag an Schmiergeldern eines Staatsoberhauptes,
- dem Wert einer zyklonfreien Südseeinsel,
- der Maximalkreditkartennutzung einer russischen Gespielin.

§ 5 Gesetze, Bestimmungen und Normen für Bewohner von Wohngemeinschaften (WGs)

(1) Abwaschgesetz: Ein Abwasch ist unter allen Umständen zu vermeiden. Als unvermeidbar gilt der Abwasch, wenn kein einziges Behältnis mehr, Eierbecher und Zahnputzbecher eingeschlossen, zur Befüllung für einen Kaffee zur Verfügung steht.

(2) Müllgesetz: Der Müll ist dann voll, wenn das Behältnis nach umfangreichem Pressen mit vollem Körpergewicht mindestens 125 % Befüllungshöhe erreicht hat. In diesem Fall ist die Argumentation »Da passt doch noch ganz viel rein« prozessauslösend.

(3) Wer Butter, Milch, Miracoli oder andere Grundnahrungsmittel aufbraucht, ohne den Bestand innerhalb von höchstens acht Stunden wieder aufzufüllen, wird von der gemeinschaftlichen Benutzung des Kühlschranks ausgeschlossen.

(4) Sollten alle Benutzer einer WG aufgrund häufiger Verstöße gegen Artikel 3 von der Benutzung des Kühlschranks ausgeschlossen sein, so kann über eine Aufhebung des Verbots mit befreiender Wirkung abgestimmt werden.

(5) Mitbewohner, die von der Benutzung des Kühlschranks ausgeschlossen sind und ihre Lebensmittel auf den zur Verfügung verbleibenden Fensterbrettern kühlen, haben für eine ausreichende Sicherung der Bierflaschen und Milchtüten vor dem Herabstürzen Sorge zu tragen.

(6) Der Hauptmieter der Wohnung verfügt über keinerlei Privile-

gien, ist jedoch gegenüber Organen wie Vermieter und Hausmeister stellvertretend für jedweden Verstoß gegen die Hausordnung haftbar zu machen.

(7) Duschvorhänge sind für die Dauer der Benutzung stets in der Badewannen-Innenseite zu belassen, um Überschwemmungen zu verhindern.

(8) Wer Lieblingslebensmittel, die mit dem Namen einer natürlichen Person der WG gekennzeichnet sind, vorsätzlich an- oder aufisst, hat diese zu ersetzen, bevor der rechtmäßige Besitzer der Tat gewahr wird.

(9) Es ist nicht zulässig, im Fall eines Verstoßes gegen Artikel 8

- mit der Tat Dritte zu belasten,
- die Kennzeichnung einer natürlichen Person des Lebensmittels in Abrede zu stellen: »Da stand aber kein Name drauf«,
- anzuführen, man kenne keine Person innerhalb der Wohngemeinschaft diesen Namens,
- eine Grundsatzdiskussion über Kapitalismus zu beginnen.

(10) Keine Tasse ist noch niemals Aschenbecher gewesen.

(11) Kein Eierbecher ist noch niemals Aschenbecher gewesen.

(12) Das Aufstellen von orange-schwarzen Känguru-Verkehrszeichen, Baustellenlampen oder das Aufhängen von Zeitungsausschnitten wie »Beckstein: Mit zwei Maß kann man noch fahren«, fällt unter den Tatbestand des Geschmacksfriedensbruchs.

(13) Beschlüsse, wie sie sich während WG-Sitzungen manifestieren, die Hygiene der gemeinsam genutzten Räumlichkeiten betreffend, fallen unter das Amnesiegesetz.

(14) Schamhaar-Konflikt: Die Badezimmer-Schamhaar-Krise der 80er Jahre gilt seit dem generellen Intimrasur-Erlass als gelöst.

(15) Bei gemischt geschlechtlichen Wohngemeinschaften sind alle männlichen Bewohner dazu verpflichtet, sich in das gleiche Mädchen zu verlieben.

Zusatz: Diese Regel ist auf neu hinzukommende oder auf Grund dessen ausgewechselte männliche Mitbewohner übertragbar.

(16) Es gilt das Subjektivitätsprinzip des »immer ich, nie du/ihr«.

(17) Als Kommunikationsmittel gilt das Post-it als vereinbart.

(18) Unterhosen, die keinem WG-Bewohner zugeordnet werden können, sind zur Mitnahme an die Wand neben die Wohnungstür zu nageln.

§ 6 Wandergesetze

(1) Es ist stets zu grüßen.

(2) Wer auf einer Berghütte in einem Matratzenlager mit mehr als sechs Mitschläfern schnarcht oder andere rhythmische Geräusche von sich gibt, die seine Mitschläfer am Schlaf hindern, wird mit lebenslänglichem Hüttenverbot bestraft.

Zusatz: Das Hüttenverbot ist unverzüglich umzusetzen.

Zusatz II: Auch, wenn draußen Minusgrade herrschen.

(3) Die Länge der tagsüber zurückgelegten Wegstrecke sowie die dafür verbrauchte Zeitdauer unterliegen der Geheimhaltung. Fragen Dritter nach der Länge der tagsüber zurückgelegten Wegstrecke sowie der dafür verbrauchten Zeitdauer sind vom Wanderer unwahr zu beantworten.

Zusatz: Artikel 3 gilt insbesondere beim unerlaubten Einsatz von Gondeln.

(4) Über Schuhwerk, welches von Personen getragen wird, die sich im Gebirge vorwiegend innerhalb von Gondeln, Sesselliften oder ähnlichen Personenbeförderungsanlagen fortbewegen, ist stets zu lästern.

§ 7 Musiker-, Musikanten- und Musikgruppenverordnung

(1) Musiker und Gruppen von Musikern, welche im Rahmen einer Tournee eine Serie von Auftritten an verschiedenen Orten ableisten, machen sich des vorsätzlichen Betruges schuldig, wenn sie an mehr als einem Ort der Tournee behaupten, das anwesende Publikum sei das beste Publikum der Welt gewesen.

(2) Die lebenslange Zuordnung einer natürlichen Person in die jeweilige Musikrichtung erfolgt entsprechend der Musikertypologie nach dem BGB Artikel 3, 4, 5, 6, 7, 8, 9, 10 und 11.

(3) Als Rockmusiker gilt, wer:

- suchterzeugende Substanzen regelmäßig zu sich nimmt, wobei Kaffee nicht als solche gilt,
- Bein- und Oberbekleidung trägt, die mehrere Löcher im Textilgewebe aufweist, wovon mindestens eins eine Tätowierung des Musikers freilegt,
- in einem der Verwahrlosung anheimgegebenen unterirdischen Übungsraum musiziert, der in Teilen von leeren Bierflaschen bedeckt ist,
- das erste Konzert in einer Jugendfreizeiteinrichtung vor kaum einem Dutzend Zuschauer absolviert und bei Betreten der Bühne »Hallo Berlin« oder »Hallo München« ruft,
- im mindesten Fall ein Hotel in einem derartigen Zustand hinterlassen hat, der eine Sanierung der kompletten Etage nötig machte,
- bei mindestens einer Fluglinie lebenslanges Flugverbot hat.

(4) Der Hübsche wird der Sänger.

(5) Als Heavymetal-Musiker gilt, wer:

- der Melodie eines Liedes eine untergeordnete Rolle einräumt,
- der gesanglichen Leistung eine untergeordnete Rolle einräumt,
- Totenkopf-Postern eine übergeordnete Rolle einräumt,
- im mindesten Fall ein Deathmetal- oder ein Fuck-Jesus-Bildchen auf seine Kutte aufgebügelt hat,
- seiner Umwelt zu beweisen versucht, dass hinter dem negativen Gesamteindruck ein gutmütiger Kern steckt.

(6) Als Rapper gilt, wer:

- aus einer Familie stammt, in der mindestens die Hälfte der Mitglieder durch einen gewaltsamen oder anderen nicht natürlichen Tod aus dem Leben geschieden ist,

- mindestens fünf Jahre in einer Justizvollzugsanstalt verbracht hat, wobei Jugendarrest oder Bewährungsstrafen nicht angerechnet werden können,
- im Besitz von mindestens einer Goldkette ist, welche im Umfang der Dicke eines Abflussrohres der Nennweite DN 100 entspricht,
- mittels eines Liedes bekannt wird, das im mindesten Fall 120 vulgäre oder ehrverletzende Ausdrücke enthält (vgl. Suck-my-dick-motherfucker-Gesetz),
- in einem oder mehreren Musikvideos auf dem Rücksitz einer weißen Limousine in Begleitung leicht bekleideter Frauen zu sehen ist.

(7) Als Musiker einer Boygroup gilt, wer:
- mit unterschiedlichen männlichen Personen in einer Band spielt, die alle eine andere Haarfarbe haben,
- keine Hautprobleme hat,
- obwohl sein Konterfei als Poster in mindestens sieben Millionen Haushalten hängt, behauptet, er hätte keine Freundin,
- nach zwei Jahren nicht mehr Musiker einer Boygroup ist, weil sich die Band aufgelöst hat.

(8) Als Country-Sänger gilt, wer:
- Cowboy-Hüte für eine geeignete Kopfbedeckung hält,
- nach dem Wechseln einer Glühbirne ein trauriges Lied darüber schreibt, wie gut die alte gewesen sei,
- nach Nashville reist, wo er mit einer gemieteten Harley auf einer achtspurigen Autobahn sieben Stunden lang mit 55 Meilen pro Stunde geradeaus fährt.

(9) Als Volksmusikant gilt, wer:
- eine Vorliebe für Trachtenkleidung und/oder Sakkos in Aquarellfarben vorweisen kann,
- in seinen Liedern eine exaltiert positive Grundstimmung transportiert,

- Groupies hat, welche kollektiv Geschmacksfriedensbruch begehen.

(10) Als Punk-Musiker gilt, wer:
- unmusikalisch ist,
- sich vor, während oder nach dem Konzert erbricht,
- in seinen Liedern eine negative Einstellung zu Staat, Arbeit und frisch gewaschenen Socken propagiert,
- es dem Publikum dramatisch erschwert, einzelne Lieder voneinander zu unterscheiden.

(11) Als Schlagersänger gilt, wer:
- die Hautfarbe Münzmallorcabraun trägt,
- imstande ist, Besucher von Möbelhaus-Eröffnungen in Schunkelbewegungen zu versetzen,
- männlichen Geschlechts ist und mit sehr vielen Frauen oder aufgrund von Homosexualität mit keiner einzigen Frau geschlafen hat,
- weiblichen Geschlechts ist und kein Glück mit Männern hat,
- von gesanglichen Mängeln durch Armbewegungen ablenkt.

§ 8 Hausmeister

(1) Hausmeister sind so zu halten und zu führen, dass von ihnen keine Gefahren für die öffentliche Sicherheit ausgehen.

(2) Gefährliche Hausmeister im Sinne dieses Gesetzes sind Hausmeister, deren Gefährlichkeit vermutet oder im Einzelfall festgestellt wird. Im Einzelfall gefährliche Hausmeister sind insbesondere:
- Hausmeister, die auf Angriffslust oder über das natürliche Maß hinausgehende Kampfbereitschaft oder Schärfe oder auf andere in der Wirkung gleichstehende Merkmale gezüchtet, ausgebildet oder abgerichtet sind,
- Hausmeister, die sich als bissig erwiesen haben,
- Hausmeister, die wiederholt in gefahrdrohender Weise Menschen angesprungen haben, oder

- Hausmeister, die durch ihr Verhalten gezeigt haben, dass sie unkontrolliert andere hetzen oder reißen.

(3) Die Fähigkeit des Hausmeisters zu sozialverträglichem Verhalten kann nur durch einen Wesenstest nachgewiesen werden, der von einer anerkannt sachverständigen Person oder Einrichtung durchgeführt wird.

§ 9 Kleingärtner

(1) Als Kleingärtner gilt, wer eine eigene, gemietete oder durch Pacht zum Betrieb überstellte Außenanlage versorgt. Die Größe des Gartens ist von der Bezeichnung Kleingarten ebenso unabhängig wie die Größe des Kleingärtners.

(2) Ausschlaggebend für die Berechtigung zum Führen des rechtmäßigen Kleingärtnertitels ist eine kleingeistige Haltung und die umfängliche, ausnahmslose Erfüllung der Kleingärtnerverordnung.

(3) Die Kleingartenverordnung ist in jedem Fall exakt (kleinlich) einzuhalten.

(4) Die Kleingartenverordnung steht in ihrer juristischen Bedeutung und Relevanz über dem Grundgesetz.

(5) Der Kampf gegen die Schnecken ist nicht zu gewinnen.

§ 10 Piloten-Durchsage-Verordnung

Piloten kommerzieller Verkehrsflugzeuge ist es untersagt, Durchsagen zu tätigen, welche geeignet sind, die Passagiere in ihrem subjektiven Sicherheitsempfinden zu verunsichern.

Dazu gehören:

- Lallen, Stottern oder andersartig fehlerhafte Aussprache.
- Das ein- oder mehrfache Verwechseln des Ziel- oder Startorts.
- Scherzhafte Kommentare jeglicher Natur.
- Das Verwechseln des Atlantiks mit dem Pazifik oder jedem anderen Weltmeer oder Binnengewässer.
- Bestellungen von Alkoholika bei der Flugbegleiterin.

§ 11 Freiheitliches Regelwerk, Hippies betreffend

(1) Ein Hippie ist eine natürliche Person, die einer mitteleuropäischen oder nordamerikanischen weißen Mittelstandsfamilie entspringt, die für den Großteil der Lebenshaltungskosten aufkommt, da der Verkauf des vom Hippie auf dilettantische Art gefertigten Schmucks hierfür nicht ausreicht.

(2) Ordnungswidrig handelt, wer die Wirksamkeit von Artikel 1 dadurch zu verschleiern versucht, dass er:

- exzeptionell ungepflegtes Haupthaar trägt,
- Hüftgürtel mit integrierten Taschen verwendet,
- Jogginghosen mit Umschlag-Bund bereithält,
- einen Gemüsegarten anlegt, welcher geeignet ist, höchstens eine halbe Person für wenige Tage mit Gemüse zu versorgen,
- Kleidung aus Designer-Läden für 70er-Jahre-Trendbekleidung verwendet.

(3) Ordnungswidrig handelt, wer die Werte der Gemeinschaft unterstützt, fordert und einklagt und gleichzeitig den Joint heiß raucht, sobald er dran ist.

(4) Erregung öffentlicher Ärgernisse. Mit Freiheitsstrafe von bis zu einem Jahr oder mit Geldstrafe bestraft wird, wer öffentlich

- Didgeridoo spielt,
- trommelt,
- Didgeridoo spielt und trommelt,
- dazu tanzt
- oder jongliert.

(5) Wer nichtöffentlich und in seinen Privaträumen eine der unter Artikel 4 aufgeführten Ärgernisse erregt, macht sich der häuslichen Gewalt strafbar.

(6) Kiffer-Rede- und Lesegeschwindigkeitsverordnung: Wer für das Lesen, Rezitieren oder Verstehen dieses Gesetzes die Dauer von 60 Sekunden überschreitet, ist schuldig im Sinne der Kiffer-Rede- und Lesegeschwindigkeitsverordnung.

Konservativenverordnung

§ 1 Geltungsbereich

Als konservativ gilt eine Person, deren weltanschauliche Denkweise und Persönlichkeitsstruktur geeignet ist, ein Polohemd mit Kragen oder Perlenohrringe zu tragen, oder der eine Weltanschauung vertritt, die grundsätzlich mit dem Tragen eines Polohemdes oder mit Perlenohrringen vereinbar ist.

§ 2 Ausweisung

Konservative dürfen ohne gerichtliches Verfahren (Lynchjustiz) aus dem Staatsgebiet in jede beliebige Richtung verjagt werden, wenn sie sich einer der folgenden Aussagen schuldig gemacht haben:
- »Ich hab ja eigentlich nichts gegen Ausländer, aber …«
- »Man wird ja wohl noch sagen dürfen, was man denkt.«
- »Mit ehrlicher Arbeit …«
- »Ach kommen Sie mir doch nicht mit dem Gysi!!!«
- »Versuchen Sie doch mal in Istanbul eine Kirche zu bauen.«

Kunst- und Künstlergesetze

§ 1 Geltungsbereich

(1) Der Begriff Kunst hat, entgegen der verbreiteten Annahme, seine etymologischen Wurzeln nicht im Begriff »Können«, sonst würde es »Könnst« heißen.

(2) Als Künstler gilt, wessen aus eigener, schöpferischer Kraft erbrachte Werke zu oder nach Lebzeiten in einem wahrnehmbaren Ausmaß in der Öffentlichkeit verbracht, entlohnt, wertgeschätzt und/oder kritisiert wurden.

(3) Für Werke der bildenden Kunst gilt der Grundsatz: Nicht alles, was rostig, formauffällig und schlecht verschraubt auf einem öffentlichen Platz auf- oder abgestellt wurde, ist Kunst.

§ 2 Kunstfreiheit

Kunstfreiheit ist die verfassungsrechtlich festgelegte Freiheit des Schaffens sowie die Freiheit öffentlicher Bauträgern, für viel Geld rostige Stahlskulpturen zu kaufen, die frei von jeder Kunst sind.

§ 3 Was-will-uns-der-Künstler-damit-sagen-Klausel

(1) Jeder Kunstmaler hat das Recht, folgenden Satz auswendig zu lernen und in Varianten kundzutun, um den gewerblichen Erfolg seiner Kunstobjekte voranzutreiben:

»Ich als Künstler evoziere in meinem Zyklus mit 91 Schattierungen beim Betrachter eine Reflexion seines erschreckend unbewussten Unfähigkeitsbegehrens. Mein künstlerisches Alter Ego inszeniert ein subtiles Manifest gegen eine dogmatische Mainstream-Ästhetik, die jenseits der Farblosigkeit auch die soziale Kälte überraschend paraphrasierend dokumentiert. Die Beklemmung bei der Beobachtung seines – also meines – Werks changiert mit einer genderaffinen Aggressivität, die nicht nur therapeutische, sondern auch asketische Katharsis im Geiste des Besseren Gesetzbuches (BGB) bietet.«

(2) Zur Unterscheidung zwischen dem tatsächlichen Werk und einer vermeintlichen tiefsinnigen Bedeutung hinter dem Werk ist es den Künstlern gestattet, frei wählbare Überhöhungen als mutmaßliche Intention des Kunstwerks beizubringen.

Die Überhöhungen könnten beispielhaft diesen Charakter besitzen:

Werk	Intention/Überhöhung
In Öl gekritzelte rote Dreiecke	Die Zukunft des Kapitalismus in den Zeiten der Cholera
Performances, bei denen ein Künstler drei Stunden lang mit einem Bein im Brunnen steht	Darstellung der Ängste einer homophoben Gesellschaft im Zeitalter der Hypersexualisierung
Gewaltsames Öffnen eines sich offensichtlich nicht öffnen lassenden Gurkenglases	Soziale Ungerechtigkeit in Mitteleuropa (evtl. Gurkenglas lässt sich tatsächlich nicht öffnen)

Lehrergesetze

§ 1 Geltungsbereich

(1) Lehrer sind Personen, deren Aufgabe es ist, andere dabei zu unterweisen, sich Bildung anzueignen und ihre Persönlichkeit weiterzuentwickeln, damit sie nicht die gleichen charakterlichen Defizite aufweisen wie die Lehrer selbst.

(2) Der Beruf des Lehrers ist vollumfänglich. Der Lehrauftrag gilt insbesondere in den Klassen- und Schulräumen, aber auch gegenüber Lebenspartnern, Verwandten, Nachbarn, befreundeten oder fremden Personen auch im öffentlichen Straßenverkehr im In- und Ausland.

(3) Als Lehrer gelten alle Personen, die werktags zwischen 8:00 Uhr und 13:00 Uhr, abzüglich Pausen, soweit kein »hitzefrei« gegeben wurde oder ein Schulfest, ein Schulausflug, ein Wandertag, eine Exkursion, eine außerordentliche Fortbildung, ein Skilager oder eine Lehrerkonferenz stattfindet, beziehungsweise dem Lehrer kein Sonderurlaub, Sabbatjahr oder eine andere Beurlaubung bewilligt wurde oder der Lehrer ein ärztliches Krankheitsattest vorgelegt hat oder sich

bereits in der Altersteilzeit oder im vorgezogenen Altersruhestand befindet oder eine allgemeine Dienstunfähigkeit vorliegt, Unterricht geben.

§ 2 Allgemeine Regelungen

(1) Die Anzahl von Leserbriefen eines Lehrers an die Regionalzeitung darf zwei pro Monat, in den Ferien drei pro Monat nicht unterschreiten.

(2) Die Sehhilfe eines Lehrers hat sich an einer Kette zu befinden, die er um den Hals trägt.

(3) Eine besondere Sorgfaltspflicht kommt dem Lehrer bei der exakten Einhaltung der Straßenverkehrsordnung und der Geschwindigkeitsbegrenzungen zu. Das Anpassen an die allgemeine Geschwindigkeit im Straßenverkehr ist nicht zulässig.

(4) Der Betrieb eines Fernsehgerätes im privaten Lebensraum eines Lehrers ist nicht statthaft.

(5) Theoretische Wissensvorteile und Sachkenntnisse sind vom Lehrer wiederholt und multithematisch hervorzuheben. Einwände Dritter werden als unsachlich und undifferenziert negiert.

(6) Korrekturarbeiten von Proben und Unterrichtsvorbereitungen in der Freizeit oder in den Ferien sind stets lautstark zu beklagen.

(7) Lehrer sind nicht damit beauftragt, die ihnen anvertrauten Kinder zu erziehen, da ihnen dies, dem auf ihnen lastenden Druck zur Erfüllung des Lehrplanes geschuldeten sowie aufgrund der belastenden Schulden für das neue Wohnmobil und den neu angeschafften Volvo, bis hin zu den drückenden Hypotheken für das Wochenendhaus und in Anbetracht des nicht unwesentlichen finanziellen Aufwandes für den Himalaya-Trekkingurlaub in den Herbstferien, nicht zuzumuten ist.

(8) Die Hauptsorge eines Lehrers hat nicht der Bildungsfortschritt seiner Schüler zu sein, sondern die Frage, wie ein Gehaltssprung von A13 zu A15 zu bewerkstelligen sein könnte. Dieser Gedanke ist mit

Trotz abzuschließen und in dem Beschluss, sich ab jetzt »nicht mehr krumm« zu machen, zu enden.

(9) Gemäß dem fremdsprachlich-polyglotten Bestellgesetz (Lex Kalinichta) hat der Lehrer bei Restaurantbesuchen stets ungefragt nachzuweisen, dass er in mehreren Fremdsprachen geölt zu parlieren imstande ist (»Das heißt nicht Cappuccinos, sondern Cappuccini«).

(10) Toskanische Einrichtungsverordnung: Lehrerkörper sind vollumfänglich angehalten, ihre Häuser und Wochenendhäuser in hellen, naturbelassenen Hölzern einzurichten. Sämtliche Deckenlampen haben von auberginefarbenen Decken abgehängt zu werden, auf mindestens einem Tisch hat der Lehrer eine italienische Duftkerze zu verorten sowie auf jedem Schrank eine Vase mit staubigen Strohblumen und eine türkische Wasserpfeife anzubringen. Im Wohnzimmer sind zwingend selbstgemalte Landschafts-Aquarelle aus der Toskana bereitzuhalten, ebenso auf der Toilettenwand angebrachte Poster von Matisse-Ausstellungen aus den siebziger Jahren. Neben der Kloschüssel liegen nicht unter dreizehn abgegriffene »Zeit«-Magazine.

(11) Genitiv-Rettungsgesetz: Für die Rettung und Erhaltung von dem Genitiv erhalten die Lehrer volle Unterstützung vom Gesetzgeber und vom Besseren Gesetzbuch (BGB).

§ 3 Studienreisen

(1) Der Lehrer ist verpflichtet, an Studienreisen teilzunehmen.

(2) Der Lehrer hat dafür Sorge zu tragen, dass die Klassenfahrt nach Weimar erfolgt. Gegenvorschläge, wie Fahrten in europäische Hauptstädte oder nach Lloret de Mar, sind vom Lehrkörper einhellig abzulehnen.

§ 4 Äußeres Erscheinungsbild

Um eine Kontinuität in der Besetzung und Rezeption der Lehrerschaft zu gewährleisten, haben sich die jeweiligen Lehrertypen entsprechend der Stereotypenverordnung vom 23. Februar 2004 in ihren Eigenschaften gemäß den historisch definierten Rollenvorbildern zu positionieren:

- Physiklehrer: Verwirrte Schussel, die vorne am Pult Experimente aufbauen, die nicht oder zu heftig funktionieren.
- Sportlehrer: Braungebrannte Frauenhelden, die den ganzen Tag Schüler herumscheuchen und dabei mit Vorliebe den Klassendicksten quälen oder den Superfußballern im Bodenturnen eine Eins geben, obwohl diese keine Rolle rückwärts schaffen.
- Ethiklehrer: Esoterische Hippies, die Schüler mit Volksliedern und buddhistischen Weisheiten ins Christentum treiben.
- Mathematiklehrer: Staubtrockene Brillenträger mit Halbglatze, die vorne an der Tafel autistisch Formeln kritzeln, die niemand versteht.
- Deutschlehrerinnen: Klimaktierende Quarktaschen, die in sinnlose Gedichte staatstragende Gedanken hineininterpretieren und ihre Schüler zur Kafka-Lektüre zwingen.
- Lateinlehrer: Grauhaarige Eminenzen, die weltfremd genug sind, Latein für eine gewöhnliche Sprache zu halten, bloß weil sie noch bei katholischen Messen verwendet wird. Vor Lateinlehrern wird wegen ihrem traditionellen Hang zu Charakteren mit cholerischen Zügen und Allmachtsphantasien gewarnt.
- Französischlehrer: Fröhliche Lebemänner mit Schmerbauch und Vorliebe zu Wein, Weib, Ausgelassenheit und unfassbar langweiligem Unterricht.
- Musiklehrer: Ungeduschte Künstlerfreaks, die schon ihre jüngsten Schüler mit Percussioninstrumenten und Jazz quälen und Hiphop für Unterschichtenmusik halten.
- Kunstlehrerinnen: Esoterische Hippie-Schreckschrauben, die Schülern mit Nichtraucher-Collagen und Friedenstauben-Bildern die Augen für Schönheit öffnen wollen und mit dem Musiklehrer schlafen.

- Direktoren: Übellaunige Autoritätsbomben, die jede Pause in sämtliche Klos rennen, um zu kontrollieren, ob jemand raucht. Morgens kontrollieren sie, wer zu spät kommt, und nach der Schule notieren sie auf der Straße die Kennzeichen von Autos, bei denen der TÜV abgelaufen ist.

Beamtengesetze

§ 1 Allgemeine Regeln und Pflichten von Beamten

(1) Beamten und Beamten-Anwärtern ist es untersagt, einen arbeitsamen Eindruck zu erwecken, der eine Verwechslung mit Angestellten oder Arbeitern verursachen könnte.

(2) Die Erfüllung der arbeitsvertraglichen Pflicht des Beamten ist mit der physischen Anwesenheit am Arbeitsplatz bzw. der angrenzenden Kaffeeküche abgegolten.

(3) Zur Vermeidung von Augenverletzungen, bedingt durch ein Vornüberkippen des Kopfes bei Ermüdung, wird dem Beamten empfohlen, eine geeignete Brille zu tragen und/oder die Stifte flach auf die Schreibtischplatte zu legen.

(4) Wenn ein Umgang mit dem Bürger nicht vermieden werden kann, so ist eines der Goldenen Idiome anzuwenden:

Die Goldenen Idiome:

»Moment, ich verbinde Sie weiter.« – Standardisiertes Telefon-Idiom, das beliebig oft angewendet werden kann. Es räumt dem Bürger die Möglichkeit ein, sich umfassend mit dem Musikstück »Für Elise« vertraut zu machen.

»Dafür sind wir nicht zuständig.« – Aufgrund der komplexen gesetzlichen Zuständigkeitsregelung sehr wirksames Idiom, wobei dem Bürger eine zuständige Kontaktperson genannt werden kann. Die zuständige Kontaktperson ist stets der Kollege, den der betreffende

Beamte als am wenigsten sympathisch erachtet. Alternativ kann auch eine willkürliche Telefonnummer eines anderen Amtes gezogen werden.

»Da muss ein Softwarefehler in unserem EDV-System sein.« – Möglichkeit, eventuell auftretende Leistungsansprüche von Bürgern zu streichen, zu kürzen oder für null und nichtig zu erklären.

»Ihr Antrag wird in der Reihenfolge des Eingangs unverzüglich bearbeitet.« – Formulierung, die keine Unwahrheit enthält und den unendlichen Stapel an Anträgen verschweigt, die seiner Bearbeitung vorausgehen.

Joker: Der Joker ist ein auswechselbares und sehr wandelbares Idiom, das der jeweiligen Situation flexibel angepasst wird. Joker können sein:

»Da fehlt Ihnen das Formular 0719a.«

»Da fehlt die Kopie des Formulars 0719a.«

»Da fehlt die beglaubigte Kopie des Formulars 0719a.«

»Das Formular 0719a ist nur in Verbindung mit Ihrer Geburtsurkunde gültig.«

»Da fehlt die Kopie Ihrer Geburtsurkunde.«

»Da fehlt die beglaubigte Kopie Ihrer Geburtsurkunde.«

Im unwahrscheinlichen Fall, dass der Bürger diese Papiere alle mit sich führt, kann stets auf das Formular 21da3k verwiesen werden.

(5) Die Vormittage stehen durch den übermäßigen Parteiverkehr für eine Bearbeitung der Vorgänge nicht zur Verfügung.

(6) Die Nachmittage sind aus Gründen der innerbehördlichen Revision freizuhalten.

(7) Die Frist ist abgelaufen.

§ 2 Beamtenlaufbahn

(1) Die Beamtenlaufbahn ist unterteilt in die Laufbahngruppen Einfacher, Mittlerer, Gehobener und Höherer Dienst.

(2) Anforderungen Höherer Dienst: Der zu Verbeamtende hat nach-

weislich (ggf. durch Anhörung von Zeugen) eine Schule betreten, von innen gesehen oder kann glaubhaft davon berichten.

(3) Anforderungen Gehobener Dienst: Der zu Verbeamtende weiß, dass, wer »nämlich« mit h schreibt, dämlich ist.

(4) Anforderungen Mittlerer Dienst: Der zu Verbeamtende betätigt selbständig die Toilettenspülung sowie Türklinken aller Art.

Zusatz: Katzen sind trotz vorhandener Fähigkeiten für den Mittleren Dienst nicht für die Verbeamtung zugelassen.

(5) Anforderungen Einfacher Dienst: Der zu Verbeamtende ist in der Lage, selbständig ohne die Unterstützung durch weitere Hilfsmittel zu atmen.

§ 3 Beamtenformulierungsvereinbarung

(1) Von Amts wegen zu formulierende oder zur Formulierung anstehende oder zu verbreitende oder für die Verbreitung vorzubereitende Formulierungen sind stets so zu formulieren, dass die Formulierung aufgrund ihrer Prägnanz und Simplizität dazu geeignet ist, bereits in der ersten Ansichtsnahme den zu beschreibenden Sachverhalt vollumfänglich verständlich zu machen.

(2) Diese Regelung gilt auch und insbesondere für das Rindfleischetikettierungsüberwachungsaufgabenübertragungsgesetz (RklEtt§A§G, Mecklenburg-Vorpommern) sowie das Rinderkennzeichnungs- und Rindfleischetikettierungsüberwachungsaufgabenübertragungsgesetz (RkRe§A§G).

(3) Zur verbesserten Vereinfachung und der erhöhten Verständlichmachung im bürokratischen Schriftverkehr sind stets die in Anlage C31AHB19 verwendeten Formulierungen im Umgang mit den Bürgerinnen und Bürgern zur Anwendung zu bringen.

Anlage C31AHB19

Offizielle bürokratische Bezeichnung	Übersetzung im Volksmund
Abstandseinhaltungserfassungs-vorrichtung	Querstreifen auf der Autobahn
Amtsermittlungsgrundsatz	dem Besseren Gesetzbuch (BGB) zugrundeliegende, für Außenstehende nicht nachvoll-ziehbare Handlungskriterien
Beiwohnung	Sex
Beschulung	unterrichtet werden
Bestreifung	etwas mit Streifen versehen
Einsichtnahme	etwas lesen
Errichtung	etwas bauen
Etagenbegehungshilfe	Treppe
Feststellung	etwas bemerken
Fußgängerfurt	Zebrastreifen (Straßeneinheit mit Errichtung einer Bestrei-fung)
Glaubhaftmachung	Beweis
Kautschukhaltiges Reproduktions-vermeidungsfutteral	Kondom
Kleinwüchsige Hortalplastik mit bezipfelter Kopfbedeckung	Gartenzwerg
Koffeinhaltiges Bohnenheißgetränk	Kaffee
Lichtzeichenanlage	Ampel
Nicht lebende Einfriedung	Zaun
Ortsveränderlich	beweglich
Rauhfutterverzehrende Großvieheinheit	Kuh
Straßenbegleitgrün	Mittelstreifen

Versagung	Ablehnung
Erholzeitfläche	Park

Beispielhafte Begriffsdefinitionen nach § 3 Beamten-formulierungsvereinbarung

Gewürzmischungen: Gewürzmischungen sind Mischungen von Gewürzen.

Milch: Das durch ein- oder mehrmaliges Melken gewonnene Erzeugnis der normalen Eutersekretion von zur Milcherzeugung gehaltenen Tierarten.

Lutscher: Ein Lutscher (auch Lolly genannt) zeichnet sich dadurch aus, dass der zu verzehrende bzw. zu lutschende oder schleckende Karamellteil auf einem Stiel aufgebracht ist. Ohne einen solchen Stiel würde es sich nicht mehr um einen traditionellen Lutscher, sondern vielmehr um ein gewöhnliches Bonbon handeln.

Schlafanzüge: Schlafanzüge im Sinne der Position 6108 der Kombinierten Nomenklatur des Gemeinsamen Zolltarifs in der Fassung der Verordnung (eWG) Nr. 2658/87 des Rates vom 23. Juli 1987 über die zolltarifliche und statistische Nomenklatur sowie den gemeinsamen Zolltarif und der Verordnung (eWG) Nr. 3174/88 der Kommission vom 21. September 1988 zur Änderung der Anlage I der Verordnung (eWG) Nr. 2658/87 des Rates über die zolltarifliche und statistische Nomenklatur sowie den gemeinsamen Zolltarif sind nicht nur solche Zusammenstellungen von zwei Kleidungsstücken aus Gewirken oder Gestricken, die nach ihrem äußeren Erscheinungsbild ausschließlich zum Tragen im Bett bestimmt sind, sondern auch solche, die im Wesentlichen hierfür verwendet werden.

Fenster: Nach üblichem deutschem Sprachgebrauch versteht man unter Fenstern Lichtöffnungen in Gebäuden. Die Lichtdurchlässigkeit ist das Entscheidende, während die zumeist hinzukommende

Möglichkeit der Luftzufuhr eine minder wichtige Rolle spielt; denn erfahrungsgemäß gibt es viele Fenster, die sich überhaupt nicht öffnen lassen und daher zum Entlüften ungeeignet sind. Auch die Ausblicksmöglichkeit nach draußen ist keineswegs in dem Maße begriffswesentlich, dass bei ihrem Fehlen nicht mehr von einem Fenster gesprochen werden könnte; bekanntlich werden zahlreiche Fenster, etwa unter Verwendung besonderen Glases, als undurchsichtig angelegt. Dass schließlich der Geräuschdurchlässigkeit keine ausschlaggebende Bedeutung zukommt, versteht sich angesichts der Häufigkeit von Doppelfenstern und sonstigen schalldämpfenden Einrichtungen von selbst.

Kothaufen: Nach dem Abkoten bleibt der Kothaufen grundsätzlich eine selbständige bewegliche Sache, er wird nicht durch Verbinden oder Vermischen untrennbarer Bestandteil des Wiesengrundstücks, der Eigentümer des Wiesengrundstücks erwirbt also nicht automatisch Eigentum am Hundekot.

§ 4 Behörden-Umgangsgesetz

(1) Jeder Bürger hat das Recht auf umgehende Erledigung seiner Angelegenheit bei den für seine Angelegenheit zuständigen Behörden.

(2) Jede Angelegenheit wird in der Behörde stets mit größtmöglicher Geschwindigkeit und absoluter Priorität bearbeitet.

(3) Leider kann eine Angelegenheit nicht fristgemäß bearbeitet werden, wenn:

- das Formular nicht im Original eingereicht wurde,
- das Formular nicht beglaubigt vorliegt,
- das Formular nicht korrekt ausgefüllt wurde,
- das linke Ohr auf dem Passfoto nicht gut sichtbar ist,
- die Gebühr nicht korrekt eingezahlt wurde,
- eine andere Abteilung zuständig ist,
- der Kollege an einer Krankheit mit langwierigem Heilungsverlauf leidet,

- der Kollege derzeit bzw. langfristig im Urlaub weilt,
- derweil die Frist abgelaufen ist,
- die Vormittage durch den übermäßigen Parteiverkehr für eine Bearbeitung der Vorgänge nicht zur Verfügung stehen,
- die Nachmittage aus Gründen der innerbehördlichen Revision freizuhalten sind.

Soldatengesetze

§ 1 Wehrstrafgesetz

(1) Dieses Gesetz gilt für Straftaten, die Soldaten der Bundeswehr begehen im Staatsgebiet der Bundesrepublik Deutschland beziehungsweise in den Teilen der Erde, die unsere Armee gerade erfolgreich erobert oder besetzt hält oder gerne erobern oder besetzt halten würde.

(2) Das allgemeine Strafrecht ist anzuwenden, soweit dieses Gesetz nichts anderes bestimmt, wenn Soldaten der Bundeswehr:

- sich in der Öffentlichkeit in unmodischen Uniformen zeigen,
- den Text von »In the Navy« beim CSD nicht mitsingen können,
- beim Großen Zapfenstreich mal wieder nicht rechtzeitig im Bett sind, sondern mittels Blasinstrumenten unter § 37 Geschmacksfriedensbruch fallende Evergreens intonieren,
- einen niedrigeren IQ haben, als die im Kampf eingesetzten intelligenten Waffensysteme.

§ 2 Volkermord

(1) Wer in der Absicht handelt, einen Volker ganz oder teilweise zu zerstören, wird mit lebenslanger Freiheitsstrafe bestraft.

(2) Diese Regelung gilt nicht für Horst und Dieter.

(3) Und schon gar nicht für Detlef.

§ 3 Fahnenfluch

Wer eigenmächtig in seiner Gruppe oder Dienststelle über Fahnen
flucht oder Flaggen oder andere Obrigkeitszeichen verunglimpft, der
wird mit Freiheitsstrafe nicht unter fünf Jahren bestraft.

§ 4 Ungehörsam

Wer einem Befehl nicht gehorcht, weil er ihn akustisch nicht verstanden hat, darf nicht gemäß §19 Verstoß gegen die Pflichten der Unter-
gebenen wegen Ungehorsam verurteilt werden.

Agentengesetze

§ 1 Agenten-Spesen-Richtlinien

(1) Bei Geschäftsreisen eines Agenten ist als »Grund der Dienstreise«
die Angabe »Spionage«, »Streng geheim« oder »Rettung der Welt«
nicht ausreichend. Folgende Angaben sind vom Agenten für die
Buchhaltung beizubringen:
- Name, Alter, Geburts- und Wohnort des Bösewichts, soweit bekannt
- Grund der Weltverschwörung

(2) Der Agent ist berechtigt, eine monatliche Unkostenpauschale in
Höhe von 86,12 Euro für verschossene Munition geltend zu machen.

(3) Ein Einzelschussnachweis ist nur notwendig bei:
- großkalibriger Munition
- Torpedos und Raketen
- mit atomaren Sprengköpfen ausgerüsteten Waffen
- bemannten Drohnen

(4) Der steuerlich absetzbare Tagessatz eines Mitarbeiters des Bundesnachrichtendienstes (nachfolgend Agent genannt) beträgt 6,25 Euro
innerhalb der Europäischen Union exklusive Frühstücksgeld.

(5) Angemietete konspirative Wohnungen in Drittländern können pauschal mit 8,75 Euro pro Quadratmeter Wohnfläche spesenwirksam berücksichtigt werden.

(6) Gesondert abzurechnen sind alkoholhaltige Getränke, Aufenthalte in Spielkasinos, die Entlohnung von Luxus-Callgirls und die Benutzung von Gummigeschossen. Diese Ausgaben sind nur dann statthaft, wenn sie der Tarnung bzw. der Beschaffung zusätzlicher Informationen dienen. Bei der Abrechnung von Spesen für Luxus-Callgirls ist nur derjenige Teil steuerlich absetzbar, der der Tarnung des Agenten nach außen dient.

(7) Die Durchführung von Verfolgungsjagden ist aus Gründen des Schutzes der Umwelt auf ein Mindestmaß zu reduzieren. Dabei ist auf Fahrzeuge des Fuhrparks zurückzugreifen, welche über eine kraftstoffsparende Start-Stopp-Automatik verfügen.

(8) Erzielt ein Agent während eines Glücksspiels Verluste, hat er diese selbst zu tragen. Etwaige Gewinne hat der Agent zu versteuern. Trinkgelder an Angestellte des Kasinos dürfen 17,50 Euro pro Person nicht überschreiten.

§ 2 Allgemeine Regelungen

(1) Bei Verfolgungsjagden gilt die Straßenverkehrsordnung.

(2) Bei Verfolgungsjagden auf Küsten- oder Binnengewässern gilt die Wasserstraßenverkehrsordnung.

(3) Ein Befähigungszeugnis für das Befahren von Wasserwegen ist vom Agenten beizubringen. Kein Befähigungszeugnis ist notwendig bei Verfolgungsjagden in Kleinfahrzeugen ohne Motor wie Rutschfahrzeugen (Bobby Car), Seifenkisten sowie in Tret- und Ruderbooten (vgl. Lizenz zum Treten).

(4) Sprünge über halbgeöffnete Brücken sind aufgrund der hohen Belastung der Blattfedern grundsätzlich untersagt und nur zur Verhinderung einer atomaren Bedrohung gestattet.

§ 3 Regelung für Tarnnamen

Die Wahl des Tarnnamens obliegt dem Bundesnachrichtendienst und sollte möglichst keine Assoziationen hervorrufen.
Grundsätzlich nicht gestattet sind für Agenten folgende Tarnnamen:

- Jörg Bond
- James Blunt
- Martha Haari
- G. Heim
- A. Gent

§ 4 Verhörmethoden

Bei der Befragung eines Verdächtigen sind nachfolgende Verhörmethoden eines Agenten ausdrücklich erlaubt:

- Skateboarding
- Elektrostorck (Riesen)
- Peinliche Verhörer
- Lichttherapie und langer Schlafanzug
- An den Pranger lehnen
- Chinesischer Wasserfilter

§ 5 Einstufungsbestimmungen für geheime Informationen

Geheime Informationen im Sinne des Bundesnachrichtendienstes sind Informationen, die Dritten oder der Öffentlichkeit nicht zugänglich gemacht werden dürfen. Es obliegt dem Präsidenten des Bundesnachrichtendienstes, nachrichtendienstliche Informationen in ihrer Geheimhaltungsstufe zu bemessen.
Bemessungsgrundlage hierfür ist folgender Geheimhaltungs-Katalog:

- vertraulich
- sehr vertraulich
- geheim
- extrem geheim

- so geheim, dass niemand weiß, worum es geht
- jetzt mal unter uns Pastorentöchtern

Sprachgesetze

§ 1 Blödelei / minderwertiger Sprachwitz

(1) Wird von einer Person öffentlich, in einer Versammlung oder durch Verbreiten von Schriften eine Blödelei aus Beweggründen begangen, die mit der Stellung des Blödelnden als Comedian oder Kabarettisten zusammenhängen, und ist die Blödelei geeignet, Peinlichkeit in der Öffentlichkeit zu erzeugen, so können die Auftritte der Person für drei Monate bis fünf Jahre ausschließlich auf Seniorenheime beschränkt werden.

(2) Die Straftaten gemäß § 1 Art. 1, die von Otto begangen wurden, sind verjährt.

(3) Besonders schlimmer Sprachwitz gemäß Kalauerverordnung bzw. Mario-Barth-Klausel (Anlage B13a) wird unter den gleichen Voraussetzungen mit TV-Verbot von sechs Monaten bis zu fünf Jahren bestraft.

§ 2 Syntaktische Gesetze

(1) Wer sich ohne Authorisierung aggressiv oder asozial verhält, wird mit Freiheitsstrafe oder Geldstrafe bestraft.

(2) Wer öffentlich Authorisierung agressivetailierten Äußerungen die öffentliche Sicherheit gefährdet oder sie mit Rechtschreibfehlern bombadiert, wird entgültig mit erhöhtem Entgeld bestraft, auch wenn er dabei besonders dilletantisch vorgeht.

(3) Wer in Extase oder als Gallionsfigur gröhlt oder andere hahnebüchenen Vergehen begeht, der wird juristisch an die Kandarre genommen.

(4) Wer in einem Pavillion nießen muss, kann gezwungen werden einen Obulus zu entrichten.

(5) Wer aus dem Stehgreif im vorraus Spirenzchen macht oder in sonstiger Weise die Seriösität der Gesellschaft gefährdet, der kann dafür ins Verließ kommen.

§ 3 Scheinbarkeit

Wenn jemand öffentlich behauptet, etwas scheine nach außen hin nur so, sei jedoch in Wirklichkeit ganz anders und verwendet er dabei das Wort »anscheinend«, so ist dies keine Vermutung und nur scheinbar verboten.

§ 4 Hyperlativgesetz

Wer öffentlich Wörter steigert, die bereits Superlative sind, wird mit längstmöglicher Freiheitsstrafe und extremster Geldstrafe bestraft. Dabei ist der Gesetzgeber stets bedacht, das richtigste und optimalste Strafmaß zu ermessen.

§ 5 Regeln und Gesetze zum Umgang mit Fremdwörtern

(1) Eine Patrouille ist unter keinen Umständen in die Bredouille zu bringen.

(2) Einem Coach ist es nicht gestattet, auf der Couch zu sitzen.

(3) Damit ist er jedoch noch kein Erfolgscouch.

(4) Ein Eremit hat nicht zwangsläufig emeritiert.

(5) Sisyphus hatte keine Schwester namens Syphilis.

(6) Eine Konifere ist nicht zwangsläufig eine Koryphäe.

(7) Sporadisch darf es auch mal spartanisch sein.

(8) Auch eine schlechte Zensur kann eine Zäsur bedeuten.

§ 6 Quark-Ölteig-Gesetz der lexikalischen Gesetzmäßigkeit

Lexika, Wörterbücher oder andere gedruckte und vervielfältigte Papiererzeugnisse, deren Inhalt der Anordnung einer alphabetischen Sortierung unterliegt, haben mindestens einen Eintrag zu beinhalten, der eindeutig dem Buchstaben »Q« zuzuordnen ist. (Siehe auch Ä-Ö-§-Gesetze über den Umlauteren Wettbewerb.)

Studienordnung

§ 1 Geltungsbereich

Als Studium wird der langjährige ziellose Aufenthalt an universitären Einrichtungen und Hochschulen bezeichnet. Dabei erlernt der Student das eigenständige Kopieren von akademischen Inhalten und erlangt die Fähigkeit, minderwertiges Kantinenessen zu verdauen.

§ 2 Regelstudienzeit

Als Regelstudienzeit wird die Zeit festgelegt, die ein Student benötigt, um alle notwendigen Prüfungen und Scheine abzulegen. Diese entspricht gemeinhin der Periode vom Ende der Schulzeit bis zum Ablegen des Taxischeins.

§ 3 Studienarbeit

(1) Um die Inhalte eines Studienabschnitts zusammenzufassen und das Erlernte in einen komplexen Sachverhalt einzubetten, hat der Student als Nachweis seiner universitären Klasse regelmäßig Studienarbeiten abzulegen.

(2) Dabei handelt es sich um eigenständig erarbeitete, akademische Werke in einer Länge von 60–80 Normseiten, die aus studienarbeit. de zusammenkopiert werden müssen.

(3) Das Ausdrucken unmittelbar vor der finalen Abgabe kann zu Papierstau und Panikattacken führen.

Wirtschaftsgesetze

§ 1 Verkäufer-Erlass
Verkäufern, denen das Angebot zu helfen mit dem Hinweis des Kunden, er wolle sich nur umschauen, verneint wird, ist es untersagt, sich hinter demselben zu positionieren und ihm in den Nacken zu atmen.

§ 2 Rechte des Käufers bei Mängeln
(1) Ist eine Ware mangelhaft, kann der Käufer Nacherfüllung, Minderung oder Wandlung verlangen und die Ware reklamieren.
(2) Wird einer Reklamation vom Händler nicht stattgegeben oder wird die Ware eingeschickt und ist in einer Frist von vier Werktagen nicht wieder mängelfrei zurück beim Käufer, so hat dieser das Recht, seiner Reklamation mit Megaphon und Baseballschläger unmittelbar im Geschäft Nachdruck zu verleihen.

§ 3 Produktwarnverordnung
(1) Hersteller sind gemäß Verbraucherschutzverordnung dazu verpflichtet, Warnhinweise auf ihren Produkten anzubringen.
(2) Die notwendigen Warnhinweise sind in Anhang B 31 der Verbraucherschutzordnung angeführt, anbei einige Auszüge:
- Mikrowellen: Mikrowellengeräte sind nicht geeignet, sich darin die Haare zu trocknen.
- Trockner: Trockner sind nicht geeignet, darin Katzen oder andere Haustiere zu trocknen.
- Schwimmbäder: Bei Benutzen des Schwimmbades können Sie nass werden.

- Außenspiegel: Gegenstände können näher sein, als sie im Spiegel erscheinen.
- Frauen: Können anstrengender sein, als sie beim ersten Date erscheinen.

§ 4 Textilpflegehinweis-Bestimmung

Hersteller kommerziell vertriebener Textilien haben ein Etikett an der Wäsche anzubringen, das dem Verbraucher signalisiert, wie oft er diese waschen darf: 30, 40 oder 60 Mal.

§ 5 Supermarktkassengesetze

(1) Wer Obst- und Gemüsewaren an der Supermarktkasse zur Abrechnung vorlegt, ohne dass diese durch die Obst- und Gemüsewaage im Obst- und Gemüsebereich gewogen wurden, ist verpflichtet, vom Einkauf der Ware zurückzutreten und zukünftig als Selbstversorger im Wald zu leben.

Zusatz: Von Artikel 1 kann Abstand genommen werden, wenn der Käufer über einen Lebensabschnittsgefährten oder ein Kind verfügt, welches in der verbleibenden Zeit, die der Kassiervorgang dauert, das Obst oder Gemüse fachgerecht wiegt und spätestens zum Zeitpunkt der Zahlungsaufforderung wieder bereithält.

(2) Macht ein Käufer vom Zusatz zum Art.1 Gebrauch und schätzt die Zeit, die der Lebensabschnittsgefährte oder das Kind für den Vorgang braucht, falsch ein und werden dadurch andere Kunden zu längerer Anwartschaft genötigt, so ist dies mit einem lebenslangen Hausverbot für den Supermarkt zu ahnden.

(3) Eine Kassiererin ist nicht berechtigt, eine Kasse zu schließen, wenn zwischen ihr und dem Kunden, der auf diese Kasse Kurs genommen hat, bereits ein Blickwechsel stattgefunden hat.

(4) Lautsprecherdurchsagen, welche in ihrer Art geeignet sind, einen oder mehrere Kunden zu verwirren, sind zu unterlassen (vgl. 147-bittedie-7-Regel).

(5) Das Auszahlen des passenden Kassenbetrages in Hartgeld ist ausschließlich Croupiers und vergleichbar fingerfertigen Berufsgruppen gestattet.

(6) Kunden, welche die Geheimzahl ihrer Kreditkarte mehrmals falsch eingeben oder zur Ersinnung derselben mehr als dreißig Sekunden benötigen, sind vom Kreditkartengebrauch in Supermärkten ausgeschlossen.

(7) Die zulässigen Frisuren von Kassiererinnen, welche das vierzigste Lebensjahr noch nicht vollendet haben, fallen unter das Strähnchengesetz (SchräG).

- Die zulässigen Frisuren von Kassiererinnen, welche das vierzigste Lebensjahr vollendet haben, fallen unter das Ausgeblichene-Rot-Tönung-Gesetz (AgbRT-G).
- In beiden Fällen gilt die Dauerwellensatzung (~ Satz).

(8) Sonderregelung für Kassiererinnen des Handelsunternehmens der Aldi-Kette: Der Vorgang des Eintippens der Preise von auf dem Band befindlichen Produkten hat in dem Moment abgeschlossen zu sein, in dem der zugehörige Kunde das letzte Produkt auf selbigem ablegt.

§ 6 Supermarkt-Mandelsplitter-Gesetz (SM-G)

Die Positionierung der Mandelsplitter in einem Supermarkt hat derart zu erfolgen, dass es dem Kunden nicht möglich ist, einen Hinweis auf dessen Standort zu erahnen oder logisch abzuleiten.

§ 7 Regeln und Vorschriften für Banken und Bankkaufleute

(1) Überweisungen von einem Konto auf ein anderes Konto desselben Geldinstitutes oder an ein fremdes Geldinstitut, bei denen die Abbuchung des Geldbetrags unmittelbar bei der Überweisung erfolgt, die Gutschreibung jedoch erst nach einigen Tagen erfolgt, werden als Betrug- und Diebstahlstraftat strafrechtlich verfolgt.

(2) Wer für die Vergabe von Krediten auf Bürgschaften oder andere Sicherheiten zwingend besteht, welche höher sind als der angeforderte Kreditbetrag, ist mit nicht unter 15 Stockschlägen zu bestrafen.

(3) Das Tragen von Mickey-Mouse-Krawatten oder Krawatten mit anderen als humoristisch interpretierbaren Motiven in Banken oder Sparkassen wird mit nicht unter 25 Stockschlägen bestraft.

(4) Es verstößt gegen die guten Sitten, eine Bank- oder Sparkassenfiliale nur von 9–12 Uhr und von 14–15.45 Uhr zu öffnen.

(5) Wer wissentlich und schuldhaft einer natürlichen Person niedriger Vermögensintensität (vgl. Omi Renate) solche Anlagen, Investitionen oder Aktien zum Ankauf empfiehlt oder verkauft, welche:

- innerhalb kürzester Zeit erwartungsgemäß wertlos werden,
- einen Zinsertrag erzielen, der kaum die Inflationsrate ausgleicht,
- eine Gewinnausschüttung zu einem Zeitpunkt vorsehen, den die natürliche Person niedriger Vermögensintensität nur erlebt, wenn sie mindestens 125 Jahre alt wird,

der ist persönlich und namentlich für den entstandenen Schaden haftbar.

(6) Die Überziehungszinsen von Dispokrediten dürfen den Alkoholgehalt eines vernünftigen Bieres nicht überschreiten.

(7) Wer an einen Geldautomaten gerät, dessen Betrieb zeitweise eingestellt ist, hat als Entschädigungsleistung für die ihm entstandenen Umstände Anspruch auf eine Schadenersatzzahlung von 10 Prozent des Betrages, dessen Abhebung ursprünglich intendiert war.

(8) Kunden, welche aufgrund dringender persönlicher Erfordernisse Geld benötigen und infolgedessen mit einem Taxi zu einer Bank fahren und dort einen nicht betriebsbereiten Geldautomaten vorfinden, können bis zu 100 Prozent des abzuheben geplanten Betrages sowie zusätzlich Taxikosten als Schadensersatz geltend machen.

(9) Bankkaufleute sind dazu verpflichtet, ihre Kunden die PIN-Nummer ihrer EC-Karte frei wählen zu lassen und konstruktive Vorschläge zum Merken dieser Zahlen anzubieten.

(10) Für Personen mit schwach ausgeprägtem Nummerngedächtnis sind zweistellige PIN-Nummern anzubieten.

(11) Sollte ein Kunde die PIN-Nummer vergessen, so liegt die Verantwortung für eine neue Karte, Übergangsgeld und eine leichter merkbare Pin-Nummer bei der Bank oder Sparkasse.

(12) Bankkaufleute, welche im Rahmen ihrer freizeitlichen Persönlichkeitsentwicklung erstmals an einer Tätigkeit teilhaben möchten, die im Volksmund als »etwas Verrücktes unternehmen« bezeichnet wird, können sich straf- und kostenfrei aus den folgenden Unternehmungen eine auswählen:

- Himbeereis im Fahrstuhl
- Vom Beckenrand springen
- Im McDrive nach der Bestellung »Zum Mitnehmen« sagen
- Die Waschmaschine ohne Wäsche laufen lassen
- Sich einen Pulli um die Hüfte binden

Handwerkergesetze

§ 1 Geltungsbereich

(1) Handwerker sind natürliche oder juristische Personen, welche in Haushalten Reparaturen an der Elektro- oder Sanitärversorgung oder an anderen technischen Gegenständen oder Gebäudebestandteilen vornehmen, auch wenn sie bisweilen keine Ahnung davon haben.

(2) Männer, welche ohne professionelle Ausbildung Reparaturen an der Elektro- oder Sanitärversorgung oder an anderen technischen Gegenständen oder Gebäudebestandteilen vornehmen, die mitunter zum Totalverlust selbiger führen, sind keine Hand-, sondern Heimwerker.

§ 2 Grundrechte

(1) Die Hilti eines Handwerkers ist unantastbar.

(2) Der Handwerker räumt grundsätzlich nur Termine während der Arbeitszeit seiner Kunden ein.

(3) Der Zeitpunkt der Ankunft des Handwerkers lässt sich nicht genauer bestimmen als irgendwann zwischen 10 und 16 Uhr.

(4) Die Anfahrt eines Handwerkers kostet mindestens 70 Euro, auch wenn der Handwerker im selben Haus wohnt.

§ 3 Rechte und Pflichten von Handwerkern

(1) Waschmaschinen und andere Elektrogeräte sind mindestens eine Arbeitsstunde lang zu begutachten, bevor der Handwerker den Auftraggeber an den Werkskundendienst des Geräteherstellers verweist.

(2) Die Verschmutzung von Auslegwaren durch Handwerkerschuhe ist billigend in Kauf zu nehmen.

(3) Auf eine Baustelle hat die Personengruppe Handwerker ein Radiogerät beizubringen. Der darauf eingestellte Regionalsender hat das Geschmacksempfinden von sämtlichen Personen, die keine Handwerker sind, empfindlich zu stören.

(4) Während der Dauer der Bau- oder Reparaturphase ist der Handwerker verpflichtet, Beschwerde über die Existenz von umsatzerschleichenden Mitbewerbern aus dem Osten zu führen.

Zusatz 1: Bei Abschluss des Bauauftrags ist die Bezahlung der Arbeiten ohne Rechnungsstellung seitens des Handwerkers zu beantragen.

§ 4 Verpflegung

(1) Die ausschließliche Nahrungsgrundlage des Handwerkers ist der Leberkäse (vgl. LkäsSV, Bayerische Leberkäsesemmelverordnung).

(2) Während der Dauer der Bau- und/oder Reparaturphase ist der Handwerker vom Auftraggeber mit Erfrischungsgetränken seiner Wahl (Bier, Weißbier, Bockbier) und koffeinhaltigen Heißgetränken zu versorgen.

(3) Verfügt ein Haushalt nicht über ausreichend Auswahl, hat der Handwerker das Recht, den Reparaturauftrag unverzüglich und kostenpflichtig abzubrechen.

§ 5 Werbemaßnahmen

(1) Das Firmenlogo eines selbständigen Handwerkers hat aus seinen Initialen zu bestehen.

(2) Sämtliche Werbemaßnahmen eines Handwerkers haben den Anschein geistiger Unzurechnungsfähigkeit zu erwecken.

Büroverfassung

§ 1 Regelungen über Ordnung am Arbeitsplatz

(1) Alles, aber auch wirklich alles, kann im Register »Verschiedenes« abgelegt werden.

(2) Der Mülleimer ist unter dem Schreibtisch zu plazieren und mit der Aufschrift »Eingang« zu versehen.

§ 2 Verantwortlichkeiten

(1) Unternehmen sind hierarchisch organisiert. Die Entscheidungsfindung unterliegt dieser Hierarchie und erfolgt wie folgt:

- Chef
- Stellvertreter des Chefs
- Büroleiter
- Menschenverstand, gesunder

(2) Die Person, welche zuletzt entlassen wurde, ist für alles verantwortlich, was in der Vergangenheit danebengegangen ist und in allernächster Zukunft danebengehen wird.

§ 3 Projektmanagement

Aufträge und Projekte sind stets nach dem Sechs-Punkte-Plan gemäß Anlage 1 zu verwirklichen.

Anlage 1 Projektmanagement

I Überbordende Begeisterung aller Mitwirkenden
II Zweifel an den Fähigkeiten der Kollegen
III Ernüchterung
IV Suche nach dem Schuldigen
V Bestrafung eines Unschuldigen
VI Auszeichnung eines Unbeteiligten

§ 4 Regelungen bei Krankheit

(1) Der Mangel an Motivation oder Bereitschaft, am Arbeitsplatz zu erscheinen, gilt nicht als Krankheit im Sinne des Arbeitsunfähigkeitsgesetzes, berechtigt den Arbeitnehmer jedoch, der Arbeitsstätte bis zu drei Tage fernzubleiben. Das Fernbleiben ist dem Arbeitgeber mit dem Hinweis »Ich fühl mich nicht gut« zu melden. Die Pflicht zur Vorlage einer Arbeitsunfähigkeitsbescheinigung entfällt.

(2) Kollegen ist es untersagt, aufgrund von Krankheit »dienstunfähig« im Bett zu verweilen, wenn ein anderer Kollege Urlaub nehmen möchte und der Urlaub andernfalls mit dem Hinweis auf eine zu dünne Personaldecke abgelehnt wird.

(3) Kollegen ist es untersagt, Urlaub geltend zu machen, wenn man selbst aufgrund vorgetäuschter Krankheit im Bett verweilen will.

§ 5 Regelung für Tassen und Schilder

(1) Wer Tassen oder Schilder mit dem Spruch »Man muss nicht verrückt sein, um hier zu arbeiten, aber es hilft ungemein« besitzt, kauft, vertreibt, aufhängt, ein- oder ausführt oder kopierte Blätter mit dem Spruch in Umlauf bringt, wird mit einer Geldstrafe von nicht unter drei Monatsgehältern bestraft.

(2) Dies gilt auch für Tassen und Schilder mit der Aufschrift »Ganz Deutschland ist ein Irrenhaus und hier ist die Zentrale«.

§ 6 Kündigungsrecht

(1) Vor dem täglichen Proben dramatischer Kündigungsreden auf der Bürotoilette sind die anderen Kabinen auf Nicht-Besetztheit zu überprüfen.

(2) Ein Strauß fleischfressender Pflanzen auf dem Bürotisch des Chefs kann als versuchte Körperverletzung gewertet werden und zur Kündigung führen.

§ 7 Regelungen zum Betriebsausflug

Betriebsausflüge sind derart zu gestalten, dass das durchschnittliche Bewegungsbedürfnis der Mitarbeiter nicht über- oder unterschritten wird und die Einzelbedürfnisse der organisatorisch Verantwortlichen nicht überbewertet werden. Nicht als Ausflug im Sinne der Betriebsausflugsverordnung gelten eine Wanderung vom Parkplatz zu einem Restaurant oder die Erstbesteigung eines Berggipfels.

§ 8 Regeln für den Umgang mit Arbeitskollegen

(1) Diäten und Fastenwochen sind während der Urlaubs- oder Feiertage durchzuführen. Insbesondere ist die Rohkost-Regel zu beachten: Der lautstarke Verzehr von Rohkost am Arbeitsplatz, insbesondere von Karotten, Sellerie und Fenchel, ist nicht gestattet.

(2) Plastikfingernägel, die es den Kollegen ermöglichen, die Anschläge pro Minute auf einer Tastatur mitzuzählen, müssen vor Arbeitsbeginn am Empfang abgegeben werden.

(3) Die Entscheidungen über das Öffnen von Fenstern sind demokratisch zu treffen.

(4) Bei Temperaturen unter dem Gefrierpunkt gilt ein Vetorecht gegen das Öffnen des Fensters (vgl. Temperaturempfinden von magersüchtigen Praktikantinnen).

Kaffee-Kodex

Der Kaffee-Kodex ist ein uraltes, von Generationen überliefertes Regelwerk, basierend auf einer Gesteinstafel, die einst Moses auf dem Berg Sinai in Empfang genommen hat. In der Mitte der Tafel ist in hebräischer Schrift folgender Schriftzug geritzt:

Wer den letzten Kaffee trinkt, muss neuen machen.

§ 9 Kantinenverordnung

(1) Kollegen, welche zum Zwecke der Nahrungsaufnahme in der Kantine Speisen auswählen, deren Geruch geeignet ist, den Rest des Arbeitstages an ihnen haften zu bleiben, Blähungen, Mundgeruch und/oder Aufstoßen zu verursachen, dürfen ohne vorherige Zustimmung für die verbleibende Arbeitszeit aus dem Fenster gehängt werden.

(2) Wer zur Mittagszeit selbstbefüllten Tupperschüsseln mit Salaten, Aufläufen oder erwärmten Fertigprodukten öffnet und/oder deren Inhalt zum Probieren anbietet, dem wird mit seiner Sigg-Flasche aus farbigem Aluminium, in dem sich sein mitgebrachtes Getränk befindet, auf den Kopf geschlagen.

(3) Wer, statt eine Kantine oder ein Restaurant zu besuchen, in der türlosen Kaffeeküche der Abteilung einen krauthaltigen Eintopf aufwärmt, muss das Arbeitspensum der Belegschaft für eine Woche übernehmen.

(4) Kollegen, welche das Kantinenpersonal persönlich begrüßen und dabei versuchen, kokett zu sein, indem sie »Aber Gabi, wenn du glaubst, dass ich mir so 'ne Riesenportion erlauben kann, dann will ich mal nicht so sein …« äußern und auf dem Weg durch den Speiseraum mit den Fingerknöcheln auf die Tische von Kollegen klopfen und diesen »Mahlzeit – oder mealtime, wie der Engländer sacht!« zurufen, werden ganz schlimm bestraft.

§ 10 Papierstaugesetze

(1) Nach einem Papierstau in einem Fotokopiergerät, bei dem einige hundert Blatt Papier in das Laufwerk des Geräts gezogen wurden, ist es vorgeschrieben, den Ort des Geschehens möglichst unauffällig zu verlassen.

(2) Das Kopiergerät ist stets mit folgenden Einstellungen zu hinterlassen: 197 % verkleinern, A3-Papier, 99 Kopien.

(3) Es ist nicht statthaft, Kopien von primären Geschlechtsmerkmalen zu machen.

(4) Von sekundären auch nicht.

(5) Nein, auch nicht vom Hintern.

(6) Nach dem Kopieren des angedrückten Gesichtes ist das Gerät von Stirn- und Nasenfett zu befreien.

§ 11 Aufzug-Furz-Paradigma

Körperwinde können beim Verlassen des Aufzugs straffrei an Mitreisende übergeben werden.

§ 12 Weihnachtsfeier-Verfügung

(1) Sämtliche Mitarbeiter müssen in der Lage sein, die Weihnachtsfeier selbständig und aufrecht gehend zu verlassen.

(2) Aber nicht allein.

(3) Sämtliche Mitarbeiter müssen in der Lage sein, die Weihnachtsfeier selbständig und aufrecht gehend zu erreichen. Das Vorfeiern oder -glühen ist in der Intensität diesbezüglich zu limitieren.

(4) Findet sich ein Mitarbeiter während einer Weihnachtsfeier in einer peinlichen Lage wieder, so hat die gesamte Kollegschaft dies zur Kenntnis zu nehmen und den Betroffenen/die Betroffene damit mindestens bis zur nächsten Weihnachtsfeier aufzuziehen.

(5) Die Formulierung »peinlich« bedarf in diesem Fall eines Mindestwerts von »fünf« auf der internationalen Peinlichkeitsskala nach Ernst August (vgl. BGH 2001), wobei »eins« dem verborgenen Erbrechen in

eine Hydrokulturpflanze entspricht und »zehn« der kollektiven Entdeckung der Beiwohnung mit dem Chef oder einer Reinigungskraft einschließlich Veröffentlichung eines Videos auf der Firmenwebseite.

§ 13 Hochschlaf-Regelung

(1) Hochschlafen bezeichnet die karriererelevante Beiwohnung mit hierarchisch höhergestellten Kollegen oder Vorgesetzten.
(2) Die Beiwohnung unter gleichgestellten Kollegen fällt unter die Vertikalschlaf-Regelung.
(3) Der Tatbestand des Runterschlafens bezieht sich auf die Beiwohnung mit Praktikantinnen oder Lieferanten und ist grundsätzlich straffrei.

§ 14 Verbotene Sätze, Ausdrücke und Redensarten

(1) Im Wege der Privatklage können unter Arbeitskollegen nachfolgende verbale Äußerungen strafrechtlich verfolgt werden, ohne dass es einer Anrufung der Staatsanwaltschaft bedarf:

- Immer schön geschmeidig bleiben.
- Tschö mit ö.
- Das kann ja wohl nicht Warstein.
- Alles Klärchen?
- Herzlichen Glühstrumpf.
- Alles fit im Schritt?
- Die Firma dankt, und Wiedersehen macht Freude!

Chef-Statuten

§ 1 Geltungsbereich

(1) Chef-Statuten sind nicht mit Chef-Stuten zu verwechseln.
(2) Chef-Statuten sind nicht mit Chef-Statuen zu verwechseln.

(3) Begriffsdefinition: Chef ist diejenige Person in einem Unternehmen, die hierarchisch über einem steht.

§ 2 Regelung zur Beförderung auf einen Chefposten

Zur Übernahme von hierarchisch hoch- oder höhergestellten Tätigkeiten im Management von Unternehmen sind nach dem Karlsruher Vier-Punkte-Plan folgende Aspekte glaubhaft und nachhaltig zu erfüllen:

- Durchsetzungsvermögen (vgl. nach unten treten)
- Die Fähigkeit, bestehende Strukturen zu adaptieren (vgl. nach oben buckeln)
- Kompetenz ausstrahlen (vgl. Kompetenz vortäuschen)
- Entscheidungsarmut (vgl. Aussitzen)

§ 3 Regelungen zum Delegieren von Arbeit

(1) Dringliche Aufgaben sind nicht vor 16 Uhr zu verteilen.
Anhang: Handelt es sich um unterschiedliche Aufgaben, sind die Prioritäten derselben zu verschleiern.

(2) Existieren besondere formelle Erfordernisse, so werden die Angestellten damit nicht behelligt, bis diese Aufgabe nahezu erledigt ist und gegebenenfalls noch mal vollständig neu gestaltet werden muss.

§ 4 Regelungen zur Motivation von Mitarbeitern

(1) In Momenten herausragender Eile hat der Vorgesetzte die Pflicht, in kurzen Abständen den aktuellen Stand der Tätigkeit durch Befragung des Arbeitnehmers zu überprüfen.

(2) Alternativ ist es zulässig, hinter dem Arbeitnehmer stehen zu bleiben, ihm in den Nacken zu atmen und Ratschläge zu erteilen.

(3) Lohnerhöhungen sollten die anfallende Inflationsrate nur in Ausnahmefällen (beim Management) übersteigen.

(4) Bonusregelungen sollten erst in einer Hierarchieebene eingeführt werden, bei der die Arbeitnehmer nicht in den unmittelbaren Herstellungs- oder Dienstleistungsprozess eingreifen können.

(5) Der Angestellte bekommt ein Gehalt, im Gegenzug hat er seine Arbeit zur vollen Befriedigung zu erfüllen. Eine weitere Form der Danksagung ist nicht vonnöten.

(6) Bei mangelnder Befriedigung ist dieser Umstand laut und deutlich zu erwähnen, besonders vor der restlichen Belegschaft.

§ 5 Sekretärinnengesetze

(1) Vakante Stellen für willenlose Tippsen werden gemäß Stellenausschreibung mit einer kompetenten Büromanagerin besetzt.

(2) Nach kurzer Einarbeitungszeit übernimmt die willenlose Tippse beiläufig und nebenbei die zentralen Aufgaben des Managements.

IT-Gesetze

§ 1 Regelung für charakterliche Schwächen von IT-Spezialisten

(1) Wer in einer Weise, die geeignet ist, den öffentlichen Arbeitsfrieden zu stören, sich als IT-Spezialist für charakterlich höherstehend, intelligenter oder sonst wie geschickter oder praktischer veranlagt hält, bloß weil er aufgrund seiner Ausbildung im Umgang mit Computern und anderen technischen Hilfsmitteln geübter ist, der wird mit Spam-Filtern nicht unter acht Jahren oder Viren-Suche bestraft.

(2) IT-Spezialisten sind angehalten, allgemeine ästhetische Mindestnormen für Kleidung und Haarmode nicht zu unterschreiten.

§ 2 Regelung zur Kommunikation mit IT-Experten in Unternehmen

(1) Bestellt ein Angestellter eines Unternehmens einen Systemadministrator, so ist dies der geeignete Moment, den beschiedenen Computer herunterzufahren und sich vom Arbeitsplatz zu entfernen, da es für einen IT-Fachmann eine Selbstverständlichkeit sein muss, die Passwörter der Mitarbeiter eines Betriebes auswendig zu wissen und/oder zu hacken.

(2) Die Frage eines EDV-Mitarbeiters, ob eigene Software auf einem Firmenrechner installiert wurde, darf wahrheitswidrig beantwortet werden, da dieser Bereich dem Recht auf Schutz der Privatsphäre unterliegt.

(3) Die Mittagspause von IT-Spezialisten ist ein geeigneter Moment, um die Probleme des privaten PC-Gerätes darzulegen.

Zusatz: § 2 Abschnitt 1 gilt auch für Rauch- und Getränkepausen sowie für alle weiteren technischen Geräte, die sich in einem Privathaushalt befinden können.

(4) Die Kommunikation zwischen einem Anwender mit einem funktionsgestörten Gerät und dem IT-Spezialisten sollte vorzugsweise über Dritte (Assistent, Assistentin, Praktikanten) sowie fernmündlich stattfinden (Stille-Post-Regel).

(5) Den telefonischen Anweisungen eines EDV-Mitarbeiters, der die Absicht verfolgt, den Benutzer durch das Menü zu führen, ist nicht Folge zu leisten. Es besteht lediglich die Pflicht, den Anschein aufrechtzuerhalten, alle Anweisungen zu befolgen. Im Anschluss ist auf das anhaltende Problem zu verweisen. Dies hat das persönliche Erscheinen des Spezialisten zur Folge.

§ 3 Regelungen zur Selbstvornahme von IT-Mängeln

(1) Verweigert ein Drucker die Arbeit, ist der Druckauftrag mindestens zwanzigmal zu versenden.

(2) Bei anhaltendem Versagen sind die Druckaufträge an alle vorhandenen Druckergeräte des Unternehmens zu versenden, da die Wahrscheinlichkeit eines befriedigenden Ergebnisses direkt proportional mit der Anzahl der beauftragten Drucker steigt.

§ 4 Regelungen der Zuständigkeit für die Beseitigung von IT-Mängeln

(1) Der Wechsel von Druckerpatronen, Tonern und in Einzelfällen sogar Papier oder Batterien für kabellose Geräte obliegt dem Zuständigkeitsbereich der IT-Spezialisten.

(2) Die EDV-Abteilung ist auch zuständig für Reparaturen und die Beseitigung technischer Probleme von Fotokopiergeräten, Scannern, Beamern, Fernsehgeräten, Fotokameras, Kaffeemaschinen oder Ventilatoren, da diese Geräte ebenfalls elektronische Bauteile enthalten.

(3) Nicht funktionierende private Computer sind in den Räumlichkeiten der EDV-Abteilung abzustellen und dort ohne Hinweis auf die Identität des Besitzers oder eine Beschreibung des Problems zu hinterlassen. Dies schult die investigativen Fähigkeiten der IT-Spezialisten.

(4) Die Anwesenheit bei etwaigen Schulungen zur Einführung eines neuen Programms oder Betriebssystems ist Pflicht. Den Inhalten der Schulung ist keine Aufmerksamkeit zu schenken, diese werden im Einzelgespräch am Arbeitsplatz mehrmals gesondert vermittelt.

(5) Drückt ein Anwender den »Ja«-Button, nachdem er von einem Programm mehrfach »Sind Sie sicher?« gefragt wurde, geht die Verantwortung hierfür auf den IT-Mitarbeiter über, da er für sämtliche im Internet verfügbaren Programme haftbar ist.

§ 5 Regelung für die Verpflegung von IT-Experten

Seit dem 03.09.2007 sind in Betriebskantinen für IT-Spezialisten Speisen und Getränke für eine ausgewogene Ernährung gemäß Anlage 1 bereitzuhalten:

Anlage 1 zur Verpflegung von IT-Experten
- LAN-TAN-Suppe (scharf!)
- Gemischte Festplatte
- Hackbrötchen
- Kabelsalat
- F 4
- Mouse au Chocolat
- Getränk: Bitburger

§ 6 Spammailgesetz

Eine Mail erfüllt erst dann den Tatbestand einer Spammail, wenn es sich bei dem Adressaten nicht um einen Mann mit unbotmäßig kurzem oder nicht oder nur kurz erigierbarem Primärgeschlecht handelt, für den die Mail wertvolle Informationen beinhaltet.

Computer-, Internet- und Mailgesetze

§ 1 Geltungsbereich

(1) Als Computer gilt ein Apparat, welcher durch digitale Datenspeicherung und -verarbeitung menschliche Fehler unter der Erfüllung aller Merkmale der Heimtücke potenziert.

(2) Die Computergesetze gelten für alle an den Computer angeschlossenen oder anschließbaren Peripheriegeräte sowie für die Software, die auf Computern und angeschlossenen oder anschließbaren Peripheriegeräten installiert ist.

§ 2 Regelungen zur Datenspeicherung

(1) Unabhängig von der tatsächlichen Größe einer Festplatte, ist diese zu klein.

(2) Im Falle eines Absturzes mit vollständigem Datenverlust ist die Anfertigung einer Sicherheitskopie versäumt worden.

(3) Die Daten sind endgültig und unwiederbringlich vernichtet und können auch durch Experten nicht rekonstruiert werden.

§ 3 Allgemeine Regelungen

(1) Gläser, Becher oder Flaschen mit Getränken fallen mit der Öffnung immer in Richtung der Tastatur.

Zusatz: Sie fallen ausschließlich, solange sich noch Flüssigkeit darin befindet.

(2) Babys, Kleinkinder und Tiere, welche mit Händchen oder Pfoten zufällig auf die Tastatur kommen, drücken stets eine Tastenkombination, die geeignet ist, Schaden hervorzurufen, Daten zu löschen oder die Funktionsweise eines Apparates für immer zu verstellen.

(3) Unabhängig vom Ladestatus eines Notebook-Akkus ist der Ladestatus eines Notebook-Akkus immer unzureichend.

(4) Die Warnung »Vorsicht, fall nicht über das Kabel« ist nicht geeignet, ein Fallen von Personen über das Kabel tatsächlich abzuwenden.

(5) Defekte Computer funktionieren kurzfristig, wenn der IT-Fachmann verortet ist.

(6) Die Hilfe-Funktion eines Programms beinhaltet vorschriftsmäßig die Beschreibung, aber in keinem Fall die Lösung eines auftretenden Problems.

Zusatz: Falls doch ein Lösungsweg angeboten wird, so hat ein Zwischenschritt davon unausführbar zu sein, weil eine zu wählende Einstellung, Funktion, Option oder Taste nicht vorgesehen ist.

(7) Die Hotline des Serverdienstleiters ist besetzt oder nicht erreichbar.

Zusatz: Alternativ ist dafür Sorge zu tragen, dass die Wartezeit für ein Gespräch im mindesten Fall zwanzig Minuten dauert.

Zusatz II: Im Falle des Zustandekommens eines fernmündlichen Gespräches mit einer Person ist diese dazu verpflichtet, das Gespräch durch einen Vermittlungsfehler zu unterbrechen.

Zusatz III: Im Falle eines Zustandekommens eines Gesprächs ohne Vermittlungsfehler ist vom Service zu erfragen, ob alle Kabel ordnungsgemäß angeschlossen und alle Geräte betriebsbereit eingeschalten sind, egal um welches Problem es sich handelt.

§ 4 Drucken

(1) Ein Ausdruck passt nie auf eine Seite.

Zusatz: Dies wird erst nach dem Ausdrucken augenscheinlich.

(2) Die Einteilung von Druckern:

- Lokale Arbeitsplatzdrucker, die Druckaufträge wegwerfen.
- Netzwerkdrucker, welche die Druckaufträge Dritter drucken und eigene wegwerfen.
- Netzwerkdrucker, welche die Druckaufträge Dritter und die eigenen wegwerfen.

(3) Wenn ein Dokument fristgerecht angefertigt werden konnte, versagt der Drucker.

Zusatz: Wenn der Drucker nicht versagt, ist ein heimtückischer Fehler auf dem Dokument verblieben.

Zusatz II: Ist ein Dokument fehlerfrei und gleichzeitig versagt der Drucker nicht den Dienst, büßt das Dokument aus unvorhersehbarem Grund seine Wichtigkeit ein.

(4) Unabhängig von Art und Typ eines Druckers ist dessen Vorinstallation derart eingestellt, dass er zunächst nicht druckt.

(5) Verbringt eine Person ihre Doktorarbeit mittels eines USB-Sticks oder als Anhang einer E-Mail zu einem Computer, mit dem Zweck, diese zu drucken:

- wird der USB-Stick vom Computer nicht erkannt
- wird die Schrift des Dokuments beim Öffnen nicht erkannt
- verschieben sich alle Formatierungen und sind ausschließlich einzeln und von Hand wiederherzustellen.

(6) Je komplizierter ein Drucker zu öffnen und zu zerlegen ist, desto tiefer zieht er das Papier bei einem Papierstau in sein Innenleben ein.

§ 5 Computerviren

(1) Ein Computervirus macht grundsätzlich dann auf seine Existenz aufmerksam, wenn man ihn am wenigsten brauchen kann.

Zusatz: Der Virus wirkt sich auf jene Daten am stärksten aus, von denen kein Backup existiert.

Zusatz II: Wenn von allen Dateien umfängliche Backups vorhanden sind, so wurden diese bereits zu einem früheren Zeitpunkt von einem Virus verseucht.

(2) Virensuchprogramme entdecken und bekämpfen ausschließlich jene Viren, die auf dem Computer, auf dem sie eingesetzt werden, nicht vorhanden sind.

§ 6 Regelungen zur Benutzung von Internet und E-Mail

(1) Die Anzahl der vergessenen Passwörter steigt direkt proportional mit der Anmeldung bei passwortpflichtigen Websites.

(2) Jede dringende oder besonders eilige oder tatsächlich besonders gewichtige E-Mail wird von einem Spamfilter abgefangen.

Zusatz: Nicht unter Spam fallen E-Mails mit den Betreffen:

- Viagra cheap and easy!
- Penisvergrößerung für Sie!
- Michelle (19) will Dich kennenlernen.
- Interesting Business in Nigeria!

(3) E-Mails, die an den falschen Adressaten geschickt werden, sind stets von peinlichem Inhalt.

Zusatz: Wenn der Inhalt wider Erwarten nicht peinlich ist, hat er Abwertendes, Verleumderisches oder eine Aufzeichnung rechtswidriger Handlung zum Inhalt.

(4) Das Senden von E-Mails, welche ausgedruckt mehr als eine Seite in Anspruch nehmen, ist nicht zulässig.

(5) Wenn man ein Bild von einer zu unzüchtigen Handlungen geneigten Person (vgl. Michelle [19]) auf dem Bildschirm hat:

- tritt der Chef ein,
- tritt die Partnerin ein,
- vollzieht der IT-Mann der Firma gerade eine Kontrolle,
- hängt sich das Programm auf, so dass man Michelle nicht mit dem Programm, sondern höchstens mit den Händen bedecken kann.

§ 7 Internetkriminalität

(1) Es gibt keine gesetzlich vorgeschriebene Anzahl, wie oft ein Besucher der 100 000. Besucher einer Website sein kann.

(2) Sie sind der 100 000. Leser! Sie haben eine Million Euro gewonnen. Gemäß dem Besseren Gesetzbuch (BGB) § 134c kommt dieses Geld zur Auszahlung. Der Anspruch kann nicht zurückgenommen werden. Es besteht kein Minderungs- oder Rücktrittsrecht. Der Gewinnanspruch ist notariell beglaubigt und wird über das Autorenkollektiv des BGB zur Auszahlung gebracht. Bitte übersenden Sie für den Ausgleich der gesetzlich notwendigen Formalitäten und Mühen eine rechtskräftige Bankeinzugsermächtigung in Höhe von 850 Euro für Ihr Konto an BGBAbzocke@googlemail.com. Dies ist kein Scherz! Herzlichen Glückwunsch!

Straßenverkehrsordnung

§ 1 Präampel

Als Präampel werden die Vorläufer der heutigen Wechsellichtzeichen bezeichnet.

§ 2 Allgemeine Verkehrsregeln

(1) Erhöhungen der Mineralölsteuer werden im Verhältnis 20:1 auf den Benzinpreis aufgeschlagen.

(2) Unmittelbar nach den ersten Takten des Lieblingsliedes im Radio ist in einen Tunnel einzufahren.

(3) Güterzüge, welche einen Personenkraftfahrzeugführer dazu veranlassen, an einem Bahnübergang anzuhalten, haben eine Mindestlänge von sieben Kilometern nicht zu unterschreiten.

(4) An Raststätten ohne Toiletteneinrichtung ist das Aufsuchen eines Baumes legitim, der Weg dorthin ist nur auf eigenes Risiko zu betreten. Eltern haften für ihre Kinder und deren Schuhe.

(5) Kraftfahrzeugfahrer, welche von Vollkasko- auf Teilkaskoversicherung wechseln, haben innerhalb der darauffolgenden 24 Stunden mit ebendiesem versicherten Kraftfahrzeug einen mittelgroßen Schaden zu verursachen.

§ 3 Männer im Straßenverkehr

(1) Die anderen Personen im Straßenverkehr sind grundsätzlich respektlos zu behandeln.

(2) Unabhängig von anderslautenden Statistiken und Studien sind Frauen kategorisch als schlechtere Autofahrer zu bezeichnen und entsprechend zu behandeln.

(3) Der Fahrstil anderer Verkehrsteilnehmer ist stets entweder als zu lahm oder als rücksichtslos zu bezeichnen.

(4) Andere männliche Personen, die am Straßenverkehr teilnehmen, sind als Bedrohung einzustufen. Es gilt die reversierte Unschuldsvermutung.

(5) Dies gilt besonders, wenn andere Verkehrsteilnehmer:

- ein Kraftfahrzeug führen, das über eine höhere Motorleistung verfügt,
- ein höherwertiges oder anderweitig attraktives Fahrzeug führen,
- einen attraktiven Parkplatz für sich beanspruchen oder einnehmen,
- einen Überholvorgang planen oder durchführen.

(6) Die sachgemäße Be- und Entladung eines Kraftfahrzeuges ist ausschließlich männlichen Verkehrsteilnehmern vorbehalten. Dies gilt auch dann, wenn nur ein einzelnes Gepäckstück im Frachtbereich eines Kombis unterzubringen ist.

(7) Ein Kraftfahrzeug ist dann ordnungsgemäß für eine sportliche Fahrweise ausgelegt, wenn es zu flach oder zu breit ist, um in ein herkömmliches Parkhaus einzufahren.

(8) Das Betätigen der Hupe durch einen anderen Verkehrsteilnehmer gilt bei männlichen Führern eines Kraftfahrzeugs als schwere Ehrverletzung und rechtfertigt den Einsatz körperlicher Gewalt (vgl. Nötigung).

(9) Trägt der Führer eines Kraftfahrzeuges einen Hut oder bewahrt einen Hut gut sichtbar auf, ist er als Hindernis im Straßenverkehr einzustufen. Dies gilt insbesondere an Sonn- und Feiertagen.

§ 4 Frauen im Straßenverkehr

(1) Es ist nicht gestattet, beim Einparken die Fahrertüre zu öffnen, um besser zu sehen.

(2) Es ist aus Gründen des Umweltschutzes nicht gestattet, mit dem Fahrzeug Umwege zu fahren, um einen Parkplatz zu suchen, in den man vorwärts einfahren kann.

(3) Der Fahrersitz ist so einzustellen, dass die Frontscheibe beim Ausatmen beschlägt.

(4) Die Entscheidung über die Nutzung einer im Führerschein eingetragenen Sehhilfe obliegt ausschließlich den modischen Vorlieben der Fahrerin eines Fahrzeuges. Die Sehhilfe ist im Fahrzeug lose zu lagern, so dass die Gläser unbrauchbar werden.

§ 5 Wegen-Bügeleisen-Umdreh-Gesetz

Wer es zu verantworten hat, aufgrund der vagen Angst, es sei ein Bügeleisen angesteckt in der Wohnung zurückgeblieben, eine Urlaubsreise oder die Anreise zu selbiger vorzeitig abbricht, der wird in dem Fall, dass sich das Bügeleisen ausgesteckt in der Wohnung befindet, mit einer Freiheitsstrafe von nicht unter der Länge des geplanten Urlaubs bestraft.

Beifahrerverordnung

§ 6 Geltungsbereich

(1) Wer als Beifahrer beauftragt ist, dem Fahrer eines Kraftfahrzeuges unter Zuhilfenahme von geeignetem Kartenmaterial den Weg zu weisen, unterliegt der Beifahrer-Ordnung.

(2) Etwaige Links-rechts-Schwächen oder das völlige Fehlen des Orientierungssinns hat der Beifahrer während der Fahrt dem Fahrer vorzuenthalten.

§ 7 Kartenmaterial

(1) Kartenmaterial darf, zur besseren Orientierung, der Fahrtrichtung angeglichen werden. Beim Drehen einer aufgeklappten Karte ist dem Fahrer sowohl die Sicht nach vorne als auch für längere Zeit die Sicht auf den Rück- und den rechten Seitenspiegel zu versperren.

(2) Als bedingt geeignet gilt Kartenmaterial, in welchem noch die Deutsche Demokratische Republik aufgeführt wird.

§ 8 Navigationssystem

(1) Ein Einvernehmen zwischen Fahrer und Beifahrer im Hinblick auf die Hinweise eines Navigationssystems ist nicht notwendig.

(2) Den Anweisungen des Navigationssystems ist nicht zwingend Folge zu leisten.

Zusatz: Die Hauptschuld für ein Nichtankommen oder für ein Ankommen in anderen Städten oder Ländern als ursprünglich gewünscht verbleibt beim Navigationssystem.

(3) Auf Vorschläge zur Abkürzung einer Strecke seitens des Beifahrers

ist stets einzugehen. Erweisen diese sich als nicht abkürzend oder sogar wegverlängernd, wird als schuldhaft eine kurzfristige Änderung der Straßenführung oder der Topographie einer Landschaftssituation angenommen.

§ 9 Fahrtrichtungshinweise

Als geeignete Fahrtrichtungshinweise im Sinne der Beifahrer-Ordnung gilt die Anlage BLINK 3.

Anlage BLINK 3
Statthafte Hinweise der Straßenverkehrsordnung

- »Da lang« unter Zuhilfenahme eines Fingerzeigs in unbestimmte Richtung.
- »Lin… rech… ähm, links.«
- »Du kannst auch mal selber ein bisschen aufpassen!«
- »Ich war auch noch nie hier!«
- »Hier muss es jetzt aber irgendwo sein!«
- »Hier geht es nur noch ins Wasser …«

§ 10 Verhaltensregeln für Verkehrsteilnehmer, die von einer Verkehrskontrolle betroffen sind

(1) Wird der Fahrzeugführer eines Personenkraftwagens im Rahmen einer Verkehrskontrolle von einem oder mehreren Polizeivollzugsbeamten zum Anhalten aufgefordert, so hat der Fahrzeugführer nach Treu und Glauben die Chancen und Risiken selbst abzuwägen, der Kontrolle durch Flucht zu entgehen.

(2) Bei mehreren Fahrzeugen in einer Verkehrskontrolle kann von einer Wartezeit ausgegangen werden, was den Fahrzeugführer zum Öffnen und Konsumieren einer Bierdose aus dem Handschuhfach ermächtigt.

(3) Erscheint der Polizeibeamte am geöffneten Fenster des Kraftfahrzeugs, so ist der Fahrzeugführer dazu verpflichtet, zeitgleich mit dem Beamten »Führerschein und Fahrzeugpapiere« zu sagen.

(4) Auf die Anfrage des Polizeibeamten hin sind Führerschein und Fahrzeugpapiere zu suchen. Sofern keine Getränkehalterungen im Fahrzeug angebracht sind, ist es gestattet, den Beamten zu bitten, die Bierdose zu halten.

(5) In der rechtmäßigen Annahme, dass Polizeibeamte von Berufs wegen vermehrt mit Drogen in Kontakt kommen, ist das Signalisieren eines allgemeinen Kaufinteresses zulässig.

(6) Wird der Verkehrsteilnehmer zu einer Unterschrift aufgefordert und hierfür ein Kugelschreiber übergeben, so ist es rechtmäßig, auf dem Ende desselben zu kauen sowie ihn sich in Nasen- oder Gehörgänge einzuführen. Vor Rückgabe des Schreibwerkzeugs ist dieses heimlich aufzuschrauben und die Feder zu entfernen.

(7) Beantwortet der Polizeibeamte die Frage nach der Existenz einer leiblichen Tochter positiv, so ist auf den hohen Bekanntheitsgrad und ihren Spitznamen »Matratze« seitens des Verkehrsteilnehmers hinzuweisen.

(8) Es ist statthaft, den Beamten nach der Erlaubnis zu fragen, die Mütze unentgeltlich anzuprobieren.

(9) Alle Erklärungen sowie Aufforderungen seitens des Beamten sind leise zu wiederholen.

(10) Wird eine Fahrt zur nächsten Polizeidienststelle nötig, so ist die Erlaubnis einzuholen, im Streifenwagen vorne zu sitzen.
Zusatz: Wer in einem Streifenwagen vorne sitzt, hat das Recht, an der Sirene herumzuspielen.

(11) Wird die Erlaubnis, im Streifenwagen vorne zu sitzen, nicht erteilt, ist es dem Verkehrsteilnehmer nur dann gestattet, den Hinterkopf des fahrenden Beamten durch die Gitterstäbe zu streicheln, wenn dieser ausdrücklich darum bittet.

(12) Während einer Fahrt im Streifenwagen hat sich der Verkehrsteilnehmer mehrfach davon zu überzeugen, dass der fahrende Beamte vorschriftsmäßig angeschnallt ist.

(13) Lässt es der Polizeibeamte an Freundlichkeit gegenüber dem

Verkehrsteilnehmer mangeln, so ist dieser zu der Frage berechtigt, wer hier wem das Gehalt bezahlt.

§ 11 Fußgängerverordnung

(1) Das Befolgen der Ampelsignale ist für Fußgänger nur dann zulässig, wenn wahrnehmbarer Verkehr im Umfeld der Ampel festzustellen ist.

(2) Fußgänger stellen keine Verkehrserzieher gegenüber Kindern dar. Erkennt ein Kind das Fehlverhalten eines anderen Fußgängers, so ist das Kind vom Erziehungsberechtigten dafür zu loben und nicht der Fußgänger zu tadeln.

§ 12 Parkplatzsuche

(1) Wer ein Kraftfahrzeug führt oder einem Kraftfahrzeugführer bei- oder hintansitzt, ist verpflichtet, im mindesten Fall 25 Prozent der im Fahrzeug verbrachten Zeit für die Suche nach einem Parkplatz zu verwenden.

(2) Die Zeitaufwendung für die Parkplatzsuche und die Zeitaufwendung für Stau können nicht gegeneinander aufgerechnet werden.

(3) Der einzig freie Parkplatz ist der Behindertenparkplatz.

(4) »Wenn es kracht, noch einen halben Meter!«, ist keine zulässige Einparkkommentierung.

§ 13 Okkupieren von Parkplätzen

(1) Das dauerhafte Okkupieren eines Parkplatzes mittels eines Kraftfahrzeugs führt nicht zur Inbesitznahme desselben.

(2) Der Halter erfüllt den Strafbestand einer Ordnungswidrigkeit, wenn er einen einmal besetzten Parkplatz aufgrund seiner direkten Nähe zum Wohnort nicht mehr zu verlassen gedenkt (gemäß Grundsatzurteil OLG München gegen eine Familie aus dem Stadtteil Schwabing, die einen Parkplatz in der Münchner Straße seit 15 Generationen besetzt).

(3) Stellt ein Mann seine Frau oder Freundin auf einen verfügbaren Parkplatz, um diesen freizuhalten, bis er den besetzten Parkplatz mit seinem Kraftfahrzeug erreicht hat, so gilt dieser nicht als besetzt. Es ist anderen Kraftfahrzeugführern, die den Parkplatz früher erreichen, ausdrücklich gestattet, die Frau oder Freundin zu überfahren oder mittels verbaler Beschimpfungen oder Androhung von körperlicher Gewalt vom Parkplatz zu vertreiben.

(4) Wer einem anderen Kraftfahrzeugführer wissentlich einen Parkplatz wegschnappt, obwohl dieser bereits zum Einparkmanöver angesetzt hat, wird mit drei Tritten gegen die Stoßstange bestraft.

(5) § 13 Art. 4 greift nicht, wenn es sich bei dem Parkplatz um die Privatgarage einer der streitenden Parteien handelt.

Bußgeldverordnung

§ 14 Geltungsbereich

(1) Die Bußgeldkatalogverordnung regelt die Verordnung über die Erteilung einer Verwarnung, Regelsätze für Geldbußen und die Anordnung eines Fahrverbots wegen Ordnungswidrigkeiten im Straßenverkehr.

(2) Generell gilt das Recht des Stärkeren.

§ 15 Heckscheiben-Aufkleber

An die Heckscheibe verbrachte Aufkleber, welche den Namen großer Elektronik-Hersteller oder das Konterfei eines stilisierten Hasenkopfes abbilden, dürfen nur in Verbindung mit einem Spoiler oder einer Tribal-Tätowierung des Fahrers benutzt werden.

§ 16 Bußgeld-Regelsätze für Pkw

Vergehen	Strafe
Leon-an-Bord-Aufkleber	40 Euro
Wackel-Elvis auf dem Armaturenbrett	50 Euro
Aufkleber in Form eines Arschgeweihs auf der Rückscheibe	180 Euro
Sylt-Aufkleber	2500 Euro und drei Monate Fahrverbot

§ 17 Bußgeldkatalog für Lkw

Vergehen	Strafe
Durch die Innenstadt fahren	200 Euro
»Meiner ist 18 Meter lang«-Aufkleber	1000 Euro; 3 Punkte
Das Reinigen der Fußnägel während der Fahrt	8000 Euro, 12 Punkte
Auf der mittleren/linken Spur fahren	Lebenslanges Fahrverbot

§ 18 Bußgeldkatalog für Motorräder

Vergehen	Strafe
Fahrer ist über fünfzig Jahre alt und hat sich erst in den letzten Jahren ein Motorrad gekauft	125 Euro
Das Tragen von Lederjacken mit Aufnähern sowie Lederjacken mit Fransen und Oberwäsche mit dem Schriftzug »Harley Davidson« sowie das Tragen von Stirnbändern	3500 Euro, 1 Punkt

In der Öffentlichkeit den Eindruck vermitteln, man würde einer Rockervereinigung angehören, wenn: • nicht mindestens 43 Prozent der Körperfläche tätowiert sind • nicht mindestens 7 Vorstrafen vorliegen (davon zwei mit Gefängnisstrafe) • man bei einer Versicherung oder im öffentlichen Dienst tätig ist	Höchststrafe, Weiterleiten der persönlichen Daten an den zuständigen Motorcycle Club

§ 19 Busgeld

Wer für einen Bus kein Geld zu zahlen bereit ist, muss mit einem Bußgeld rechnen.

§ 20 Motorradfahrergesetze

(1) Grußgesetz: Entgegenkommende Motorradfahrer sind grundsätzlich und in jeder Situation zu grüßen.

Zusatz: Eine extreme Kurvenlage, scharfes Bremsen oder Ausweichen befreit nicht von der Gruß-Pflicht.

(2) Die Gruß-Pflicht entfällt lediglich

- bei Motorrädern mit weniger als 80 ccm,
- bei Motorrädern mit wenigstens 100 ccm weniger als das eigene Motorrad,
- bei Rentnern mit japanischen Chopper-Imitationen,
- bei Motorradpolizisten,
- bei Kolonnen von Hells' Angels oder anderen gewaltbereiten Rockervereinigungen, wenn das eigene Motorrad weniger als 250 ccm besitzt.

(3) Frisur-Regel. Die Frisurprobleme des Motorradfahrers aufgrund der Helmpflicht sind mit einem gut frisierten Motorrad auszugleichen (vgl. Wenigstens-einer-von-beiden-Regel).

StVOfBMWF (StVO für BMW-Fahrer)
Die StVOfBMWF ist eine Reform des StVO und implementiert als Rechtsverordnung die Bedürfnisse von Kraftfahrzeugfahrern der Modellreihen der Bayerischen Motoren Werke im Straßenverkehr. Nicht in der StVOfBMWF enthalten sind Regeln für Zweiräder sowie Fahrer der Kleinwagen-Marke Mini.

§ 21 Überholen für BMW-Fahrer
(1) Es ist links und rechts zu überholen.
(2) Überholen darf, wer aufgrund der überhöhten Geschwindigkeit ohnehin nicht mehr bremsen hätte können.
(3) Das Überholen ist zulässig, wenn bei unklarer Verkehrslage durch Schall-, Leucht- oder Handzeichen das Überholinteresse kundgetan wird.
(4) Wer zum Überholen ausscheren will, muss sich so verhalten, dass durch die hohe Geschwindigkeit eine Gefährdung des nachfolgenden Verkehrs ausgeschlossen ist.
(4a) Das Ausscheren zum Überholen und das Wiedereinordnen sind rechtzeitig und deutlich anzukündigen; dabei sind die Fahrtrichtungsanzeiger, das Fernlicht, die Hupe und internationale Handzeichen zu benutzen.
(5) Wer von einem BMW-Fahrer überholt wird, darf seine Geschwindigkeit nicht erhöhen, sonst gilt ein Rennen als vereinbart. Der Führer eines langsameren Fahrzeugs muss seine Geschwindigkeit an geeigneter Stelle ermäßigen und sich gegebenenfalls verneigen, wenn ein BMW-Fahrer überholt.

§ 22 Bußgeldkatalog
bei unsachgemäßer Behandlung von BMW-Fahrern

Tatbestand	StVO	Regelsatz in Euro (€)
Wer einen BMW-Fahrer durch Außer-Acht-Lassen der im Verkehr erforderlichen Sorgfalt verlangsamt	§ 1	100 €
Wer einen BMW-Fahrer mehr als nach den Umständen unvermeidbar verlangsamt	§ 1 Abs. 2	250 €
Wer den Termin eines BMW-Fahrers durch Langsamkeit gefährdet	§ 1 Abs. 34	500 €
Wer einen BMW-Fahrer durch Langsamkeit emotional schädigt	§ 22 Abs. 3 Nr. 7	1000 €
Wer gegen das Rechtsfahrgebot durch Nichtbenutzen der rechten Fahrbahnseite verstößt	§ 2 Abs. 2	100 000 €
Wer gegen das Rechtsfahrgebot durch Nichtbenutzen der rechten Fahrbahnseite mit Behinderung verstößt	§ 2 Abs. 13	1 000 000 € und lebenslanger Führerscheinentzug
Wer gegen das Rechtsfahrgebot durch Nichtbenutzen der rechten Fahrbahnseite bei nur zwei Fahrbahnen verstößt	§ 22	Beschlagnahme und Verschrottung des langsamen Fahrzeugs
Wer gegen das Rechtsfahrgebot durch Nichtbenutzen der rechten Fahrbahnseite bei Gegenverkehr, beim Überholtwerden, an Kuppen, in Kurven oder bei Unübersichtlichkeit verstößt	§ 22 Abs. 3	Zusätzlich: Tötung des Fahrers

Wer gegen das Rechtsfahrgebot durch Nichtbenutzen der rechten Fahrbahnseite verstößt, um geltende Geschwindigkeitsbegrenzungen zu erzwingen – und damit einen BMW-Fahrer behindert	§ 222	Zusätzlich zur Tötung Anwendung von abschreckenden Foltertechniken wie Waterboarding etc. nach § 586
Wer trotz angekündigter Gefahrenstelle, bei Unübersichtlichkeit, an Straßenkreuzungen, Straßeneinmündungen, Bahnübergängen oder bei schlechten Sicht- oder Wetterverhältnissen (z. B. Nebel, Glatteis) mit nicht angepasster Geschwindigkeit fährt und dabei	§ 4 Abs. 1 § 19 Abs. 1 Satz 2 § 49 Abs. 1 Nr. 3, 19a	5,00 €
eine Geschwindigkeitsbegrenzung um mehr als 30 km/h überschreitet	§ 4 Abs. 1 Satz 1	Verwarnung
eine Geschwindigkeitsbegrenzung um mehr als 40 km/h überschreitet	§ 4 Abs. 1 Satz 2	2,00 €
eine Geschwindigkeitsbegrenzung um mehr als 50 km/h überschreitet	§ 4 Abs. 1 Satz 3	5,00 €
einen erforderlichen Mindestabstand zu einem vorausfahrenden Fahrzeug nicht einhält	§ 4 Abs. 2	2,00 €
einen erforderlichen Mindestabstand zu einem vorausfahrenden Fahrzeug bei einer Geschwindigkeit ab 180 km/h nicht einhält	§ 4 Abs. 2, Satz 1	5,00 €
in Tateinheit mit Gefährdung	§ 4 Abs. 2, Satz 1	5,50 €
einen erforderlichen Mindestabstand zu einem vorausfahrenden Fahrzeug nicht einhält, sofern der Abstand in Metern weniger als ein Viertel des Tachowertes beträgt	§ 4 Abs. 2, Satz 1a	5,75 €

innerhalb geschlossener Ortschaften überholt	§ 5 Abs. 1	straffrei
innerhalb geschlossener Ortschaften mit Sachschaden überholt	§ 5 Abs. 1a	straffrei
außerhalb geschlossener Ortschaften rechts überholt	§ 5 Abs. 2	5,00 €
Fahrtrichtungsanzeiger auf der Autobahn nicht wie vorgeschrieben dauerhaft links blinken lässt	§ 5 Abs. 4a § 49 Abs. 1 Nr. 5	1,00 €

§ 23 Ausweispflicht

(1) Passbilder in Führerscheinen haben stets die schlimmstmögliche Darstellung eines Gesichts abzubilden.

(2) Eine Kenntlichmachung des Führerscheininhabers mittels der im Führerschein enthaltenen fotografischen Aufnahme ist nicht statthaft.

§ 24 Automechanikerverordnung

(1) Automechaniker sind dazu verpflichtet, die Einstellungen des Autoradios dahingehend abzuändern, dass der Empfang eines Rundfunksenders mit Rap- und Hiphop-Musik sichergestellt ist.

(2) Ein Kostenvoranschlag steht in keinem Verhältnis zu dem um ein Vielfaches höheren Endpreis, der nach einer Reparatur zu entrichten ist, und besitzt ausschließlich einen formellen Symbolcharakter.

(3) Ein Automechaniker hat mindestens eine Reparatur durchzuführen, die nicht erwünscht und nicht notwendig ist und nicht im Kostenvoranschlag aufgeführt war (vgl. Ölfiltergesetz).

(4) Die ursächlich zugelassenen Parfüm-, Rasierwasser- und Duftbaum-Geruchsrichtungen für Automechaniker sind:

- Moschus
- Là Bulle testosterone
- Alter Schwede
- Iltis

(5) Der Kalendertag einer Autowerkstatt hat im Gegensatz zum sonst gebräuchlichen gregorianischen Kalender statt 24 Stunden mindestens 37 Stunden, um die faktisch berechneten Arbeitsstunden zu ermöglichen.

(6) Die Diagnose und Anamnese eines Schadens durch den Automechaniker hat stets durch gestisch und mimisch eindeutige Kommunikation zu erfolgen (Ohoh-Autsch-Puuuuh-Verordnung).

(7) Ein Automechaniker ist befähigt, auf mindestens zehn verschiedene Arten eine Bierflasche zu öffnen (einschließlich Zähne, Augenhöhle, Armaturenbrett).

(8) Ein Automechaniker ist aufgrund des autokratischen Eides dazu verpflichtet, in Notfällen zu helfen. Handelt es sich nicht um einen Notfall und befindet sich der Automechaniker nicht in der Werkstatt, sondern an einem Stammtisch, bei einem Festakt oder ist bei einer anderen Freizeitaktivität befindlich, ist es nicht gestattet, eine Ferndiagnose einzufordern (vgl. das Und-dann-stottert-er-ab-Tempo-100-so-komisch-Gesetz).

(9) Ein Automechaniker hat in Ermangelung eines »Pirelli-Kalenders« im Original vergleichbare erotische Fotografien in seinen Spind einzubringen.

Staugesetz

§ 25 Geltungsbereich

(1) Als Stau gilt die nachhaltige Behinderung und Störung eines Transportweges mit erheblicher ochlokinetischer Kapazitätsreduzierung.

(2) Wer ein Kraftfahrzeug führt oder einem Kraftfahrzeugführer beisitzt, ist verpflichtet, mindestens die Hälfte sämtlicher im Fahrzeug verbrachten Zeit im Stau aufzuwenden.

§ 26 Staupflicht

(1) Der Gesetzgeber ist verpflichtet, ausreichend Stauungen bereitzuhalten.

(2) Statthafte staatliche Einwirkungen in den Straßenverkehr mit ausreichend stauender Wirkung sind:

- Straßenarbeiten, wobei die maximale Arbeitszeit für eine Straßenbaustelle zwei Jahre nicht unterschreiten und die tägliche Arbeitszeit auf der Baustelle 30 Minuten nicht überschreiten darf
- Orange Verkehrskegel, die nach Abschluss der Straßenarbeiten auf der Straße vergessen werden
- Wochenlange Spurverengung durch Nachbearbeiten der weißen Mittel- und Seitenstreifen
- Strategisch günstig verteilte Müllwagen in schmalen Straßen im gesamten Stadtgebiet
- Willkürliche Ampelschaltung während des Berufsverkehrs (von 7.30 Uhr bis 11 Uhr, von 12 Uhr bis 14 Uhr und von 16 bis 20 Uhr)

Bahngesetze

§ 1 Geltungsbereich

(1) Die Beförderungsbedingungen gelten für die Personenbeförderung im Schienenverkehr.

(2) Der Abschluss des Beförderungsvertrages erfolgt mit dem Verkehrsunternehmen, dessen Verkehrsmittel der Kunde betritt.

(3) Wer das Transportverkehrsunternehmen Deutsche Bahn AG benutzt, um ein vorbestimmtes Ziel zu einer vorbestimmten Uhrzeit zu erreichen, ist selber schuld.

§ 2 Anspruch auf Beförderung

(1) Alkoholabhängige oder -affine Versicherungsvertreter und/oder andere derart geschädigte Mitarbeiter im Außendienst sind mit Aktentasche, Schnurrbart und Pils artgerecht im Bordbistro zu transportieren.

(2) Personen, die eine Gefahr für die öffentliche Ordnung oder die Sicherheit des Bahnbetriebes oder der Fahrgäste darstellen, sind von der Beförderung ausgeschlossen.

Dies gilt insbesondere für:

- Personen, die beim Türken im Bahnhof schnell noch einen Döner mit Sauce erworben haben.
- Personen, die unter krankhafter Schwatzhaftigkeit (Logorrhöe) leiden.
- Personen, die, auf ärztliches Anraten hin, von Saunabesuchen absehen müssen.
- Manager mit krankhaft übersteigertem Mitteilungsbedürfnis.
- Absolventen von Flirtkursen, die ihre neu erworbenen Fähigkeiten testen wollen.
- Zwei oder mehrere vornehmlich weibliche adoleszente Jugendliche mit hysterischem oder zwanghaftem Kommunikationsgebaren.
- Fußballfans

§ 3 Regelungen zur Fahrpreisrückerstattung

(1) Personen, denen durch einen temporären Ausfall, das verspätete Eintreffen und/oder Abfahren von Nah- und Fernverkehrszügen ein Nachteil entsteht, wird nach Abzug von Bearbeitungsgebühren ein Tausendstel des Fahrgelds zurückerstattet.

(2) Ein Haftungsausschluss tritt bei unabwendbaren Ereignissen (höhere Gewalt) ein.

Als höhere Gewalt gelten:

- heiße Temperaturen
- kalte Temperaturen
- Schnee
- Regen
- Streik
- Streit
- Brückentage
- Bundesligaspiele
- andere NICHT vorhersehbare öffentliche Veranstaltungen wie Messen oder Weihnachtsmärkte

(3) Der Antrag auf Rückerstattung ist persönlich und in mündlicher Form in einem der DB-Reisezentren zu stellen.

Anmerkung: Die Fahrkosten werden nicht erstattet bei den Fällen, in denen der Reisende freiwillig von einem Antrag auf Rückerstattung absieht, weil er nicht willens oder fähig ist, die Anwartschaft einer mehrere Kilometer langen Schlange in einem DB-Reisezentrum zu überwinden.

§ 4 Regelungen zum Verhalten gegenüber Mitreisenden im Zug

(1) Auf Zugfahrten ab zwei Stunden Fahrzeit gebietet es die Höflichkeit, sich mit Brot und Salz in den Nachbarabteilen vorzustellen.

(2) Wer aus Langeweile während einer Bahnfahrt die Krimis der Mitreisenden googelt, um ihnen den Mörder zu verraten, wird mit Geldstrafe bedroht.

(3) Die Regelung aus Artikel 2 ist bisweilen nicht relevant, weil die Bahngleise ausschließlich in Funklöchern gebaut werden.

(4) In geschlossenen Kleinabteilen der Deutschen Bahn gelten §§ 42–45 Flatulenzmissbrauch entsprechend. In Großraumabteilen gelten

§§ 42–45 nur für Körpergasentweichungen mit gleichzeitiger Geräuschemission. Körpergasentweichungen ohne Geräuschemission, sogenannte leise Schleicher, bleiben straffrei.

§ 5 Regelungen zur Beförderungserschleichung

(1) Wer die Beförderung durch das Transportunternehmen Deutsche Bahn in der Absicht erschleicht, das Entgelt nicht zu entrichten, wird mit Freiheitsstrafe bis zu einem Jahr oder mit Geldstrafe bestraft.

(2) Kleinkinder, Kinder und Jugendliche, die ohne gültige Fahrkarte die Beförderungseinrichtungen der Deutschen Bahn nutzen, sind umgehend des Zuges zu verweisen.

Zusatz: »Umgehend« schließt dabei insbesondere die Möglichkeit eines Nothaltes ein, um die erwischten Schwarzfahrer auf offener Strecke, nachts und im Schneesturm auszusetzen.

Zusatz II: Ist das Kind in Begleitung der Mutter, kann auch die Mutter des Zuges verwiesen werden und das Kind die Reise alleine weiterzuführen gezwungen werden.

(3) Fahrkarten, die direkt in einem Zug erstanden werden, besitzen aufgrund der Monopolstellung des Fahrkartenkontrolleurs bzw. -verkäufers den doppelten Marktwert. Kann ein Fahrgast die nötigen Mittel hierfür nicht aufbringen, treten, je nach Alter des Fahrgastes, Artikel 3 und 4 in Kraft.

§ 6 Regelungen zur Kommunikation der Deutschen Bahn AG mit den Fahrgästen

(1) Anzeigetafeln an Bahnsteigen, die eine Ankunftszeit anzeigen, fallen unter die Rechtsform der paranormalen Präkognition (Wahrsagerei) und haben rational-wissenschaftlich keinerlei Bedeutung.

(2) Auf Bahnhöfen aushängende Grafiken mit Wagenstandsanzeigern fallen unter die Kartomantie (Wahrsagerei durch Kartenlegen) und sind nicht geeignet, den tatsächlichen Haltepunkt eines zukünftig eintreffenden Zuges zu bestimmen.

Zusatz: Es ist weiterhin nicht gestattet, die Wagen von Zügen sinnvoll zu numerieren.

(3) Die Aufmerksamkeit der Fahrgäste an den Gleisen ist durch ständige standardisierte Lautsprecheransagen zu erhöhen, siehe Anlage KNARZ 1.

Anlage KNARZ 1:
Standardtext Lautsprecheransagen
Sehr geehrte Fahrgäste! sssdrrrllbt ch, ch, ch, ch, cccccccccchhhhhhhhhhh, ch, verspätet eintreffen. Wir bitten um Ihr Verständnis.

§ 7 Regelungen zum Serviceangebot der Deutschen Bahn

(1) Angestellte der Deutschen Bahn AG, welche an Service-Points mit der Weitergabe von Auskünften an Fahrgäste beauftragt sind, sind vor Unterzeichnung des Einstellungsvertrags vollumfänglich auf Legasthenie hin zu testen.

(2) Die Anzahl differierender Auskünfte bezüglich einer Streckenverbindung oder eines Fahrpreises hat identisch mit der Anzahl der Anfragen selbiger zu sein.

§ 8 Regelungen zum Erwerb von Fahrkarten des Eisenbahnverkehrsunternehmens Deutsche Bahn

(1) Der Erwerb einer gültigen Fahrkarte ist für den Reisenden abwechslungsreich und anspruchsvoll zu gestalten.

(2) Die als DB-Info- und Reisezentrum gekennzeichneten Verkaufsstellen sind mit jeweils zwei Angestellten pro zehntausend zu erwartenden Fahrgästen zu besetzen.

(3) In Ergänzung zu den Angestellten des DB-Reisezentrums sind Fahrkartenautomaten in der Bahnhofshalle zu verstecken.

(4) In Ergänzung zu den Fahrkartenautomaten sind Helfer in Warn-

westen aufzustellen, welche den Fahrgästen die nötigen Tasten drücken und ihnen die Angst nehmen, dies selbst lernen zu müssen.

(5) Die Benutzerführung an den Fahrkartenautomaten folgt der Subjunktion:

- WENN Initialberührung des Touchscreens, DANN Systemabsturz
- WENN Beginn der Eingabe eines Zielorts, DANN andere Zielorte vorschlagen
- WENN drücken der »Löschen«-Taste bei Eingabe des Zielorts, DANN zurück auf Startseite
- WENN Ermäßigungskarte vorhanden, DANN Optionsbutton verstecken
- WENN Selektionsvorgang erfolgreich beendet, DANN auf bargeldloser Zahlung bestehen
- WENN Fahrschein ordnungsgemäß bezahlt UND zeitnahe Abfahrt des Zuges, DANN fünfminütige Pause zwischen:

a) Ausdrucken der Verbindung
b) Ausdrucken der Abbuchungsbestätigung
c) Ausdrucken der Fahrkarte
   - WENN Berührung des Touchscreens während a, b oder c, DANN Systemabsturz

(6) Erfolgt der Erwerb von Fahrkarten für Beförderungseinrichtungen der Deutschen Bahn durch den Online-Dienst selbiger, so hat der Preis der Fahrkarte stets höher oder niedriger zu sein als bei jenen, die vor Ort ausgestellt werden.

(7) Platzreservierungen, die durch den Online-Dienst vorgenommen werden, erfüllen eine rein schmückende Funktion und stellen unter keinen Umständen eine rechtskräftige, tatsächliche Reservierung eines Sitzplatzes dar.

Völkerstrafgesetze

§ 1 Chinesengesetze

(1) Dem chinesischen Volk ist es verboten, im Kollektiv vom Stuhl zu springen (Gesetz gegen das Werfen der Erde aus der Umlaufbahn).

(2) Das gesetzlich verankerte Nationalgericht ist Menü 7 mit Suppe, wahlweise Frühlingsrolle.

(3) Das Umfallen eines Fahrrades ist für die internationale Staatengemeinschaft nicht relevant (vgl. Relevanzgesetz).

(4) Bestimmungen zur inneren Sicherheit:

- Auf kritische Äußerungen folgt Folter.
- Auf Widerspruch folgt Zwangsarbeit.
- Auf Einspruch folgt Menü 7 (extra scharf).

(5) Drachen sind super.

(6) Das Sitzen dreier Chinesen auf der Straße in Begleitung eines Kontrabasses hat das unmittelbare Erscheinen der Polizei zur Folge.

Zusitz: Dis Sitzin driiir Chinisin iif dir Strißi in Bigliiting iinis Kintribissis hit dis inmittilbiri Irschiinin dir Pilizii zir Filgi.

Zusätz II: Däs Sätzän drääär Chänäsän ääf där Sträßä än Bägläätäng äänäs Känträbässäs hät däs änmättälbärä Ärschäänän där Päläzää zär Fälgä.

Zusotz III: Dos Sotzon drooor Chonoson oof dor Stroßo on Bogolootong oonos Kontrobossos hot dos onmottolboro Orschoonon dor Polozoo zor Folgo.

Zusutz IV: Dus Sutzun druuur Chunusun uuf dur Strußu un Bugluutung uunus Kuntrubussus hut dus unmuttulburu Urschuunun dur Puluzuu zur Fulgu.

Zusatz V: Das Satzan draaar Chanasan aaf dar Straßa an Baglaatang aanas Kantrabassas hat das anmattalbara Arschaanan dar Palazaa zar Falga.

Zusötz VI: Dös Sötzön drööör Chönösön ööf dör Strößö ön Böglöötöng öönös Köntröbössös höt dös önmöttölbörö Örschöönön dör Pölözöö zör Fölgö.

Zusetz VII: Des Setzen dreeer Chenesen eef der Streße en Begleeteng eenes Kentrebesses het des enmettelbere Erscheenen der Pelezee zer Felge.

Türkischer Zusütz: Düs Sützün drüüür Chünüsün üüf dür Strüßü ün Büglüütüng üünüs Küntrübüssüs hüt düs ünmüttülbürü Ürschüünün dür Pülüzüü zür Füllig.

(7) Glückskekse bringen kein Glück.

(8) Technische Errungenschaften aus dem Westen sind stets direkt auf Messen zu kopieren und unverzüglich in Massenproduktion zu bringen.

§ 2 Verordnungen, Erlässe und Regeln, die Bewohner Großbritanniens betreffend

(1) Der Engländer, der kochen kann, heißt Jamie Oliver.

(2) Minzsauce ist ausschließlich innerhalb der Grenzen des britischen Königreichs zugelassen und stellt außerhalb selbiger einen Geschmacksfriedensbruch dar.

(3) Der Empfang der landeseigenen Unterhaltungs-Endlosserie »The British Monarchy« ist kostenpflichtig, darf die veranschlagten Kosten in Höhe von 46 Millionen Euro pro Steuerjahr jedoch nicht überschreiten.

§ 3 Englisch-deutsche Fußballvereinbarung

(1) England ist das Mutterland des Fußballs.

(2) Der Torwart ist die Schwachstelle des englischen Teams.

(3) Ein Spiel dauert 90 Minuten.

(4) Deutschland gewinnt im Elfmeterschießen.

§ 4 Deutsch-Französisches Dekret, die Staatsbürger der Französischen Republik betreffend

(1) Der Franzose spricht keine Fremdsprache.

(2) Wenn ein Franzose gegen Artikel 1 des Deutsch-Französischen Dekrets verstößt, so ist er dazu verpflichtet, die Fremdsprache, deren er mächtig ist, mittels eines französischen Akzents so zu verfälschen, dass sie für alle Personen außer Franzosen nicht zu verstehen ist.

(3) Wird ein Franzose von einer Person, deren Muttersprache nicht Französisch ist, aufgefordert, zum Zwecke des besseren Verständnisses langsamer zu sprechen, so verdoppelt er seine Sprechgeschwindigkeit.

§ 5 Holländergesetze

(1) Holländer im Sinne des deutsch-niederländischen Nachbarschafts- und Zwergstaatengesetzes ist, wer:

- Moderator ist,
- Tomaten in unnatürlicher Größe und Konsistenz herstellt oder verbreitet,
- einen Coffee-Shop betreibt oder regelmäßig aufsucht,
- in ständiger Angst lebt, dass die Deiche nicht halten,
- ein Hollandrad besitzt und dazu fünf dicke Ketten zur Diebstahlsicherung anbringt,
- sein Autoradio mit sich herumträgt,
- Rudi Völler bespuckt,
- jährlich mindestens 96 Stunden als bewegliches Hindernis auf mitteleuropäischen Autobahnen verbringt.

§ 6 Italienergesetze

(1) Italiener im Sinne der italienisch-deutschen Kultur- und Lehreraustauschvereinbarung und der Regelung zum Schutz der inländischen Blondinen ist, wer:

- Körperbehaarung auf der Brust, an den Beinen, am Bauch, an den Schultern, in, an und um die Ohren sowie am gesamten Rücken vorweisen kann,
- für jegliche Kommunikation die Hände benötigt,
- für einen Wochenendausflug im Verbund mit mindestens fünf Familienmitgliedern in einem ungeeignet kleinen Fiat auf einen abgelegenen Parkplatz nahe einer Sehenswürdigkeit fährt,
- dort das Fenster öffnet, im Auto picknickt und den entstehenden Abfall durch das Fenster entsorgt,
- in der Lage ist, in einem Schlepplift sowie auf einem Motorrad ein Handy-Gespräch zu führen,
- sich für das bloße Verlassen der Wohnräume in unbotmäßiger Art anzieht (herausputzt) wie ein Deutscher zu seiner eigenen Verheiratung,
- weiblich ist und sich über Nacht von einer wunderschönen, schlanken Frau in eine füllige Mama verwandelt,
- ohne Baugenehmigung baut,
- bei 20 Grad im Frühling dicke Wintermäntel trägt, um den schon fast vollständig entkleideten Touristen zu zeigen, dass in den Sommermonaten eine noch günstigere Wetterlage zu erwarten ist,
- es als im öffentlichen Straßenverkehr Beteiligter über die Maßen eilig hat und jedes Ampelsignal nach billigem Ermessen missachtet,
- täglich auf hundert Freunde trifft und mit allen einen Espresso zu trinken pflegt,
- einen umfänglich korrupten, sexistischen Präsidenten billigt,
- als Mann zwar wenig geeignet ist, den Beischlaf zu vollziehen, aber hervorragend qualifiziert ist, selbigen anzubahnen,
- zu den allgemeinen Ruhezeiten mit einem nicht den Vorschriften entsprechend leistungsverstärkten Kleinkraftrad, die Helmpflicht außer Acht lassend, durch die öffentlichen Straßen knattert und Touristen scheucht,

- im Restaurant auf betrügerische Weise Brot, Musik, Bedienung und Sauerstoff extra berechnet,
- sich als Fußballspieler bei einer nicht nennenswerten Berührung durch den Gegenspieler vor Schmerzen auf dem Spielfeld zu krümmen und sich anschließend lautstark beim Schiedsrichter zu beschweren pflegt.

§ 7 Österreichergesetze

Als Österreicher im Sinne des deutsch-österreichischen Nachbarschafts- und Piefke-Umgangs-Gesetzes gilt, wer:

- Schlagersänger oder Abfahrtsläufer ist,
- in Hütten kleine Glöckchen aufhängt, um stark alkoholisierte Gäste zu nötigen, teure Branntweine auszugeben,
- die hohen Preise in Berghütten damit rechtfertigt, dass die Lebensmittel aufwendig herauftransportiert werden müssen,
- neben ebendieser Hütte einen SUV stehen hat,
- Halter von Fahrzeugen mit nichtösterreichischem Kennzeichen bei Geschwindigkeitsüberschreitungen mit besonderer Schärfe zur Sofortkasse bittet,
- der (vielleicht) schlechtesten Fußballmannschaft der Welt zujubelt,
- den Sieg 1964 gegen Deutschland bei der Weltmeisterschaft in Córdoba bis heute nicht vergessen kann,
- behauptet, Hitler wäre deutscher oder tschechischer Herkunft gewesen,
- Paradeiser sagt, wenn er Tomaten meint,
- den Deutschen beim Eurovision Song Contest keinen Punkt gibt,
- die Anliegen von Touristen mit »Hamma net«, »Kenn i net« und »Da könnt ja a jeder kimma« abschmettert,
- einen Opernball für elitär hält, obwohl die Hauptattraktion einzig ein in die Jahre gekommener Bauunternehmer und dessen tiefdekolletierte Begleitung darstellen,

- für die Erfindung und Vergabe von Namen für Kaffeegetränke eine Kreativität aufwendet, wie sie sonst nur Prominente für ihre Kinder ausüben.

§ 8 Polnisches Exportrecht

Begriffsdefinition: Das polnische Exportrecht ist ein Gewohnheitsrecht. Es regelt den Export von Wertgegenständen und Kraftfahrzeugen aus Deutschland heraus auf dem steuer- und zollfreien sogenannten kleinen Dienstweg unmittelbar in die Umlackierungswerkstätte.

§ 9 Polnisches Importrecht

Begriffsdefinition: Das polnische Importrecht regelt den Import und den Verkauf zollneutraler Rauchwaren.

§ 10 Spaniergesetze

(1) Spanier im Sinne des deutsch-spanischen Kulturaustausch- und Sangriaeimergesetzes ist, wer

- sein Geburtsland noch nie verlassen hat,
- keine Fremdsprache spricht und nicht Franzose ist,
- die eigene Sprache jedoch sehr laut zu sprechen vermag,
- jedwedes Lebensmittel in Olivenöl taucht,
- das Abendessen zu Zeiten einnimmt, wenn alle anderen Europäer bereits die Bettruhe genießen,
- ein Nationalgetränk sein Eigen nennt, das Sangría, auf Deutsch »Aderlass«, heißt,
- dank Agrarsubventionen keiner geregelten Arbeit nachgehen muss,
- in Glitzerstrumpfhosen und Ballerinas vor Stieren in der Arena herumhüpft,
- Stiere in den Gassen eines kleinen Ortes aussetzt und dort vor ihnen in selbsttöterischer Absicht umherrennt,

• das Wort für Hühnchen und das Wort für Penis nur durch einen einzigen Vokal differenziert (vgl. Pollo-polla-Gesetz).

§ 11 Berlinergesetze

Berliner, welche sich gegenüber Fremden freundlich oder hilfsbereit zeigen oder andere Akte der Dienstbarkeit tätigen, die im Allgemeinen als höflich gelten, werden mit Umzug nach München oder Döner-Entzug von drei Wochen bestraft.

Gesetze, Verordnungen, Pflichten und Regeln, die Bevölkerung der arabischen Staaten betreffend

§ 12 Handelsgesetze

(1) Es gilt grundsätzlich keine Preisbindung.

(2) Der Verkaufspreis lässt keinerlei Rückschlüsse über den tatsächlichen Wert des Produkts zu.

(3) Der Preis eines Produktes richtet sich nach der Nachfrage und nach der nächsten Anschaffung, die der Verkäufer zu tätigen gewillt ist.

(4) Der erstgenannte Verkaufspreis einer Sache soll den 45-fachen Wert desselben nur in Ausnahmefällen überschreiten.

(5) Das Gegenangebot eines Käufers soll ein Zehntel des tatsächlichen Produktwertes nicht unterschreiten.

Zusatz: Handelt es sich beim Käufer um einen Touristen, so ist dieser berechtigt, sich mit einem Gegenangebot auf das 20-Fache des tatsächlichen Produktwertes einzulassen.

(6) Führt ein Verkäufer einen der in Anlage FEILSCH 12 aufgeführten Gründe preisbindend an, so hat der Käufer die Pflicht, dem vorgeschlagenen Preisangebot des Verkäufers unverzüglich zuzustimmen.

Anlage Feilsch 12

Zulässige Gründe, die ein Verkäufer als preisbindend anführen kann:

- Eine Anzahl an Kindern, die größer ist als zehn.
- Großeltern, Eltern oder Anverwandte, welche eine Erkrankung oder Behinderung aufweisen.
- Ein Einkommen, welches ungeeignet ist, eine Ernährung aller besagten Kinder und kranken Verwandten zu garantieren.
- Zulässige Produktbeschreibungen, die ein Verkäufer im Sinne einer Preisrechtfertigung geltend machen kann, ohne sich des Betrugs strafbar zu machen:
- Die Muschel hat der Onkel selbst im Meer gefunden.
- Das Schwert stammt aus den Händen von Laurence von Arabien.
- Diese Lampe hat einst im Wohnzimmer von Mohammeds Großmutter gehangen.
- In dieser Lampe befindet sich der Geist von Mohammed.

§ 13 Internationale Kriegsgründeverordnung für Heilige Kriege

Nicht statthaft zur Ausrufung eines Heiligen Kriegs sind:

- Schlechte Laune
- Sodbrennen
- Freizügige Bilder
- Laute Musik
- Karikaturen
- Bedarf an Jungfrauen
- Langeweile, keine Hobbys und nichts im Fernsehen

§ 14 Muslimisches Gleichberechtigungsgesetz nach Allah (MGGnA)

(1) Gleichberechtigung ist der Grundsatz der gleichen Rechte für Männer und Frauen. Gemäß MGGnA darf niemand wegen seines Geschlechts benachteiligt oder bevorzugt werden.

(2) Allerdings können nach der Rechtsprechung biologische, funktionale oder willkürlich festgelegte, religiös bedingte Verschiedenheiten eine unterschiedliche Behandlung gemäß Anlage BURK 5 von Männern und Frauen rechtfertigen.

Anlage BURK 5 Gerechtfertigte unterschiedliche Behandlung von Mann und Frau

- Der Frau ist nicht gestattet, Auto zu fahren.
- Der Frau ist nicht gestattet, außer Haus zu telefonieren.
- Der Frau ist nicht gestattet, die Art ihrer Kleidung selbst zu wählen.
- Der Frau ist nicht gestattet, ihren Partner selbst zu wählen.
- Der Frau ist die Scheidung von ihrem Partner nicht gestattet.
- Der Frau ist nicht gestattet, ohne Mann zu verreisen.
- Der Frau ist nicht gestattet, das Haus ohne Erlaubnis zu verlassen.
- Der Frau ist nicht gestattet, zu reden, wenn sie nicht gefragt wird
- Der Frau ist nicht gestattet .... (durch den Ehegatten auszufüllen).

§ 15 Allgemeine Regelungen

(1) Das Öffnen, Ausrauben und Plündern von altägyptischen Grabstätten durch europäische Forscher ist unzulässig und wird mit tödlichem Durchfall bestraft.

(2) Die Bezeichnung »Größter Strand der Welt« für eine Sandwüste fällt unter den Tatbestand der irreführenden Werbung.

(3) Jeder Touristenführer hat mindestens einen Verwandten mit einem eigenen Einzelhandelsgeschäft auf dem Bazar vorzuweisen.

(4) Ein Mokka, der einen Europäer nicht mindestens 45 Stunden lang mit Herzrasen wach hält, ist nicht ordnungsgemäß aufgebrüht worden.

(5) Ein Kamel stellt kein zulässiges Zahlungsmittel für eine Frau dar. Verhandelt wird erst ab einem Angebot von drei Kamelen.

Touristengesetze

§ 16 Der japanische Tourist

(1) Der japanische Tourist hat stets im Kollektiv zu reisen. Individualreisen sind verboten. Als Kollektiv nach BGB gelten Reisegruppen ab 20 Personen.

(2) Es ist japanischen Touristen nicht gestattet, während ihrer Urlaubsreise länger als vier Stunden an einem Ort zu verweilen.

(3) In allen bereisten Städten ist der japanische Tourist verpflichtet – sofern vorhanden –, dem lokalen Louis-Vuitton-Shop einen Besuch abzustatten.

(4) Der japanische Tourist ist während seines Urlaubs entweder stets lachend oder schlafend anzutreffen.

§ 17 Der italienische Tourist

(1) Es ist dem italienischen Touristen während seines gesamten Urlaubs nicht gestattet, seine Sonnenbrille abzusetzen. Weder nachts und erst recht nicht während der Beiwohnung ausländischer Touristinnen.

(2) Die Urlaubsreise des italienischen Touristen ist stets gemeinsam mit dem gleichgeschlechtlichen Freundeskreis – bestehend aus mindestens acht Mitgliedern – anzutreten.

(3) Der italienische Tourist ist verpflichtet, während seiner gesamten Urlaubsreise durch lautes Sprechen und wildes Gestikulieren anderen Touristengruppen seine Anwesenheit kenntlich zu machen.

(4) Sehenswürdigkeiten sind vom italienischen Touristen strikt zu meiden. Es sei denn, es handelt sich um Frauen.

(5) Der italienische Tourist ist verpflichtet, seine Mutter – genannt La Mamma – aus dem Urlaub alle zwei Tage anzurufen, um ihr zu

versichern, dass das Wetter zwar gut ist, aber das Essen mit ihrem in keiner Weise mithalten kann.

§ 18 Der englische Tourist

(1) Englische Touristen, welche Sonnencreme in der Absicht kaufen, diese vor dem Sonnenbaden auf die Haut aufzutragen, werden mit Geldstrafe bestraft.

(2) Wer einen knallroten, nur mit Badeshorts bekleideten englischen Touristen darauf hinweist, dass das Sitzen in der Mittagssonne in Ländern südlich des Ärmelkanals gravierende gesundheitliche Schäden nach sich ziehen kann, wird mit einer Tracht Prügel nicht unter drei blauen Flecken bestraft.

(3) Das Hauptnahrungsmittel des englischen Touristen ist Bier. Es ist dem englischen Touristen nicht gestattet, im Urlaubsland produzierte Nahrungsmittel käuflich zu erwerben und/oder zu verkosten.

§ 19 Der amerikanische Tourist

(1) Der amerikanische Tourist ist froh, wieder zu Hause zu sein.

(2) Amerikanische Touristen, die ihr Urlaubsland schöner finden als die USA, werden mit Aberkennung des Patriotenstatus bestraft.

(3) Der amerikanische Tourist ist verpflichtet, während seiner gesamten Urlaubsreise schlechtsitzende Hawaiihosen und -hemden in einer Farbkombination, die selbst Blinde erschaudern lässt, zu tragen.

§ 20 Der deutsche Tourist

(1) Wird ein deutscher Tourist während seines Urlaubs ohne aktuellen Reiseführer angetroffen, wird er mit Urlaubsverbot von bis zu drei Jahren oder Geldstrafe bestraft.

(2) Der deutsche Tourist ist verpflichtet, sich im Vorfeld seiner Urlaubsreise gründlich auf seinen Aufenthalt im Urlaubsland vorzubereiten. Dazu gehören insbesondere umfangreiche Kenntnisse der Frankfurter Liste, um sich nach erfolgreichem Urlaub beim Reisever-

anstalter zwecks Rabattierung der zuvor erbrachten Geldleistung zu beschweren.

(3) Macht der deutsche Tourist in der Nähe einer Kirche Urlaub oder kommt er während eines Urlaubs an einer Kirche vorbei, so ist dieser unverzüglich ein Besuch abzustatten.

(4) Während seines Urlaubs ist der deutsche Tourist verpflichtet, den lokalen Gebräuchen wie Schächtungen, Marienprozessionen und Drogenkriegen unverkrampft und offen zu begegnen und sich nach bestem Wissen und Gewissen daran zu beteiligen.

§ 21 Allgemeine Regelungen für Touristen

(1) Es gibt keinen Urlaub, der so langweilig und armselig ist, dass er nicht zu einem mehrstündigen Dia-Abend verwurstet werden kann.

(2) Die interkulturelle Differenz bei der Würzung und Zubereitung der Speisen kann zu sahnigem Stuhl führen.

(3) Während des Fluges ist stets Tomatensaft zu bestellen.

(4) Die im Flugzeug gereichte Packung Erdnüsse lässt sich nur mit einer Ladung TNT öffnen.

(5) Die wurde einem aber leider bei der Sicherheitskontrolle abgenommen.

(6) Die Durchsagen des Kapitäns vermitteln den Eindruck, er sei betrunken und weitgehend orientierungslos (»Linkerhandehen Sie den Alantik, ähh, ich meine den Paschifik«).

(7) Auf Postkarten sind stets sonnengegerbte Fischer oder farbenfrohe Pfingstprozessionen auf Eseln zu sehen.

(8) Erst in der Ferne wird offenkundig, wie schön es daheim ist.

(9) Nach einer Reise mit unbequemen Verkehrsmitteln durch extrem öde Landstriche können die sogenannten Traveller mit ihrem Diavortrag darüber durch Deutschlands Turnhallen touren. Etwa: »Barfuß über die Alpen«, »Auf dem Tretroller durch die Karpaten« oder »Mit einer Nacktschnecke durch die Serengeti«.

(10) Der Wasserdruck in der Dusche des Hotels ist nicht ausreichend.

(11) Nach der Landung des Flugzeugs ist in der Business Class stets betreten zu blicken, wenn in der Economy geklatscht wird.

Film- und Fernsehgesetze

§ 1 »Kein Fernseher«-Prahlparagraph

Ordnungswidrig handelt, wer öffentlich damit prahlt, absichtlich keinen Fernseher zu besitzen.

§ 2 Helden

(1) Helden haben in jeder Situation stets perfekte Frisuren zu tragen.

(2) Heldinnen tragen stets perfektes Make-up. Sie finden auch dann noch Gelegenheit fürs Schminken, wenn sie gefesselt und geknebelt in einer Kohlenkiste hocken.

(3) Helden, die auf Reisen sind, werden spätestens drei Minuten nachdem sie an einem Ort angekommen sind, in eine Prügelei, Verfolgungsjagd oder Liebesaffäre verwickelt.

(4) Helden sind grundsätzlich intelligenter, mutiger, loyaler und redlicher als ihre Vorgesetzten.

§ 3 Schurken

(1) Filmschurken ist es untersagt, Helden unmittelbar nach der Gefangennahme zu erschießen. Sie sind verpflichtet, dem Helden sämtliche Geheimpläne zu enthüllen und ihm dann ausreichend Gelegenheit zu geben, sich selbst zu befreien, oder ausreichend Zeit verstreichen zu lassen, bis ihn seine Verbündeten befreien können.

(2) Schurken haben stets unrasierte Gesichter, ein schmieriges Lächeln und einen unruhigen, flackernden Blick. Dies ermöglicht es den Fernsehzuschauern, sie unmittelbar als Bösewichter zu erkennen … nicht

jedoch den Fahndern im Film, die das erst unmittelbar vor Ende der Sendung schaffen.

§ 4 Verordnung zur Gestaltung von Schlägereien

(1) Schurken greifen Helden niemals gemeinsam an, sondern immer der Reihe nach.

(2) Ein Held verliert niemals eine Schlägerei gegen weniger als drei Widersacher, selbst wenn es sich dabei um Holzfäller, Catcher oder Karate-Weltmeister handelt.

(3) Bei Prügeleien ist stets auf ein Umfeld zu achten, bei dem die Beteiligten in Glasschränke, Spiegeltüren oder Treppengeländer fallen können.

(4) Keiner der Beteiligten darf ohnmächtig werden, bevor er mindestens zwanzig Volltreffer mit Tischbein und/oder Whisky-Flasche erhielt.

§ 5 Erotikregelungen

(1) Der Held wird stets von unredlichen Frauen angemacht, darunter Doppelagentinnen oder Bandenchefinnen.

(2) Um eine Frau zu verführen, benötigt der Held weder Tricks, Geduld noch ein dickes Bankkonto.

§ 6 Straßenverkehrsordnung (Film)

(1) Alle Beteiligten können mit ihren Autos selbst im dichtesten Verkehr und zu Stoßzeiten durch die Straßen von New York oder Paris fahren, ohne jemals in einen Stau zu geraten.

(2) Ein Held kann gleichzeitig aus dem Seitenfenster schießen, Kugeln ausweichen und dabei mindestens Tempo 180 fahren, ohne einen Unfall zu bauen.

(3) Für Schurken ist am Ende einer Verfolgungsjagd (auch im Flachland) stets eine tiefe, steinige Schlucht vorhanden, in die ihr Fahrzeug

nach mehrmaligem Überschlag stürzen kann, um dann zu explodieren.

§ 7 Tod

(1) Durch jeden Schuss eines Helden werden mindestens vier bis acht Schurken getötet.

(2) Wird der Held von Schurken beschossen, so erleidet er immer nur einen Streifschuss.

(3) Ein Schurke, der über ein Treppengeländer fällt, kommt unten immer tot an.

(4) Jeder Schurke, der eine Treppe hinunterfällt, kommt unten tot an, vorausgesetzt, er ist über sämtliche zur Verfügung stehenden Stufen gerollt.

Verordnung für
Serien und Komödien

§ 8 Grundregeln

(1) Kein Hauptdarsteller einer Komödie darf an Farbeimern, offenen Kanalschächten oder Hundehaufen vorbeigehen, ohne in diese hineinzutreten.

(2) Im Hintergrund muss stets das Lachen von mindestens fünfzig Leuten zu hören sein, selbst wenn sich im Raum nur eine Person befindet.

§ 9 Wohnungen

(1) Ein Serienheld lebt in einer Wohnung, die mindestens dreimal so groß ist wie die, die sich ein normaler Mensch unter gleichen Einkommensverhältnissen leisten könnte.

(2) Der Fernseher hat stets in der Mitte des Raumes, mit der Rückwand zum Fernsehzuschauer, zu stehen.

(3) Sämtliche Freunde und Feinde wohnen gleich nebenan, so dass sie laufend reinplatzen können, um etwas Lustiges zu erzählen oder etwas Peinliches mitzuhören.

(4) Aus diesem Grund wohnt der Serienheld in einer Wohnung, die sich auch von außen ohne Schlüssel aufmachen lässt.

§ 10 Familie

(1) In Komödien ist jede Familie verpflichtet, mindestens einen Angehörigen zu haben, der schwerhörig, kurzsichtig, schwul oder sonst wie geeignet ist, laufend für komische Situationen zu sorgen.

(2) Einer geschiedenen Frau gelingt es unabhängig von Alter, Aussehen oder Kinderzahl immer, innerhalb von wenigen Minuten einen erfolgreichen, sympathischen und gutaussehenden Partner zu finden.

§ 11 Kinder

(1) Fernsehkinder werfen niemals mit Spielzeug, sie brüllen nie wie am Spieß, verdreschen ihre kleineren Geschwister nicht und quälen keine Haustiere.

(2) Von ihren Eltern werden Fernsehkinder stets als vollwertige Familienmitglieder angesehen und auch bei den kompliziertesten Entscheidungen immer um ihre Meinung gefragt.

§ 12 Krankheit und Tod

(1) Stellt ein Seriendarsteller an den Produzenten zu hohe Gagenforderungen, so stirbt die von ihm gespielte Figur innerhalb von 30 Minuten an einer tödlichen Krankheit.

(2) Stirbt eine sehr beliebte Serienfigur bei einem Unfall, so kann sie dennoch jederzeit innerhalb der nächsten Woche mit einer wenig plausiblen Erklärung wieder auftauchen.

Allgemeine Thriller- und Horrorfilmgesetze

§ 13 Geltungsbereich

(1) Als Thriller und Horrorfilm gilt ein kinografisches Genre bzw. anderweitig zur medialen Ausstreuung geeigneter Werkstypus mit dem unbedingten Vorsatz der Verunsicherung, Ängstigung und Herbeiführung von Schreckzuständen der Zuschauer.

(2) Innerhalb der Handlungsstränge eines Thrillers bzw. Horrorfilms werden regelmäßig schwere Straftaten ohne adäquate judikative Strafverfolgung begangen.

§ 14 Horrorbrillchengesetz

Die Altersfreigabe von Filmen des Horror- und Thriller-Genres wird nicht durch das Betrachten des Filmes durch die Lücken zwischen den Fingern aufgehoben.

§ 15 Allgemeine Regelungen

(1) Kann eine Öllampe verortet werden, ist deren ausschließliche Bestimmung die als Brandursache oder Brandverstärker.

(2) Gut feststellbare Schleimspuren werden berührt und in den Fingern verrieben. Daran schließt sich der Ruf an: »Iiiih… was ist das denn?«

(3) Mitgeführte Taschenlampen fallen dem Helden grundsätzlich in einer affektiven Schrecksituation aus der Hand. Die Lampe ist bis auf weiteres funktionslos.

§ 16 Besondere Gefahrenquellen

(1) Flüsse und bewegte Gewässer haben unausweichlich in Wasserfällen zu enden oder in Gewässer zu münden, die wiederum in Wasserfällen enden.

(2) Schreitet eine bedrohte Person vorwärts, so liegt die Gefahrenquelle hinter ihr.

(3) Schreitet eine bedrohte Person rückwärts, befindet sich die Gefahrenquelle ebenso hinter ihr.

(4) Bei unmittelbar bevorstehenden Gewaltverbrechen ist von kollektiven Hördefiziten auszugehen. Die Frage »Haben Sie das gehört?« ist stets zu verneinen.

(5) In jedem Falle erschrecken Protagonisten mindestens einmal aufgrund der Bewegung einer Katze, eines Vogels oder Hundes.

§ 17 Regelungen zum ordnungsgemäßen Ableben von Thriller-Protagonisten

(1) Widersetzt sich ein Mitglied einer Gruppe den Anweisungen des die Gruppe anführenden Helden, verwirkt dieses Mitglied sein Leben zuerst.

(2) Kündigt eine Person an: »Ich komme gleich wieder!«, verstirbt diese unmittelbar.

(3) Flüchtet eine Person zu Fuß vor einem Auto, darf der Flüchtige während der Flucht die Straße nicht verlassen. Die Rettung in ein nahe stehendes Haus oder einen anderen sicheren Unterschlupf ist nicht gestattet.

(4) Badezimmer sind in ihrem Gebrauch ausschließlich dem Vollzug von Tötungsdelikten vorbehalten.

§ 18 Rechte und Pflichten von Thriller-Protagonisten

(1) Als emotionale Grundhaltungen einer Person in einem Thriller sind nur »arglos« oder »panisch« zulässig.

(2) Beteiligen sich mehrere Täter gemeinschaftlich an einem Gewaltverbrechen gegen eine einzelne natürliche Person, haben tätliche Angriffe seitens der Täter mittels zeitversetzter einzelner Attacken zu erfolgen. Von dieser Regel darf nur bei Karate- bzw. Kung-Fu-Kämpfen abgewichen werden.

(3) Beim Tathergang der Freiheitsberaubung einer Person hat diese

sich derart zu widersetzen, dass sie in abwehrender Weise mit den Beinen strampelt.

(4) Bereits beim Eintreten einer minderschweren Gefahrensituation haben weibliche Personen einen Nervenzusammenbruch zu erleiden. Männer bewahren selbst bei unmittelbarer und kaum abwendbarer Lebensgefahr die Ruhe. Eine Ausnahme besteht, wenn eine weibliche Person die Rolle der Heldin besetzt.

(5) Weibliche Nebendarsteller verfallen nach einem selbst ausgeführten Tötungsvorgang in Notwehr zum Nachteil eines Monsters in tiefe Reue.

(6) Helden stolpern unbotmäßig häufig über herumliegende Gegenstände.

(7) Nebendarsteller haben bei Bedrohung unverzüglich auf den Steiß zu fallen und sich in kriechender Haltung in rückwärtige Richtung zu bewegen. Aufzustehen und sich der Gefahr in schnellen Schritten zu entziehen ist nicht statthaft.

(8) Die Beziehung eines Ehepaares oder einer eheähnlichen Lebensgemeinschaft befindet sich stets in einer erheblichen Krise. Die Beziehung bessert sich im Verlauf der Handlung und endet durch eine blutverschmierte Umarmung im einvernehmlichen Willen zum Fortbestand der Beziehung.

(9) Trennt sich eine Gruppe, sind die einzelnen Mitglieder angehalten, sich ohne indizierten Vorsatz gegenseitig zu erschrecken.

(10) Ältere Menschen zeichnen sich durch ein unveränderbares körperliches Merkmal aus, wie zum Beispiel: ein weißes Auge, eine gut sichtbare Narbe oder einen Buckel.

§ 19 Rechte und Pflichten
von an (Horror-)Thrillern beteiligten Monstern oder anderweitig unnatürlichen Kreaturen

(1) Der exakte Todeszeitpunkt eines Monsters ist, soweit möglich, zu verschleiern oder zu verschleppen. Im seltenen Falle einer laienhaften

Pulsmessung und der Bestätigung des Todes ist mit einer plötzlichen Auferstehung zu rechnen.

(2) Monster (Vampire, Werwölfe etc.) haben sich über den Einsatz von religiösen Preziosen, Lauchgemüsen bzw. geweihtem Wasser als unwirksamer Waffe gut hör- und sichtbar zu amüsieren.

§ 20 Nachbarschaftshilfe

Nachbarn nehmen einen Tathergang auch dann nicht wahr, wenn Zombies mit erheblicher physischer Gewalt auf eine Wohngegend einwirken.

§ 21 Rechte und Pflichten von Thriller-Kindern

(1) Kinder haben bis zur Vollendung des dreizehnten Lebensjahres stets Kenntnis über die Lösung des zentralen Problems. Diese Lösung ist jedoch von sämtlichen beteiligten Erwachsenen geflissentlich zu übergehen.

(2) Vor Kinderzimmerfenstern befinden sich Bäume, deren Äste am Glas kratzen.

§ 22 Horrorfilm- und Psychothrillergesetze für Zuschauer (HrfuPtrlrGfZ)

(1) Besteht in einer Filmszene eine unmittelbare Lebensgefahr für einen Mitwirkenden, so kann der Zuschauer unter Zuhilfenahme seiner Finger sein Sichtfeld einschränken und damit den Grad der emotionalen Anteilnahme vermindern.

(2) Beim Erscheinen eines Mörders oder Psychopathen ist zu den Erdnüssen zu greifen (siehe Übersprungshandlungsverordnung).

(3) Männliche Beobachter haben sich und andere bei besonders blutigen Szenen durch den Einwand »Ist doch nur Ketchup« zu beruhigen.

(4) Besonders grausame Psychopathen dürfen straflos als »Drecksau« bezeichnet werden. Voraussetzung hierfür ist, dass diese sich nicht unter den Zuschauern befinden.

(5) Wer seine Partnerin während eines Horrorfilms oder Psychothrillers erschreckt, hat mit empfindlichen Strafen zu rechnen (nächtliches Fußbad in lauwarmem Wasser).

(6) Verlässt ein Partner aufgrund einer unerträglich spannenden Szene das Wohnzimmer, so hat der verbleibende Partner diese detailliert nachzuerzählen. Hierfür ist ein Abwarten bis zur Werbepause nicht statthaft.

(7) Ist eine Partnerin geneigt, die Fortführung des unerträglich spannenden Films zu beenden, um ins Bett zu gehen, darf sie das Sofa verlassen und trotz dieses Beschlusses den Film, zwischen TV-Gerät und Tür stehend, bis zu dessen Ende verfolgen.

(8) Nach dem Konsum eines Horrorfilms ist die eigene Wohnung mit anderen Augen wahrzunehmen.

(9) Mutmaßliche Mörder oder Monster hat der Ehemann oder Freund während der Nacht auf Verlangen der Ehefrau oder Freundin mehrmals aufzustöbern und gegebenenfalls aus den Räumlichkeiten zu verjagen.

§ 23 Thrillerkraftfahrzeuggesetze

(1) Der erfolgreichen Bedienung der Zündung eines Fluchtfahrzeuges haben mindestens fünf erfolglose Versuche vorauszugehen.

(2) An jedem Gewässer steht ein Ruder- oder Sportboot startbereit (unabgesperrt und mit vorhandenem Zündschlüssel) zur freien Verfügung.

(3) Es besteht die dramaturgische Verpflichtung, das sichere und verschlossene Kraftfahrzeug zu verlassen, um einer nicht genauer bekannten Gefahrenquelle zu Fuß zu begegnen.

(4) Obwohl alle verbleibenden Insassen an Eides statt erklären, im Auto zu verbleiben, haben sie dieses im Verlauf der Handlung nach und nach zu verlassen.

(5) Erst wenn sich keine Personen mehr in einem Personentransportmittel befinden, darf die Gefahrenquelle selbst darin Platz nehmen.

Die Gefahrenquelle ist verpflichtet, einen Platz auf der Rückbank zu wählen.

§ 24 Horrorfilmimmobilienverordnung

(1) Sämtliche zu betretende Gebäude haben sich in einem höchst baufälligen Zustand zu befinden:

- Durch das Dach des Hauses dringt Wasser ein.
- Fenster sind stets unvergittert oder vollständig offen zu halten.
- Böden und Dielen sind aus Alterungsgründen angegriffen und knarzen und knirschen lautstark.
- Sanitäre Anlagen tropfen und sind stark verschmutzt.

(2) Eine Flucht erfolgt grundsätzlich in weiter oben gelegene Stockwerke.

(3) Personen, die durch optische oder akustische Wahrnehmungen in einen verstärkten Zustand der Angst versetzt werden, dürfen sich diesem nicht durch endgültiges und unwiderrufliches Verlassen eines Gebäudes entziehen. Es gilt zunächst eine Nachforschung nach der Ursache der Wahrnehmung anzustellen.

(4) Gruppen bleiben bei drohender Gefahr zu keinem Zeitpunkt in einem Gebäude zusammen.

(5) Das alleinige Aufsuchen einer Toilette führt stets zum Tode oder zu einem grausigen Fund. In keinem Fall aber zu einer Handlung mit befreiender Wirkung.

(6) Die im Gebäude vorhandene Elektroinstallation hat den geltenden Vorschriften nach VDE 00100 nicht zu entsprechen.

(7) Sämtliche Bibliotheken in einem Gebäude haben einen Notausgang in Buchregalform. Dahinter befindet sich ein unbehauener Steintunnel.

(8) Jede Bibliothek besitzt jahrtausendealte Bücher zum Thema Mystik, in denen die aktuell drängende Gefahr und eine Lösung detailliert beschrieben ist.

(9) Das Blockieren einer Türklinke unter Zuhilfenahme eines han-

delsüblichen Stuhles aus Holz ist geeignet, schwerster Gewalteinwirkung von außen über einen sehr langen Zeitraum standzuhalten.

(10) Türen, Tore und Fenster, deren fehlerfreie Funktion einwandfrei festgestellt werden konnte, haben im Gefahrenfall zu blockieren.

(11) Kellergeschosse sind unzureichend und/oder flackernd beleuchtet.

(12) Sind sämtliche Fenster eines Gebäudes geöffnet, hat durch sie kaum Tageslicht zu dringen.

(13) Hingegen kann eine einzelne entzündete Kerze ein komplettes Gebäude ausreichend erhellen.

(14) An Fenstern sind leichte, gut bewegliche Vorhänge anzubringen.

(15) Scharniere sind von Schmierstoffen frei zu halten.

(16) Handelt es sich bei der Immobilie um eine Höhle, hat diese nach dem Verlassen aller verfolgten Personen unverzüglich einzustürzen.

§ 25 Thrillerfernmeldeverordnung

(1) Mobiltelefone sind in Gefahrensituationen nicht mitzuführen, bleiben ausgeschaltet oder verfügen über einen unzureichenden oder keinen Netzempfang.

(2) Werden Münzfernsprechgeräte oder Festnetztelefone benutzt, sind sämtliche Telefonnummern aus dem Gedächtnis abrufbar.

(3) Funktioniert ein herkömmliches Telefongerät nicht ordnungsgemäß, oder wird ein Gespräch unterbrochen, ist das Telefonnetz durch mehrmaliges Drücken der Gabel zu überprüfen.

(4) Die Zeitspanne eines Telefonates, die notwendig ist, um den Standort eines Entführers zurückverfolgen zu können, legt die Polizei willkürlich fest. Dies geschieht stets durch Worte wie »Wir haben den Dreckskerl« oder »Es war einfach zu kurz«.

§ 26 Thrillerschusswaffenverordnung

(1) Dem Nachladen einer Schusswaffe geht ein Herunterfallen der Munition voraus.

(2) Gibt ein charakterlich einwandfreier Rolleninhaber (Held) einen Schuss ab, können bis zu acht dringend Tatverdächtige den sofortigen Tod erleiden (Winnetou-Unschärfe-Phänomen).

(3) Dies gilt auch, wenn diese sich nicht in Schussrichtung aufhalten.

(4) Die Schusswaffe eines Tatverdächtigen kann ohne Nachladen bis zu 1000 Schuss Munition beinhalten.

(5) Das Nachladen der Waffe erfolgt aus rein dramaturgischen Gründen.

(6) Hat ein Held keine Munition mehr für seine Schusswaffe, kann er diese erfolgreich als Wurfwaffe einsetzen.

Krimigesetze

§ 27 Handlung

(1) In Deutschland ausgestrahlte Krimis haben folgende Handlungsstränge zu beinhalten:
- die Auflösung eines Beziehungsproblems des Kommissars
- die Aufklärung eines Verbrechens

(2) Bei Krimis aus österreichischer Produktion darf zugunsten des Beziehungsproblems auf das Verbrechen verzichtet werden.

(3) Bei Krimis aus der Produktion eines skandinavischen Landes darf zugunsten des Alkoholproblems des Kommissars auf ein Verbrechen verzichtet werden.

(4) Bei Krimis aus deutscher Produktion darf sowohl auf Verbrechen als auch auf die Probleme eines Kommissars sowie auf Handlungsstränge allgemein verzichtet werden.

(5) Krimiserien aus amerikanischer Produktion dürfen fünf Leichen pro Sendung nicht unterschreiten. Die optische Erscheinung der Leichen unterliegt hierbei der Gammelfleischverordnung.

§ 28 Ermittlung

(1) Der Täter darf sich dem Kommissar frühestens dann endgültig erschließen, wenn 97 % der Sendezeit ausgestrahlt wurden.

(2) Gerichtsmediziner finden zentrale, entscheidende Hinweise erst nach mehrmaligen Analysen und zum letztmöglichen Zeitpunkt. Dies verkünden sie fernmündlich mit dem Satz: »Hey, ich hab da noch was ...«

(3) Steht bei einem Krimi nicht unmittelbar der Dienstalltag einer Spurensicherungsabteilung im Zentrum der Handlung, ist die Spurensicherung als inkompetent darzustellen. Sie übersieht wichtige Hinweise auf fahrlässige Art. Sachdienliche Hinweise findet der Kommissar unverzüglich und mühelos bei einer ersten flüchtigen Inaugenscheinnahme eines Tatortes.

(4) Treten andere Polizei- oder Staatsorgane an einem Tatort auf, agieren diese stets dilettantischer als die des Protagonisten.

§ 29 Kommissar

(1) Kommissare weiblichen Geschlechts tragen ein makelloses Makeup. Morgendliches Erwachen, Aufenthalte in Gefangenschaft oder schwere körperliche Ertüchtigung nehmen darauf und auf den Gesamtzustand der Kommissarin keinen Einfluss.

(2) Protagonisten eines Krimis sind grundsätzlich intelligenter, mutiger und von besserer moralischer Gesinnung als ihre Vorgesetzten. Diese hierarchische Ungerechtigkeit bleibt stets ungeklärt.

(3) Kommissare, Hauptkommissare und Oberkommissare sind während ihrer Berufsausübung in Fernsehfilmen von Harndrang und anderen Stoffwechselvorgängen befreit. Der Verzehr von Speisen und Getränken ist trotzdem vollumfänglich durchzuführen.

(4) Bei Kommissaren eingehende fernmündliche Anfragen zur Tatortbesichtigung erfolgen stets nachts oder zumindest nach Dienstschluss.

(5) Der Assistent eines Kommissars hat grundgut, aber denkfaul und

in seiner optischen Erscheinung das Gegenteil des amtierenden Kommissars zu sein.

(6) Die Familie des Kommissars ist durch dessen erschwerte Berufsausübungspflichten zerrüttet. Ein Kommissar ist verpflichtet, sich regelmäßig bei seinen Kindern für seine ungenügende Erfüllung der elterlichen Pflichten zu entschuldigen.

(7) Kommissare haben sich stets durch ambivalente, aber wenig schillernde Persönlichkeitsmerkmale auszuzeichnen.

§ 30 Prokrastinationsgesetz

Anm. der Redaktion: Leider kann das fertig ausgearbeitete Gesetz zur Prokrastination erst in der nächsten Ausgabe des Besseren Gesetzbuches erscheinen.

§ 31 Kinoklauseln

(1) Wer in einem öffentlichen Lichtspielhaus während der Filmvorführung Speisen verzehrt und dabei Kaugeräusche hervorruft, welche außerhalb des Kopfes der verzehrenden Person hörbar sind, wird zur Strafe auf dem klebrigen Colafleck am Boden festgesetzt.

(2) Personen oder Personengruppen, welche eine Körpergröße von 180 Zentimetern überschreiten und/oder eine Bischofsmütze tragen, sind ausschließlich in der hintersten Sitzreihe geduldet.

(3) Die Rückenlehne der natürlichen Person in der Vorderreihe ist unantastbar.

(4) Kommentierende Aus- und Zwischenrufe sind zu unterlassen. Anmerkung: Die »Rocky Horror Picture Show« stellt eine Ausnahme dar und fällt nicht unter Artikel 4.

(5) Das Kino ist nach dem Ende der Vorstellung unverzüglich zu verlassen. Das Ende der Vorstellung wird im Film gekennzeichnet durch das Wort »Ende« oder »The End«. Das Verbleiben auf dem Platz, bis der letzte Komparsenname des Abspanns über die Kinoleinwand gelaufen ist, fällt unter die Sitzordnung (SitO).

Zusatz: Davon ausgenommen sind Filme, deren Abspann eine nachgelagerte Filmsequenz enthält.

Zusatz II: Davon ausgenommen sind Kinobesucher, die den im Abspann genannten »Best Boy« persönlich kennen.

(6) Unabhängig von der Altersfreigabe ist Jugendlichen der Zutritt in Abendvorstellungen verboten (vgl. Sprechende-Amöben-im-Stimmbruch-Klausel).

(7) Vorschaugesetz: Die Vorschau hat den Kinofilm sequenziell repräsentativ abzubilden. Als repräsentativ gilt nicht, die einzigen lustigen oder sehenswerten Szenen des Films in der Vorschau zusammenzuschneiden.

(8) Mit lebenslangem Kinoverbot wird bestraft, wer mehr als 3 Prozent des Popcorns auf dem Fußboden oder in den Ritzen zwischen den Kinosesseln positioniert.

Zusatz: Art. 8 gilt auch bei Cola und allen anderen klebrigen Lebens- oder Genussmitteln.

(9) Es ist untersagt, an Stellen zu lachen, die nicht lustig sind.

(10) Es ist untersagt, seinem Nachbarn besonders spektakuläre Stellen im Film lautstark anzukündigen.

(11) Personen, welche durch ihren Körperumfang geeignet sind, mittels dessen in die Privatsphäre ihrer Sitznachbarn einzudringen, müssen mindestens für drei Kinoplätze bezahlen.

(12) Personen, welche während der Vorführung eines Films die Toilette aufsuchen, sind mit Schimpf und Schande aus dem Vorführsaal zu vertreiben.

Witzerzählgesetze

§ 1 Geltungsbereich und Witzerfüllung

(1) Als erzählter Witz gelten nichtschriftlich vorgetragene kurze Geschichten, über die Dritte (Witznehmer) lachen.

(2) Der Erzähler (Witzgeber) zählt nicht als Dritter.

(3) Die Witzerfüllung im Sinne des Witzerzählgesetzes ist nicht erfolgt, wenn ausschließlich der Witzgeber (auch: -erzähler, -bold) über den dargebrachten Witz lacht.

§ 2 Regelungen zum Aufbau, der Dauer und der Wirkung von Witzen

(1) Hauptbestandteil und Ende eines Witzes ist die Pointe (Klimax); Letzterer geht eine Einleitung voraus. Einzige Ausnahme für das Unterlaufen einer Klimax ist die vorsätzliche Auslassung derselben. Dieser Rechtsgrundsatz basiert auf dem BGH-Urteil vom 13. März 1979 im Streit Fritz Böhm gegen die Bundesrepublik. Das Gericht befand die Witzerfüllung für eingeschränkt gegeben bei: »Was zieht ein Ostfriese an, wenn ihm kalt ist …? Einen Anorak«, nachdem ein Schöffe schmunzeln musste.

(2) Zur Gruppe der Witze zählen ebenfalls die Joki der Kategorie Flachwitze, die geringe, humoristische Bestandteile enthalten und als folkloristisches Witzkulturgut gelten. Sie sind für Kinder ab fünf Jahren freigegeben, deren niedrige neuronale Transferleistungen ein Lachen überhaupt möglich machen. Dies trifft auf alle Witze der Gattung »Hattu Möhrchen« zu sowie auf das Genre »Was macht ein Leprakranker …?«.

(3) Ergibt sich aus der Wirkung eines dargebotenen Witzes kein Gelächter seitens Dritter, so sind seine oder mehrfache Wiederholungen (insbesondere auf Familienfeiern) untersagt.

(4) Dies gilt gleichermaßen, wenn der Witzgeber irrtümlich an-

nimmt, die ausbleibende Erheiterung fuße ausschließlich auf einem akustischen Unverständnis des Witzempfängers.

(5) Ein Witz hat eine Erzähldauer von 2 Minuten nicht zu überschreiten. Längere Joki bedürfen von vornherein der mündlichen Einverständniserklärung der Zuhörer. Eine Mindestwitz-Erzählzeit besteht in keinem Fall, hier greift die Kurzwitzwürzfaustregel.

§ 3 Regelungen zur Anbahnung von Witzen

(1) Witze mit anzüglichem Inhalt bedürfen einer vorherigen Sondierung der Zuhörerschaft.

(2) Bahnt sich während des Erzählens eines Witzes durch den Einruf »Den kenn ich!« dessen Scheitern an, ist der Witz zu stoppen.

(3) Es ist nicht zulässig, den Einwurf zu ignorieren und den Witz wider besseres Wissen in der Folge schneller zu erzählen.

(4) Ein Witzempfänger kann sich unter besonderen Umständen einem Witz entziehen. Umstände im Sinne von Umständen sind:

- Der Erzähler ist männlich, jenseits des vollendeten 60. Lebensjahres, und die Einleitung des Witzes enthält Ausdrücke der Vulgärsprache.
- Der Erzähler ist verwandt oder verschwägert und befindet sich durch Alkoholkonsum in einer multisensorischen Hochphase.
- Der Erzähler befindet sich auf einer Beerdigung.
- Es findet zeitgleich eine Fußballübertragung statt. In diesem Falle kann der Erzähler mit jedem zur Verfügung stehenden Mittel vom Witz abgewendet werden (siehe Notwitzwehr).

§ 4 Minderheitenwitze

(1) Ziel des Minderheitenwitzgesetzes ist der Schutz von Randgruppen vor Diskriminierung.

(2) Wer eine Minderheit aufgrund ihrer religiösen, sexuellen und/ oder ethnischen Zugehörigkeit von einem Witz ausschließt, macht sich der Diskriminierung schuldig.

(3) Das Minderheitenwitzgesetz gilt im privaten ebenso wie im professionellen Witzbereich. Ein berufsmäßiger Witzerzähler (Komödiant) ist dazu verpflichtet, in seinem Programm bereitzuhalten:

- Einen Witz über gleichgeschlechtliche Lebensgemeinschaften
- Einen Behindertenwitz, wobei die Art der Behinderung freigestellt ist
- Einen ehrverletzenden Witz über eine Religion freier Wahl
- Einen Negerwitz.

(4) Minderheiten können in einem Witz zusammengefasst werden, der Gesetzgeber erlaubt Kombinationen ausdrücklich, anerkannt etwa sind die folgenden Verknüpfungen:

- Eine gehbehinderte Lesbe
- Ein Muselmane mit Down-Syndrom
- Ein homophober Kleinwüchsiger
- Ein heterosexueller Papst

§ 5 Regelung über den Grad der Lustigkeit von Clowns

Clowns sind nicht lustig.

Beifall- und Klatschpflichtgesetze (BuKPfG)

§ 1 Geltungsbereich

Beifall oder Applaus bezeichnet das Aneinanderschlagen von Handinnenflächen sowie aller anderen Körperteile oder habhaft gewordener Objekte zur Erzeugung einer Klanggeste zum Zwecke der Konsenserklärung, Unterstützung und/oder des Ausdrucks einer positiven Emotion.

§ 2 Körperliche Voraussetzungen

(1) Applauswillige Personen, die aufgrund temporärer oder anhaltender körperlicher Einschränkungen nicht über ihre eigenen Handflächen verfügen können – etwa, weil sie eine andere Person zwecks besserer Bühnensicht auf der Schulter tragen –, sind laut Urteil des Europäischen Gerichtshofes in Luxemburg vom 23. 05. 2003 vom Klatschen ausgeschlossen.

Zusatz: Die Beifallsbekundung darf auch nicht mittels Fußtrampeln kompensiert werden.

(2) Applauswillige Personen, die aufgrund temporärer oder anhaltender körperlicher Einschränkungen über nur eine einzige Handinnenfläche verfügen, sonst aber nicht weiter eingeschränkt sind, sind dazu angehalten, mit dem eigenen Körper Klatschgeräusche zu erzeugen oder einen geeigneten Dritten zu finden, der eine Handfläche oder Fläche zum Klatschen überlässt. Ein beidseitiges Einverständnis muss zwingend vorliegen.

(3) Applauswillige Menschen, die aufgrund ihrer Amusikalität nicht in der Lage sind, dem von der Musikgruppe vorgegebenen Takt zu folgen, dürfen das Klatschen simulieren – wobei es zu keinerlei akustisch relevanten Lautergebnissen kommt (Volksmusik-Klausel).

§ 3 Applaus-Verortung

(1) Jede Form des Beifalls ist an folgenden Orten untersagt:

- öffentliche Herrentoiletten
- Warte- und Behandlungszimmer bei Ärzten sowie im Operationssaal
- Bibliotheken
- Finanzämter

(2) Bei Schlager-, Volks- und/oder Bierzeltmusik darf Beifall erst dann bekundet werden, wenn der Applauswillige eine Mindestblutalkoholmenge von 1,2 Promille nachweisen kann.

§ 4 Sonderregelungen zum Klatschen in Flugzeugen (Beifall-Flug-Gesetz)

(1) Applause in Passagierflugzeugen sind zulässig, sofern sie:

- ein Ausdruck des Dankes und Respekts an den Flugzeugkapitän sind, der aufgrund einer ordnungsgemäßen Landung das Weiterleben ermöglicht hat
- ein Ausdruck der Freude über die Tatsache sind, noch einmal davongekommen zu sein.

(2) Applause, die konvulsivische Ausbrüche der Vorfreude auf einen Urlaubsaufenthalt darstellen und zu einem nicht unerheblichen Teil auf den Verzehr alkoholhaltiger Getränke vor und während des Fluges zurückzuführen sind, werden mit einer Freiheitsstrafe oder zehn Bockfotzen bestraft.

(3) Eine dem Applaus in Flugzeugen nachgeahmte Beifallsbezeugung kann bei großem emotionalem Aufruhr auch bei pünktlich erscheinenden Zügen der Deutschen Bahn dargebracht werden.

Foto- und Diaprojektionsabendordnung (FaO)

§ 1 Geltungsbereich

(1) Im Zentrum des absoluten Interesses eines Fotoabends stehen Urlaubsfotos.

(2) Nicht im Zentrum des Interesses eines Fotoabends steht, mit welcher Kamera, welchem Objektiv, welchem Zoom, welcher Linse, welchem Stativ, welchem Blitz, welchem Film, wie vielen Megapixeln oder welcher Belichtungszeit die Bilder aufgenommen wurden.

§ 2 Regelungen zur Durchführung eines Fotoabends

(1) Wird ein Fotoabend von zwei oder mehreren Personen einer häuslichen Lebensgemeinschaft veranstaltet, haben die durchführenden

Personen einhellig darin übereinzukommen, wer als vortragende Person geeignet ist, die gezeigten Fotos mündlich zu kommentieren. Erst nachdem der Vortragende seine Ausführungen zu einem Foto vollumfänglich abgeschlossen hat, dürfen die verbliebenen Personen der häuslichen Lebensgemeinschaft eigene Ausführungen einbringen. Nacheinander.

(2) Es ist nicht gestattet, die Regelung in Artikel 1 während des Fotoabends neu zu verhandeln.

(3) Es ist nicht gestattet, vor, während oder nach Ende des Fotovortrags landestypische Speisen und/oder Getränke des bereisten Urlaubslandes zum Verzehr zur Verfügung zu stellen. Dies gilt insbesondere, wenn das bereiste Land für scharfe Würzmischungen bekannt ist.

§ 3 Regelung über die Fotoinhalte

Aufnahmen von baulichen Sehenswürdigkeiten wie Schlössern, Burgen, Ruinen, Palästen, Residenzen, Kathedralen, Dolmen, Hinkelsteinen, Pyramiden oder anderen aufgeschichteten Steinformationen dürfen bei dem Fotoabend nur dann gezeigt werden, wenn die Fotos einen zusätzlichen Unterhaltungsfaktor gemäß Anlage BILD 5 besitzen.

Anlage BILD 5
Zusätzliche Unterhaltungsfaktoren gemäß FaO

- skurril anmutende oder sich paarende Tiere
- skurril anmutende oder sich paarende Passanten
- schlechtgelaunte Familienmitglieder
- gutgelaunte Familienmitglieder
- Kinder, die ein Speiseeis oder ein anderes Genussmittel im Gesicht verteilt haben
- auf die Linse gedrückte Daumen- und Fingerformationen
- entblößte primäre und/oder sekundäre Geschlechtsmerkmale von Dritten

- Ernst August von Hannover oder andere Prominente bei der Notdurft
- der herannahende Regenschirm von Ernst August von Hannover

Anordnungen zur Förderung psychischer Ambivalenz (AzFpsychA)

§ 1 Geltungsbereich

Die Anordnungen zur Förderung psychischer Ambivalenz gelten für sämtliche Verfahren, welche geeignet sind, die psychische und/oder nervliche Leistungsfähigkeit der Allgemeinheit zu fördern und zu fordern.

§ 2 Anordnungen gemäß AzFpsychA für das Büro

(1) Irrelevantes Material in willkürlich ausgewählten wissenschaftlichen Artikeln wird optisch hervorgehoben und dem Vorgesetzten unaufgefordert gesendet.

(2) Anliegen und Bitten um Gefälligkeiten von Dritten werden in jedem Fall mit der Nachfrage, ob die betreffende Person Ketchup dazu wünsche, beantwortet.

(3) Über die Äußerungen der Arbeitskollegen ist Buch zu führen, auf Anfrage ist ein psychologisches Profil des Fragestellers zu liefern.

(4) In Dienststellen und Amtszimmern mit mehr als einem Mitarbeiter sind die Kollegen zum Stuhltanz aufzufordern.

(5) Es ist eine ebenso unbegründete wie irrationale Phobie vor Heftklammern und Heftklammern zu entwickeln und öffentlich zu pflegen.

(6) In einer Dienststelle sind alle Angestellten mittels interner Mit-

teilungen über die momentane Tätigkeit und/oder den Aufenthaltsort zu informieren: »Wenn mich jemand braucht, ich bin auf der
Toilette.«

(7) In Büros mit mehr als einem Mitarbeiter besteht in Momenten
der Stille die Verpflichtung, mit einem Schreibgerät die Melodie von
»Like a Virgin« oder eines anderen Evergreens auf den Tisch zu klopfen. Vor Beendigung ist der Versuch mit einem »Nein, warte, ich hab
es versaut« abzubrechen und zu wiederholen.

§ 3 Anordnungen gemäß AzFpsychA für die Schule

(1) Die Unterseiten von hebelartigen Türklinken sind mit Senf oder
Zahnpasta zu bestreichen.

(2) Zur Kontaktaufnahme mit alten Schulkameraden und Freunden
sind Fahndungsplakate zu verwenden.

§ 4 Anordnungen gemäß AzFpsychA für den öffentlichen Raum

(1) Einem weiblichen Gegenüber in öffentlichen Verkehrsmitteln ist
regelmäßig der Lippenstift nachzuziehen.

(2) Anwohner öffentlicher Straßen sind dazu angehalten, mittels
eines Föhns auf vorbeifahrende Kraftfahrzeuge zu zielen, um diesen
die Existenz der Straßenverkehrsordnung (StVO) ins Gedächtnis zu
rufen.

(3) Die Scheibenwischer von Kraftfahrzeugen sind mit der Begrün-
dung, die Motorleistung erhöhen zu wollen, in allen möglichen Wet-
terlagen eingeschaltet zu lassen.

(4) Bei Einkäufen ist eine Geschenkverpackung für das gekaufte Toilettenpapier zu verlangen, um den verdichteten Verdacht zu zerstreu-
en, das Toilettenpapier sei für den Einkäufer bestimmt.

(5) Fahrräder vor Universitäten, Schulen und Bahnhöfen sind mit
Kabelbindern zu verbinden.

(6) Distanzen, die zu Fuß überwunden werden, sind hüpfend zurückzulegen.

§ 5 Anordnungen gemäß AzFpsychA für Bankgeschäfte

Die dafür vorgesehene Zeile des Verwendungszwecks von Überweisungsformularen ist stets mit einem individuellen Hinweis auszufüllen. Darunter fallen die Hinweise:

- Für sexuelle Gefälligkeiten
- Schutzgeldzahlung Juli
- Das THC war nicht o. k., trotzdem Danke
- Einkünfte 0190-Dialer
- Alimente für Kevin-Justin
- Anmeldung zur Swingerparty Bielefeld
- www.youporn.com sagt danke!
- Letzte Rate Job JFK
- Danke, dass ich Ihr Klo benutzen durfte

§ 6 Anordnungen gemäß AzFpsychA für den Umgang mit Mitmenschen

(1) Unter jeder Kleidung ist ein Superheldenkostüm zu tragen.

(2) Die einzig zulässige Antwort auf jegliche Äußerung von Mitmenschen lautet: »Das ist das, was du glaubst!«

(3) Zwischen zwei und drei Uhr morgens sind Erkundigungen bei den Nachbarn einzuholen, ob diese eventuell Salz oder Mehl benötigen.

(4) Jeder gesprochene Satz soll mit dem Suffix enden: »… in Übereinstimmung mit der Prophezeiung!«

(5) Alte Brotreste werden am Ententeich an ältere Damen verfüttert.

(6) Jedwede Konversation wird durch ein flächiges Auflegen beider Handflächen auf die Ohrmuscheln beendet.

(7) In Anwesenheit Dritter sind folgende Sätze in unregelmäßigen Abständen laut zu wiederholen:

- »Hörst du das?«
- »Was?«
- »Ach, vergiss es, schon vorbei!«

(8) Wer zur Reinigung seiner Wäsche einen Waschsalon aufsucht, hat diejenige Wäsche mit nach Hause zu nehmen, die am ehesten fertig wird.

§ 7 Anordnungen gemäß AzFpsychA für Restaurants

(1) Wer in einem Restaurant eines Ketchup- oder Senftütchens ansichtig und habhaft wird, hat dieses umgehend zu Boden zu werfen und zu zertreten.

(2) In Restaurants und Gaststätten ist die Aufnahme von Lebensmitteln auf die Bonbons aus der Bonbonschale neben der Kasse zu beschränken.

§ 8 Regelungen gemäß AzFpsychA für kulturelle Veranstaltungen

(1) Bei Besuchen von Dichterlesungen ist anschließend in Erfahrung zu bringen, aus welchem Grund sich die Gedichte nicht reimen.

(2) Die Dramatik von Aufführungen in der Oper ist durch eigene musikalische Beiträge zu unterstützen.

§ 9 Regelungen gemäß AzFpsychA für den Umgang mit Freunden

(1) Einladungen zu Veranstaltungen sind drei Tage vorher mit dem Verweis auf Kopfschmerzen abzusagen.

(2) Werden Gegenstände vorübergehend zur Anleihe vergeben, so sind die Begünstigten täglich telefonisch darüber zu informieren, dass sie im Falle eines Defekts für das Leihgut vollumfänglich haftbar sind.

(3) Der Aufforderung von Freunden oder Arbeitgebern, man solle sich wie zu Hause fühlen, ist mit dem unverzüglichen Anlegen eines Bademantels und einer neuen Anordnung der Möbel nachzukommen.

(4) Dieses Buch ist an jedwede dem Leser bekannte Person auf fremde Kosten zu schicken.

Strandgesetze

§ 1 Allgemeine Regelungen

(1) Männliche, jugendliche Badegäste, die das 17. Lebensjahr noch nicht vollendet haben, sind verpflichtet, ihre Stimmbänder und Hormone beim zuständigen Bademeister treuhändisch abzugeben.

(2) Angehörige und Freunde, die bis zum Hals im Sand eingegraben werden, haben bei Verlassen des Strandes unbedingt wieder mitgenommen zu werden.

(3) Männer mit großen, runden Bierbäuchen, die breitbeinig und mit den Händen in die Hüften gestemmt in der Brandung stehen, dürfen von Kleinkindern als Schattenspender genutzt werden.

(4) Englischen Staatsangehörigen ist der Besuch des Strandes grundsätzlich untersagt. Dieses Gesetz fußt auf der sogenannten Englischen Formel:

$$\frac{Sonnenbrand/m(2) \ ?}{[Insel\text{-}Physionomie + Alkoholunverträglichkeit]} = \ ?$$

Siehe dazu auch den Paragraphen Saunaverordnung.

(5) Burgen aus Sand stehen nicht unter Denkmalschutz. Backwaren aus Sand sind auf dem Kopf eines Erziehungsberechtigten zu servieren.

§ 2 Regelung für das Wasserlassen

Ein leerer Blick in die Ferne in Kombination mit einem Stehen im hüfthohen Wasser weist auf Urinieren hin. Wird dies beobachtet, so sind Mitbadende lautstark darauf aufmerksam zu machen.

§ 3 Regelungen für Bekleidung und Ausrüstung

(1) Bei hoher Brandung hat derjenige Badende gewonnen, der den meisten Sand in der Badehose sammelt.

(2) Wer sich barfüßig über heißen Sand bewegt, hat die Empfindung der Temperatur desselben in Mimik und Gestik auszudrücken.

(3) Taucher- sowie Schwimmbrillen sind ausschließlich zur Beobachtung von Unterwasserflora und -fauna zu verwenden. Das Liegen im Wasser mit Taucherbrille in Richtung frisch verliebter Pärchen kann bereits als Verstoß gegen die sittliche Verfassung geahndet werden.

(4) Ausgenommen hiervon sind Beobachtungen, die sich auf das Urinieren in allgemein zugängliche Gewässer beziehen und die nach dem Auftauchen öffentlichkeitswirksam zu beklagen sind.

§ 4 Regelung für Tiere am Strand

Mitgebrachte Haie sind anzuleinen.

§ 5 Regelung für die Strandlektüre

Als Strandlektüre sind ausschließlich Werke der Autoren Kuhn, Reinwarth und Fröhlich zugelassen.

§ 6 Eincremen-Regeln

(1) Eingecremt werden grundsätzlich nur Personen, die zum gleichen Handtuch- oder Liegestuhlverband gehören (siehe auch § 1 niveauloses Flirten).

(2) Es ist darauf zu achten, dass nur Körperpartien eingecremt werden, die unbekleidet sind.

(3) Vor dem Eincremen des Partners sind die eingecremten Hände in

den Sand zu stecken, um ein zusätzliches kostenloses Peeling zu gewährleisten.

(4) Überschüssige Sonnencreme an den Händen kann ohne Erlaubnis auf der nächstgelegenen natürlichen Person verteilt werden.

(5) Wer mit einer Sonnencreme Wörter wie »doof« auf den Rücken des Familienoberhauptes schreibt, sorgt für Abwechslung im Strandalltag und wird nicht bestraft.

Restaurantgesetze

§ 1 Gastronomische Nomenklausel

Wer ein Restaurant oder ein Bistro eröffnet oder ein eröffnetes Restaurant oder Bistro pachtvertraglich übernimmt, ist dazu verpflichtet, geringstenfalls einen Deppenapostroph in die Namensgebung einfließen zu lassen (vgl. »Inge's Würst'l Stand«-Regel).

§ 2 Rechte und Pflichten von Gästen

(1) Ein Rechtsgeschäft, das gegen die guten Sitten verstößt, ist nichtig. Mineralwasser, Sprudelwasser, Tafelwasser, Sauerbrunnen, Sodawasser und Selterswasser darf einen Preis von zwei Euro pro hundert Milliliter nicht überschreiten. Das vom Wirt zu viel veranschlagte Entgelt darf vom Gast einbehalten werden.

(2) Keine Ausnahmeregelung besteht bei Wasser, welches aus einem japanischen Gebirge, einem norwegischen Gletscher, einer tasmanischen Regenwolke gewonnen wird oder in aufwendig designten Flaschen verabreicht wird.

(3) Wer als Gast bei einer Bestellung die Vor- und Hauptspeisen durch ein sorgfältiges Neu-Kombinieren aller Beilagen, Saucen und Zutaten selbiger zu vollumfänglich neuen Gerichten zusammenstellt, der wird mit einem Trinkgeld von nicht unter 25 Prozent bestraft.

(4) Wer bei einem Restaurantbesuch ein betriebsbereites Mobiltelefon auf dem Tisch verortet, das mehrfach klingelt, dessen Volumenregelung auf ein Maximum eingestellt ist, und/oder Mobilfunk-Gespräche in einer unangemessenen Lautstärke führt (derart, dass die anwesenden Gäste sowie das Personal [inkl. Küchenpersonal] wenigstens in Grundzügen über den Inhalt des Anrufs und die Beziehung des Angerufenen zum Anrufer in Kenntnis gesetzt werden), der darf von anderen Gästen oder vom Personal Aperol-Sprizz oder andere klebrige Flüssigkeiten ins Gesicht geschüttet bekommen.

(5) Das Verpacken nicht beendeter Speisen zu dem Zweck, diese zu einem späteren Zeitpunkt zu Hause zu verzehren, schließt die Menge an nicht benutztem Toilettenpapier und Handseife ein, die der Gast während seines Aufenthalts nicht verbraucht hat.

(6) Das Servicepersonal eines gastronomischen Betriebes, in welchem italienische Getränke und/oder Speisen verkauft werden, hat das Recht, einen Gast des Lokals zu verweisen, falls dieser durch schulmeisterliche Bestellungen in italienischer Sprache die Aufmerksamkeit des Personals und anderer Gäste auf sich ziehen möchte (vgl. Espressi-per-favore-Urteil von München).

(7) Wird ein »Gruß aus der Küche« unentgeltlich dargereicht, darf erwartet werden, dass nicht nur die Küche, sondern auch die Bar, die Buchhaltung und die Garderobe eines gehobenen Restaurants grüßt. Seitens der Toilettenfrau kann von Grüßen abgesehen werden.

§ 3 Kneipenregeln

(1) Folgende Synonyme für Bier sind beim Bestellungsvorgang untersagt:

- »Gersten- und Hopfenkaltschale«
- »Hopfentee«
- »Blondwasser«
- »Kühles Blondes«

(2) Auf Tischen befindliche Kerzen sind nicht als Spielzeug zu gebrauchen, sondern ihrem intendierten Zweck als Beleuchtungsunterstützung zu überlassen.

(3) Es ist zulässig, der Barfrau gegenüber unzüchtige Gedanken zu entwickeln.

(4) Als Kontaktanbahnung mit der Barfrau ist eine Getränkebestellung zulässig.

(5) Umso mehr Getränkebestellungen der Barfrau angetragen und von dieser vollumfänglich erfüllt wurden, umso intensiver ist der Grad der hervorgebrachten unzüchtigen Emotionen. Gleichzeitig sinkt die Chance auf Beiwohnung mit der Barfrau des bestellenden und anhimmelnden Gastes direkt proportional mit seinem Alkoholisierungsgrad.

(6) Es ist den Gästen gestattet, den Barmann für sämtliche persönlichen Angelegenheiten ins Vertrauen zu ziehen.

(7) Vor Kneipentüren befindliche gemeinschaftliche Gruppen, die sich dort zum Zwecke des Konsums von nikotinhaltigen Rauchwaren versammeln, sind auf die Sinnlosigkeit ihrer Sucht hinzuweisen.

(8) Der lautmalerische oder wortspielerische Bezug einer Barbenennung mit der Stadt Barcelona wird mit dem Entzug der Schanklizenz geahndet.

Chinesische Restaurant-Klauseln

§ 4 Inneneinrichtung

(1) Die Inneneinrichtung eines chinesischen Restaurants ist in den Farben Rot und Gold zu halten.

(2) An allen Lampen sind Troddeln anzubringen. Im Eingangsbereich hat sich ein Aquarium mit Goldfischen in beliebiger Zahl zu befinden.

(3) Die Vorschriften zur Inneneinrichtung sind unanfechtbar. Abwandlungen, wie etwa das Anbringen von Troddeln an Goldfischen, sind nicht gestattet.

§ 5 Speisekarte

(1) Die Speisekarte ist mit Nummern zu versehen.

(2) In der Speisekarte dürfen nicht weniger als 127 Gerichte aufgeführt sein.

(3) Die Zutaten müssen von Gericht zu Gericht mindestens um den Faktor 1 variieren, auch wenn keine Geschmacksunterschiede festgestellt werden können.

§ 6 Regelung über verwendete Nahrungs- und Gewürzmittel

(1) Es gibt nur ein Glutamat. Du sollst kein anderes Gewürz haben neben ihm.

(2) Die zu verarbeitenden Lebensmitteln sind nach der deutschen Lebensmittelverordnung geregelt. Hunde, Affen, Katzen oder sonstige Lebewesen, die in der Verordnung nicht erwähnt sind, dürfen keinen Eingang in das Speiseangebot finden.

Zusatz: Auch dann nicht, wenn diese gebacken süß-sauer serviert werden und der Gast keine geschmacklichen Auffälligkeiten bemerkt.

Zusatz II: Zu den sonstigen Lebewesen zählen auch Nagetiere und Insekten.

Zusatz III: Art. 2 gilt auch für das Gericht »Überraschung für die ganze Familie«, da der Gast davon ausgehen darf, dass es sich bei der Überraschung um eine positive handelt.

(3) Mitgebrachte Hunde sind anzuleinen.

(4) Gerichte, welche »Sieben Köstlichkeiten« versprechen, müssen diese auch enthalten und in etwa den jeweiligen Vorstellungen eines Landes von Köstlichkeiten entsprechen. Andernfalls sind die Gerichte »Sieben Zutaten«, »Sieben bodenlose Unverschämtheiten« oder »Ein bis zwei Köstlichkeiten« zu nennen.

§ 7 Rechte und Pflichten des Servicepersonals

(1) Im Angestelltenverhältnis beschäftigt werden können Chinesen, Japaner, Koreaner, Philippiner, Thais, Vietnamesen, Mongolen und aus Ostrussland stammende Personen, ohne an chinesischer Authentizität einzubüßen. Dem deutschen Staatsbürger ist eine Differenzierung besagter Ethnien ohnehin nicht möglich.

(2) Besitzer chinesischer Restaurants haben bei der illegalen Migration von Personen aus besagten Ländern darauf zu achten, dass das Verhältnis Gast/Servicepersonal im Gastraum nicht die Grenze von 1 zu 4 überschreitet.

(3) Servicepersonal, das mit der chinesischen Schriftsprache vertraut ist, hat beim Anblick westlicher Gäste, in deren Haut Tätowierungen eingebracht wurden, die aus chinesischen Zeichen bestehen, Contenance zu bewahren. Dies gilt für den Fall, dass dem Gast die Bedeutung des Zeichens offensichtlich nicht bewusst ist.

(4) Lockere Reisgerichte und Suppen mit Einlage sind vom Servicepersonal stets mit Stäbchen anzubieten.

Italienische Restaurant-Klauseln

§ 8 Geltungsbereich

(1) Als italienische Restaurants im Sinne von italienischen Restaurants gelten Pizzerias, Cantinas, Cafés, Ristoranti, Trattorien und Osterias.

(2) Lieferservices, Bars und Enotheken gelten nicht als italienische Restaurants.

§ 9 Einrichtung

Italienische Restaurants müssen eine Pfeffermühle besitzen, die den kleinsten Kellner um mindestens dreißig Zentimeter überragt.

§ 10 Regelungen zum Pfeffern von Speisen

(1) Kellner sowie Pfeffermühle haben sich nach Ausgabe des Essens hinter dem Gast aufzustellen und diesem über die Schulter auf den Teller zu würzen. Mit dessen Einverständnis oder ohne.

(2) Der Kellner ist verpflichtet, nach dem Würzvorgang mit der flachen Hand zweimal auf das Ende der Mühle zu schlagen, um etwaige Pfefferreste abzuschütteln.

§ 11 Regelungen zur Kommunikation mit den Gästen

(1) Weibliche Gäste haben das Recht, mit »Bella« angesprochen zu werden, ungeachtet ihrer tatsächlichen physiognomischen Beschaffenheit.

(2) Männliche Gäste haben das Recht, mit »Dottore« oder »Maestro« angesprochen zu werden, ungeachtet ihres tatsächlichen Intelligenzquotienten und/oder akademischen Abschlusses.

(3) Besitzer italienischer Restaurants sind dazu verpflichtet, einige Floskeln auf Italienisch mit denjenigen Lehrer-Ehepaaren zu wechseln, die darauf beharren. (»Zwei Grappi per favore!«)

§ 12 Rechte und Pflichten des Servicepersonals

(1) Die Belegschaft hat auf gegeltes Haupthaar zu achten.

(2) Ist aufgrund schütteren Haupthaares das Gelen der Haare weitgehend unmöglich, so ist das schüttere Haupthaar zu einem dünnen Pferdeschwanz zu binden.

(3) Die Belegschaft hat sich ungeachtet der Tatsache, dass immer mehr deutsche Gäste der italienischen Sprache mächtig sind, an der Essensausgabe lauthals über eben diese Gäste lustig zu machen.

(4) Die Bestellung einer »Pizza Speciale« berechtigt nicht zwangsläufig zur Beigabe von Substanzen, die unter das Betäubungsmittelgesetz fallen.

Szene-Restaurant-Klauseln

§ 13 Einrichtung

(1) Die Gestaltung der Räumlichkeiten in Form, Farbe und Mobiliar ist von einem zeitgenössischen Nachwuchs-Installationskünstler unter Zuhilfenahme von starken Betäubungsmitteln vorzunehmen.

(2) Die Beleuchtung der Räumlichkeiten ist auf eine der beiden Optionen »zu hell« oder »zu dunkel« einzustellen.

(3) Es ist nicht weniger als eine Wand mittels LED-Leuchten als farbige Lichtwand in den Farben Pink, Türkis-Blau oder Cremeweiß zu gestalten.

Zusatz I: Als LED-Lichtwand ist auch eine Trennwand zulässig.

Zusatz II: Als LED-Lichtwand sind auch in den vorgeschriebenen Farben ausgeleuchtete Plastikwürfel zulässig.

Zusatz III: Oder riesige Plastik-Blumentöpfe ohne Blumen.

(4) Die Auswahl der Sitzgelegenheiten hat ausschließlich nach optischen Gesichtspunkten stattzufinden. Es ist nicht zulässig, unbequeme Sitzgelegenheiten mit einem Kissen bequemer zu gestalten, falls das Stilkonzept des Innenarchitekten keine Kissen vorgesehen hat.

§ 14 Sanitäreinrichtungen

(1) Toilettentüren sind so zu beschriften, dass es dem Gast nicht möglich ist zu bestimmen, ob diese für Frauen, Männer oder Vögel bestimmt sind.

(2) Die Form der Waschbecken hat rein nach innenarchitektonischen Erwägungen gestaltet zu sein, auch wenn der Benutzer nach dem Händewaschen bis zum Knie klatschnass in den Gastraum zurückkehrt.

(3) Die Funktionsweise der wasserspendenden Armaturen ist zu verschleiern.

§ 15 Speisenangebot

(1) Das übergreifende Konzept der angebotenen Speisen hat ausnahmslos eine Asiatisch-mediterrane-Fusion-Küche zu sein.

(2) Besteht ein Gericht aus mehr als einem Teilstück, so sind die einzelnen Bestandteile durchweg zu einem Türmchen aufzuschichten.

(3) Auf den dargebrachten Speisen ist ein Netz aus Kräutern, bunten Streifen und Dekorations-Grün anzulegen.

(4) Es ist nicht statthaft, mit Soßen zu kochen. Für Gerichte dürfen ausschließlich die in Anlage COOL 1 genannten Texturen verwendet werden.

Anlage COOL 1
- Essenz
- Jus
- Demi-glace
- Parfait
- Espuma
- Emulsion
- Relish
- Crème
- Mole
- Taub enne sh'iz

(5) Beilagen sind mit den Prädikaten »an«, »auf« oder »zu« plus einer Verniedlichungsform, wie zum Beispiel: »Böhnchen«, »Kartöffelchen«, »Kürbischen«, zu versehen.

§ 16 Geschirr

(1) Teller dürfen einen Durchmesser von neunzig Zentimetern nicht unterschreiten.

(2) Entrees, Grüße aus der Küche, Horsd'œuvres und Amuse-Gueules sind auf weißen, abgeflachten Porzellan-Löffeln anzurichten.

§ 17 Servicepersonal

(1) Hat sich die Leitung eines Szene-Restaurants zwischen einer fähigen, freundlichen sowie schnellen Servicekraft und einer minderbemittelten, unfreundlichen Person mit besonders hohen ästhetischen Werten und großen sekundären Geschlechtsorganen zu entscheiden, ist in jedem Fall der Person mit besonders hohen ästhetischen Werten und großen sekundären Geschlechtsorganen Vorrang zu gewähren.

(2) Dem Gast ist während der gesamten Dauer seines Aufenthalts im Restaurant durch das Servicepersonal und den Restaurantleiter sein minderwertiger Status zu demonstrieren.

(3) Das Blickfeld einer Servicekraft im Szene-Restaurant endet in seiner unteren Begrenzung dort, wo die erhobene Hand eines Gastes hinreichen würde. Nach oben gibt es keine Begrenzung.

(4) Unabhängig von der Höhe des Trinkgeldes hat der Blick der Servicekraft zu unterstellen, der Gast hätte offensichtlich keine ausreichenden finanziellen Mittel für ein angemessenes Trinkgeld übrig.

(5) Weibliche Servicekräfte haben männlichen Gästen zu signalisieren, dass sie keine unzüchtigen Interessen mit ihnen verfolgen, aber gleichzeitig zu verdeutlichen, dass sie tausendmal attraktiver sind als deren weibliche Begleitung.

Küchenchefverordnung

§ 18 Geltungsbereich

(1) Koch ist, wer in der Lage ist, Nahrungsmittel in einen wohlschmeckenden vordefinierten Zustand zu überführen.

(2) Ist der vom Koch kreierte geschmackliche Zustand der Nahrungsmittel nur unter großem Abscheu verzehrbar oder treten nach dem Verzehr der vom Koch in einen anderen geschmacklichen Zustand überführten Nahrungsmittel beim Verzehrenden regelmäßig gesund-

heitliche Beeinträchtigungen auf, so ist dem Koch der Status als Koch abzuerkennen und dieser in Zukunft vom Herd fernzuhalten.

(3) §1 Artikel 2 gilt nicht bei Allergien des Verzehrenden.

§ 19 Arbeitskleidung

(1) Unter der Kochkleidung ist ein lustiges oder politisches T-Shirt mit einer Aussage zu tragen.

(2) Köche haben ihre Kreativität mittels ihrer Barttracht zu verdeutlichen.

(3) Ist eine Brille vorhanden, so ist Farbigkeit und Form des Brillengestells der Dekoration der Speisen in Szene-Lokalen anzugleichen.

§ 20 Beförderung

Ungelernte Köche sind mit größtmöglicher Verachtung zu behandeln. Die dreijährige Ausbildung zum Koch ist durch keinerlei autodidaktische Maßnahmen zu ersetzen.

Zusatz: Ausgenommen von dieser Regelung sind alle erfolgreichen ausländischen Köche. Diese sind auch ohne Abschluss zu verehren und zu bewundern.

Flughafen-Restaurant-Klauseln

§ 21 Preisgestaltung

(1) Die Preisgestaltung für sämtliche Speisen und Getränke an einem Start- und Landeplatz mit gastronomischer Infrastruktur ist an der Flughafen-Formel orientiert.

(2) Wesentliche Bestandteile der Flughafen-Formel sind der Einkaufspreis des Produktes E, der Fehlbetrag für den neuen Wintergarten des Gastronomen F, die Eile, mit der der Passagier einkaufen muss, um seinen Flug rechtzeitig zu erwischen P und der Endpreis X.

$$X = (E \times 50)P + F^2$$

§ 22 Kaffee

Getränke aus gerösteten Kaffeebohnen sind ungeachtet des überhöhten Preises auf dem niedrigstmöglichen Qualitätsniveau zu halten.

§ 23 Nomensklausel

Gastronomische Betriebe, die sich auf einem Flughafengelände befinden, haben in ihrem Namen auf diesen Umstand hinzuweisen. Namen, die nicht mehr vergeben werden dürfen, sind unter Anlage FLUG 2 aufgeführt.

Anlage FLUG 2
Indisponible Nomen gemäß Nomensklausel:
- Check Inn
- Gatestube
- Cockpitzzeria
- Follow me
- Steward Essen
- Zum Roten Baron

Gesetze und Regelungen für den Umgang mit Gästen

§ 1 Geltungsbereich

(1) Begriffsdefinition. Gäste sind natürliche Personen, die aufgrund von Verwandtschaft (zwingende Gründe) oder aufgrund von freundschaftlichen Banden (freiwillige Gründe) über eine temporär limitierte Zeitspanne in einer Wohnung, in Geschäftsräumen oder in dem befriedeten Besitztum aufgenommen werden.

(2) Abgrenzung zu Hausfriedensbruch und Einbruch: Wenn die Gäste nachts durchs Kellerfenster einsteigen, dem Wohnungsbesitzer

gänzlich unbekannt sind oder auch nach dreimal räuspern mitten in der Nacht seelenruhig in der Küche sitzen bleiben, dann machen sie sich des Hausfriedensbruchs, gegebenenfalls in Tateinheit mit Einbruch, schuldig.

§ 2 Rechte und Pflichten von Gästen

(1) Gäste, die mit anderen Gästen die Räumlichkeiten betreten, haben das Haus mit ebenjenen wieder zu verlassen. Dazu zählen insbesondere auch Kinder und Hunde.

(2) In Gästezimmern ist es zu vermeiden, einen Schrank, eine Kommode oder ein Möbelstück bereitzustellen, welche es Gästen ermöglichen, etwaige Kleidung aus ihrem Koffer unterzubringen, da es illegales Verhalten gemäß Artikel 2 fördern könnte und somit als Anstiftung zum Hausfriedensbruch, Mittäterschaft oder als Beihilfe bestraft wird.

(3) Gästen ist es untersagt, bauliche oder die Einrichtung betreffende Veränderungen vorzunehmen.

Zusatz: Artikel 2 greift auch, wenn der Gast zuvor aufgefordert wurde, sich wie zu Hause zu fühlen.

(4) Gäste, die einer Einladung der Gastgeber Folge leisten, die den Konsum von zubereiteten Lebensmitteln und anderen Konsumgütern beinhaltet, sind verpflichtet, Lebensmittelunverträglichkeiten, Allergien und eingeschränkte Ernährungsgewohnheiten vor ihrer Ankunft mitzuteilen (vgl. BGH Veganer-Grillabend-Urteil).

(5) Sind Gäste nicht zur Übernachtung, sondern ausschließlich zu einem gemeinsamen Essen eingeladen, haben sie spätestens zu dem Zeitpunkt aufzubrechen, wenn

- der/die Gastgeber den Mund mehr als zweimal in Folge zum Gähnen öffnen,
- der/die Gastgeber auf das Arbeitspensum des kommenden Tages zu sprechen kommen,
- der/die Gastgeber auf die Uhr sehen, obwohl sie dies erst vor fünf Minuten getan haben,

- der/die Gastgeber mit der Stirn auf der Tischplatte liegen und schnarchen,
- sich der/die Gastgeber bereits im Bett befinden und die Lichter erloschen sind.

(6) Sind Gäste nicht zur Übernachtung, sondern ausschließlich zu einem gemeinsamen Essen eingeladen, ist es ihnen nicht gestattet, Reste für den Verzehr zu einem späteren Zeitpunkt einzupacken (analog Bayerische Biergartenverordnung [BBVO]).

§ 3 Übernachtung

(1) Gästen, welche eine oder mehrere Nächte bei einem Gastgeber verbringen, ist es untersagt, ohne ausdrückliche Genehmigung eine Zahnbürste, die nicht zweifelsfrei ihr Eigentum ist, zu verwenden.

(2) Gäste, welchen zum Zweck der Nachtruhe ein aufblasbares Bett zugeteilt wird, sind nicht befugt, sich am nächsten Morgen über mangelnde Schlafqualität zu beschweren.

Zusatz: Sollte ein aufblasbares Bett aufgrund eines baulichen Mangels oder kraft einer Materialermüdung während der Dauer der Benutzung teilweise oder komplett das Befüllungsvolumen verlieren, so ist der Gast berechtigt, die Gastgeber am nächsten Morgen scherzhaft darauf hinzuweisen.

(3) Bereitgestellte Bettwäsche sowie Kissen und Decken und andere Stoffe, die zu diesem Zweck genutzt werden, sind von den Gästen fleckenlos zu hinterlassen. Dies gilt im Besonderen für beiwohnende Paare.

§ 4 Regelung zur temporär intendierten Aufnahme von Gästen bei gegenseitiger Beiwohnungs-Intention (One-Night-Stand-Gesetze)

(1) Für die temporäre Aufnahme von Gästen, die ausschließlich der Durchführung der Beiwohnung durch Vereinigung der Geschlechtsteile dient oder deren zielgerichteter Anbahnung (»noch auf einen Kaffee hochkommen«), gelten Sonderregelungen.

(2) Die bloße Einladung in die Wohnung stellt noch keine finale Zustimmung zur Beiwohnung dar.

(3) Sollte der männliche Teilnehmer den Verschluss der Miederwäsche, die der Verhüllung der sekundären Geschlechtsteile der weiblichen Beiwohnungsteilnehmerin dient, nicht in einer angemessenen Zeit öffnen können, so hat sie ihm, ohne belehrende Worte, Hilfsmaßnahmen einzuräumen.

(4) Das Verbleiben des Gastes über Nacht bis zum Frühstück ist nur dann gestattet, wenn dies vorher explizit vom Gastgeber genehmigt wurde.

(5) Für die Benutzung der Zahnbürste gilt § 3 Artikel 1.

(6) Nach Abschluss der Beiwohnung hat der Gast nach freiem Willen und mit der notwendigen Sorgfalt darauf zu achten, dass seine Liegeposition auf der Matratze auf dem feuchten Fleck erfolgt (Lex Kalter Bauer).

Partygesetze

§ 1 Geltungsbereich

(1) Gastgeber bezeichnet eine oder mehrere natürliche Personen, die freiwillig andere natürliche Personen zum Zwecke der gemeinsamen Mehrung von Spaß und Erholung – bisweilen unter Einwirkung von Alkohol oder anderen Rauschmitteln – an einem definierten Ort einladen.

(2) Unfreiwillige Gastgeber fallen unter die Facebookverordnung.

§ 2 Zeitliche Regelungen

(1) Der gesetzlich zulässige zeitliche Rahmen für das Erscheinen auf einer Party bewegt sich zwischen 60 und 90 Minuten nach dem offiziell angekündigten Beginn selbiger.

(2) Artikel 1 gilt nicht, wenn es sich bei der Party um die eigene Party handelt.

(3) Eine befristete Ausnahme von dieser Regelung besteht bei Einladungen zu Feierlichkeiten, die eine Menüfolge beinhalten.

§ 3 Örtliche Regelungen

(1) Jede Feier beginnt in der Küche.

(2) Jede Feier endet in der Küche.

§ 4 Rechte und Pflichten von Partygästen

(1) Partygäste sind dazu verpflichtet, mit einem adäquaten Geschenk auf einer privaten Feier zu erscheinen. Zulässige Geschenke sind eine Flasche Wein, eine oder mehrere Blumen, eine Süßspeise oder Konfekt. Folgende Beigaben, gemäß Anlage 1, sind nicht gestattet:

Anlage 1
Unzulässige Partymitbringsel

- lebende und/oder tote Tiere, einschließlich Gliederfüßler und Insekten
- sperrige, unliebsame oder auf dem Weg zur Feier aufgelesene Möbelstücke
- sperrige, unliebsame oder auf dem Weg zur Feier aufgelesene Mitmenschen

(2) Besteht die ausdrückliche Aufforderung des Gastgebers, selbst zubereitete Speisen mitzubringen, so gilt das Triphasengesetz.

Das Triphasengesetz:

- Die Speise wird zu Hause mit größter Sorgfalt zubereitet und kennzeichnet den kulinarisch hochstehenden Status des Gastes.
- Weist die Speise mindere Qualität auf, so sind die Qualitätsmängel durch erhöhte Quantität zu kompensieren (siehe Badewanne-Nudelsalat-Regel).

- Konnten keine Speisen selbst zubereitet werden, so ist auf eine Qualität zu achten, die der Qualität von selbst zubereiteten Speisen nahekommt (siehe Call-a-fettige-Lieferpizza-Verordnung).
- Gäste, die einen oder mehrere Freunde auf eine Party mitbringen, sind verpflichtet, diese bei Verlassen derselben wieder mitzunehmen. Dabei ist es irrelevant, ob sich betreffende Freunde in einem transportfähigen Zustand befinden.

§ 5 Regelungen zum Verzehr und der Versorgung mit Alkoholika

(1) Bei Alkoholika, die von Gästen auf eine Party als Geschenk mitgebracht werden, sollte es sich um Wein handeln.

(2) Bei Alkoholika, die von Gästen während der Party konsumiert werden, sollte es sich um Bier handeln.

(3) Artikel 1 gilt entsprechend bis zum Ende einer Party oder bis zum vollständigen Verzehr des vorrätigen Bieres.

(4) Alkoholika, die danach verzehrt werden, bestehen aus jenen Flaschen, die unter der Spüle in der Küche aufbewahrt werden.

§ 6 Regelungen zur Benutzung der sanitären Einrichtungen

(1) Die Badezimmer-/Toilettentür darf auf einer Party nur während der Benutzung geschlossen werden.

(2) Wer bei Verlassen des Badezimmers die Tür schließt und so den Eindruck erweckt, dieses befinde sich im Gebrauch, und dadurch Gäste mit Harndrang dazu nötigt, vor einem leeren Badezimmer zu warten, wird mit einer Freiheitsstrafe von nicht unter zehn Tagen in einer Dixi-Toilettenkabine bestraft.

(3) Das Urinieren in Pflanzenkübel, Badewannen, Wasch- und Spülbecken sowie von Balkonen und/oder Dachterrassen ist vom Rechtsweg bedroht.

(4) Befindet sich auf einer Toilette kein Toilettenpapier oder ist dieses

nicht in erreichbarer Nähe, ist die Zweckentfremdung von Klo-umpüschelungen, Haustieren oder Handtüchern untersagt.

(5) Personen, die ein Badezimmer betreten, welches durch starke Geruchsentwicklung oder Verschmutzung bereits verunreinigt ist, dürfen beim Verlassen desselben eine beliebige Person der Verschmutzung schuldig sprechen, falls sich vor der Tür eine potenziell paarungsbereite Person aufhält.

(6) Die Plazierung eines »WC defekt – bitte Wanne benutzen«-Schildes an der Toilette ist vom Grundrecht auf Scherze und Streiche nicht gedeckt und kann zivilrechtlich verfolgt werden.

§ 7 Video- und Fotodokumentation von Partys

(1) Foto- und Videomaterial, das auf einer Party aufgenommen wird und einen oder mehrere Gäste in einem diffamierenden Zustand zeigt, muss auf einer Seite im Internet der breiten Öffentlichkeit kostenfrei zugängig gemacht werden.

(2) Es ist zulässig, Gäste sowie Gastgeber, die sich aufgrund ausufernden Alkoholgenusses in einem Zustand nahe der Bewusstlosigkeit befinden, zu dekorieren, um Fotos oder Videos in humorvoller Absicht anzufertigen.

(3) Foto- sowie Videomaterial, welches ein herausragendes Humorpotenzial bietet, wird via E-Mail an potenziell interessierte Personen versandt.

(4) Diese Regelung schließt ausdrücklich Arbeitgeber, Lebensgefährten und Eltern des Betreffenden aus.

§ 8 Rechte und Pflichten von in Paargemeinschaft lebenden Partygästen

(1) Das Küssen im öffentlichen Raum ist zu begrenzen.

(2) Ein Zungenkuss im öffentlichen Raum darf die zulässige Maximaldauer von 36 Sekunden nicht überschreiten.

(3) Eine Speichelintensität beim Küssen, die für fadenartige Speichel-verbindungen sorgt, ist vom Bundeshygienegesetz untersagt.

§ 9 Ende einer Party

Eine Party ist zu Ende, wenn der letzte Gast geht, einschläft oder von einem mobilen Sanitätsdienst abgeholt wird.

Tanzverordnung

§ 10 Geltungsbereich

(1) Tanzen im Sinne von Tanzen ist das rhythmische Ausführen von Körperbewegungen im Takt der Musik.

(2) Das rhythmische Wippen mit nur einer Gliedmaße stellt noch keinen Tanzbestand her.

§ 11 Tanzfläche

Der Gastgeber hat für einen angemessen großen Tanzbereich zu sorgen. Zustandsbeklagungen, die das Meißener Teeservice und die Mingvase betreffen, sind nicht rechtskräftig und werden abgewiesen. Selbiges gilt für Hummelfiguren im Sinne der Hummelfigurenverordnung.

§ 12 Rechte und Pflichten von Tänzern

(1) Die beiden Frauen, die bei Festivitäten als Erste unaufgefordert und ohne Bezahlung anfangen zu tanzen und dabei beide Arme kreisend über dem Körper bewegen, sind von der Feierlichkeit zu entfernen.

Zusatz: In dem Fall, dass die besagten Personen vorher die Schuhe ausgezogen haben, sind auch diese zu entfernen.

(2) Das Treten von einem Bein auf das andere auf der Tanzfläche mit zeitgleichem Halten eines Getränks mittels der Hand wird mit Tanz-kurs nicht unter drei Monaten bestraft.

(3) Stagediving von Möbeln ist zu unterlassen.

Adelsgesetze

§ 1 Gesetze zur Regelung der Anrede von Hoch-, Flach- und Tiefadel

(1) Die Anrede von Edelfreien, Herrschaften, Markgrafen, Pfalz-grafen, Rittern, Sippen mit gehobenen Hofämtern, Hoch-, Flach- und Tiefadel in Wort und Schrift sowie die indirekte Rede von und über Angehörige des Adelsstandes hat anhand der entsprechenden Regelungen zu erfolgen.

Titel	Anrede	Briefanrede
Großbaron	Seine Großdurchlaucht	Eure Kauzigkeit
Großbaronesse	Ihre Durchleuchtete	Deine Heiligkeit
Baron	wunderbare Seine Exzellenz	Sonne des Universums
Hofrat	Vater allen Lebens	Wohlbeleibtester
Hausrat	Blüte des Rosengartens	Quelle aller Freude
König	Diamant der Diamanten	Sehr geehrter Herr König

(2) Ist der Angesprochene dem Ansprechenden persönlich bekannt, tritt die Dieter-und-Horst-Regel in Kraft. Dabei kann auf die förmliche Anrede zugunsten des bürgerlichen Taufnamens verzichtet werden.

(3) Die unteren Adelsstände werden durch ein Adelsprädikat, einen Beinamen, ausgezeichnet. Diese gewählten Namen werden als Suffix an den Familiennamen angehängt. Im Gebiet des heutigen Deutschlands sind folgende Suffixe gebräuchlich, aber nicht zulässig:

- Bote aller Weisheit
- Bestäuber der Bachblüten
- Mitarbeiter des Monats und aller Folgemonate
- Der geile Depp

§ 2 Jammergesetze

(1) Die Jammergesetze regeln den Umgang und die Kommunikation von Kritik, Problemen und Verbesserungsvorschlägen zwischen Angehörigen des Adelsprädikats und gewöhnlichen Personen.

(2) Wer die beruflichen Qualitäten seines Personals beklagt, bedauert oder beweint oder auf die Schwierigkeit hinweist, heutzutage gutes Personal zu finden, wird mit Kartoffelschälen nicht unter zwei Jahren bestraft.

(3) Das Lamentieren angesichts der hohen finanziellen Aufwendungen für Schlösser, Paläste und Sommerresidenzen ist nur dann gestattet, wenn der Adlige nachweisen kann, dass sein Gegenüber über einen gleichwertigen oder höheren Lebensstandard verfügt. Bei Zuwiderhandlung werden die genannten Immobilien gepfändet.

(4) Eine besondere Schwere der Schuld besteht, wenn der Gesprächspartner eine Mietwohnung von unter fünfzig Quadratmeter nutzbarer Wohnfläche bewohnt.

(5) Hinweise auf den enormen Aufwand der Instandhaltung von Pferdeställen und/oder die Instandhaltung mehrerer Oldtimer werden mit Pfändung derselben geahndet.

(6) Wer sich über den Aufwand der Ausrichtung eines Galadinners für die 200 engsten Freunde der Familie beschwert, ohne Nudelsalat für alle zu erwartenden Gäste zubereitet zu haben, wird zur Zubereitung des selbigen verurteilt.

§ 3 Adelssport

(1) Betreibt ein Angehöriger des Adelsprädikats eine Sportart, so ist darauf zu achten, dass es sich dabei um eine Form der Leibesertüchtigung handelt, deren Praktizierung keinerlei bis nur mäßige Schweißbildung nach sich zieht (vgl. Windhundrennen, Oldtimerausfahrten, Helikopterschach).

§ 4 Medienregeln

(1) Angehörige des Landadels sind in öffentlich-rechtlichen sowie privaten Fernsehanstalten dazu verpflichtet, in Vorabendserien stets mit einem Cabrio zu fahren.

(2) Unterscheidung der medialen Partner: Jene Berufsgruppe, die über den Adligen im Rahmen einer Homestory berichtet, ist den Journalisten angehörig. Berichtet sie anschließend jedoch auch über die Scheidung des Adligen, so handelt es sich dabei um Paparazzi.

§ 5 Wahl des Partners

(1) Die Wahl des Partners für eine eheliche oder eheähnliche Lebensgemeinschaft hat aus der eigenen, erweiterten Familie zu erfolgen. Der Verwandtschaftsgrad hat den des zweiten Grades nicht zu überschreiten (vgl. Genotypologie/Inzucht/der geile Depp).

(2) Die Strafe bei Zuwiderhandlungen wird durch den sogenannten Skandalnudelparagraphen geregelt.

(3) Entscheidet sich ein Angehöriger des Adelsprädikats für eine eheliche oder eheähnliche Lebensgemeinschaft mit einer bürgerlichen Person, so ist dies nur dann gestattet, wenn es sich bei der Person um

- einen psychosomatisch auffälligen Reitlehrer und/oder Fitnesstrainer
- eine ehemalige Pornodarstellerin

handelt.

(4) Geht ein Adliger eine eheliche Lebensgemeinschaft nach Artikel 3 (Skandalnudelparagraph) ein, so steht es seiner Familie offen, ihn dafür zu enterben und/oder öffentlich zu rügen.

Zusatz: Die Kommunikation hat öffentlich und gegen Honorar in einer Fachpublikation für die Belange von Angehörigen des Adelsprekariats zu erfolgen (»Die Bunte«/»Gala«).

(5) Verarmt ein Adliger aufgrund einer Enterbung nach Artikel 3 oder durch eine Scheidung, steht es ihm frei, einen oder mehrere Zuhälter gegen Bezahlung zu adoptieren, um diesem/diesen die gesellschaft-

liche Anerkennung zu übertragen, die er selbst bereits nach Treu und Glauben massenmedial verwirkt hat.

(6) Angehörige des Adelsprädikats sind verpflichtet, ihr befriedetes Besitztum (Schlösser, Burgen etc.) in Teilen der Öffentlichkeit zugänglig zu machen, wenn diese ausschließlich durch Steuergelder erbaut, renoviert oder instand gehalten werden. Die Besucher haben jedoch einen hohen Eintritt zu entrichten und an einer langwierigen Führung von logorrhöischen Geschichtsmagistrantinnen teilzunehmen.

(7) Es können verschiedene Flügel für die Besucher gesperrt werden, in welchen der Besitzer weilt.

Zusatz: Dieser gesperrte, private Wohnbereich darf 15 000 Quadratmeter nicht überschreiten.

Sonderregelung: Außer der Lebensstandard macht eine größere Wohnfläche notwendig.

(8) Ein Adliger hat stets mit seinem vollen Namen zu unterschreiben.

Zusatz: Diese Regel gilt auch, wenn dafür etwa an einer Supermarktkasse eine erhebliche Zeitspanne benötigt wird, weil er »Landgraf von und zu Goisern, dritter Infant der spanischen Inquisition, Baron Freiherr von Odeldorf zu Popp, Markgraf Goppendorf, Schlesien, Freimann und Dortmund, Marshall zu Bumpern, Gilching, Karlsruhe und Oerkenschwick, von, zu, über und hinter Córdoba« heißt.

§ 6 Beileidigung

Wer in Beziehung auf das Ableben eines anderen eine Tatsache behauptet oder verbreitet, welche denselben verächtlich zu machen oder in der öffentlichen Meinung herabzuwürdigen geeignet ist, wird mit Freiheitsstrafe von bis zu einem Jahr oder mit Geldstrafe bestraft.

Weihnachtsverordnung

Präambel: Weihnachten genießt als, kraft Gesetz, arbeitsfreier Arbeitstag einen besonderen staatlichen Schutz. Aufgrund der hohen Bedeutung für die Familie, die als Herz unserer Gesellschaft angesehen werden muss, soll diese Verordnung ein friedliches Zusammenleben am sogenannten »Fest der Liebe« anlässlich des Lebenseintrittes von Jesus sicherstellen.

§ 1 Nikolaus

(1) Schokoladen-Nikoläuse, die vor dem 1. November in Supermärkten angeboten werden, fallen unter die kalendarische Regelung von speziell gestanzten Süßwaren (Späte-Osterhasen-Verordnung). Es darf ihnen straffrei der Kopf abgebissen werden.

(2) Schuhe oder Strümpfe, die am Abend vor dem Nikolaustag aufgestellt werden, müssen der eigenen Schuhgröße entsprechen. Nicht zulässig sind geliehene Angler- oder Watthosen, deren Schuhwerk in einer voluminösen Latzhose mündet.

§ 2 Weihnachtsgrüße und -geschenke

(1) Wer Weihnachtsgrüße vor der zweiten Novemberhälfte abschickt oder weiterleitet oder fotografische Aufnahmen seiner selbst mit roten Puschelmützen anfertigt, wird mit zehn Rutenschlägen bestraft.

(2) Firmen, die das Beschenken von Kunden und Angestellten umgehen, indem sie auf die freiwillige Zuwendung an einen Dritten (etwa Hilfsorganisationen) hinweisen, sind verpflichtet, einen Beleg für die Höhe und den korrekten Abschluss der Transaktion zu erbringen.

(3) Postkarten sowie elektronisch versandte Weihnachtsgrüße, auf denen eine Familie mit Nikolausmützen abgebildet ist, werden gemäß den Bestimmungen des Kampfs gegen den ästhetischen Terror wie Briefbomben behandelt.

(4) Stirnbänder, an denen sich Elchgeweihe mit oder ohne Glöckchen befinden, fallen unter die Geschmacksfriedensbruch-Gesetze (GfbG). Hinweis: Dieser Artikel ist entsprechend auf Fotos oder E-Mails anzuwenden, die eine oder mehrere Personen mit derartigen Accessoires abbilden.

§ 3 Weihnachtsgrüße

(1) Adventskalender müssen ausnahmslos mit Schokolade befüllt sein.

(2) Wer die Türchen eines fremden Adventskalenders vor Eintritt des aufgedruckten Tages öffnet, die Schokolade isst und selbigen wieder verschließt, wird hinter ein Gefängnistürchen gesperrt.

§ 4 Regeln für ehrenamtliche sowie bezahlte Nikoläuse

(1) Die Rute als Instrument, um Kinder zu bestrafen, hat ausschließlich symbolischen Charakter.

(2) Sollten die Kinder jedoch das Goldene Buch des Nikolaus entwenden und mit Filzstift ehrverletzende Behauptungen hineinschreiben, so kann die symbolische in eine reale, körperliche Bestrafung einer der Schuld angemessenen, öffentlichen Missbilligung umgewandelt werden.

(3) Kinder, die aufgrund ihres Betragens vom Nikolausbegleiter in den Sack gesteckt werden, gehen automatisch in dessen Sorgerecht über.

(4) Kinder, die das 18. Lebensjahr vollendet haben und weiblich sind, dürfen weder mit der Rute bestraft noch auf den Schoß genommen werden.

(5) Der Konsum von Alkohol ist nur in einem Maß erlaubt, das es dem Nikolaus-Darsteller gestattet, seinen Job noch glaubwürdig zu erledigen.

Zusatz: Nicht glaubwürdig sind alkoholisierte Nikoläuse, die

- in einem fremden Wohnzimmer vor Selbstmitleid weinend zusammenbrechen,

- Zoten in ihre Rede einbauen und dabei den Anwesenden in die Seite knuffen oder auf die Schulter schlagen,
- Nüsse, Früchte oder Schokokringel vom Baum naschen,
- anwesende Familienmitglieder aufgrund eines schwindenden Namensgedächtnisses mit »das Kind« oder »der Dicke da mit der Brille« bezeichnen.

§ 5 Weihnachts-Musikgesetz

Die offizielle, gesetzliche Playlist für öffentlich-rechtliche und privatwirtschaftliche Rundfunkstationen vom 31. November bis zum 28. Dezember lautet:

1. »Last Christmas« von WHAM
2. »Last Christmas« von WHAM
3. »Last Christmas« von WHAM
4. »Last Christmas« von WHAM
5. »Last Christmas« von WHAM
6. »Last Christmas« von WHAM
7. »Last Christmas« von WHAM
8. »Last Christmas« von WHAM
9. »Last Christmas« von WHAM
10. »Last Christmas« von WHAM

§ 6 Allgemeine Weihnachtsregelungen

(1) Das Schmücken des Christbaums mit Kindern ist unzulässig. Sie sind sofort abzunehmen.

(2) Geschenke, die am Vormittag des 24. Dezember an einer Tankstelle besorgt werden, sind nicht zulässig.

(3) Verwandte dürfen am Weihnachtsabend nicht abgewiesen werden, auch wenn sie für ihren zweifelhaften Charakter bekannt sind.

(4) Weihnachtsschmuck, der an Privathäusern angebracht wird und durch intervallartiges Aufblinken dazu geeignet ist, die Schlafzimmer

von Nachbarn zu erhellen und die nachbarschaftlichen Verhältnisse nachhaltig zu verschlechtern, darf kommentarlos abgenommen werden.

(5) Mit Batterie betriebene Figuren nachgebildeter Weihnachtsmänner, die mittels eingebauter Lautsprecher Weihnachtsmelodien oder andere Geräusche abgeben, dürfen so lange geschlagen und beschädigt werden, bis sie verstummen.

§ 7 Weihnachtsfilme

(1) Die Filme

- »Kevin allein zu Haus«
- »Der kleine Lord«
- »Die Geister, die ich rief«
- »Sissi«
- »Drei Nüsse für Aschenbrödel«

müssen von sämtlichen deutschen Rundfunkanstalten an den Weihnachtsfeiertagen ausgestrahlt werden.

(2) Die Filme sind von allen an den Weihnachtsfeierlichkeiten beteiligten Familienmitgliedern anzuschauen.

(3) Es muss geweint werden.

Fußballgesetze

§ 1 Bundestrainergesetz

(1) Alle Macht und die Aufstellung der Fußballnationalmannschaft gehen vom Volke aus.

(2) Jeder deutsche Mann hat das Recht, seine Fachkompetenzen über die des Bundestrainers zu stellen und auf dem Wege der Telepathie vom Sofa aus taktische Anweisungen an den Bundestrainer zu übermitteln.

(3) Nicht jeder deutsche Mann ist hingegen geeignet, als Bundestrainer Slim-Fit-Hemden und Pullunder zu tragen.

§ 2 Allgemeine Fußball-Grundgesetze

(1) Hinweise auf den Besitz von Kenntnissen bzw. die Bereitschaft, die Kenntnis zu nutzen, an welcher Stelle ein Schiedsrichter sein Kraftfahrzeug geparkt habe, fallen unter den Tatbestand der Nötigung.

(2) Stadien und andere Austragungsorte von Fußballspielen sind an die Dreifaltigkeit der Ernährungsregeln des DFB gebunden. Diese ist: Bier, Bockwürste und Senf.

(3) Bei gleichzeitigem Verzehr eines Biers ist ein Torjubel nicht statthaft und wird mit nicht unter drei Bockfotzen bestraft.

(4) Dies gilt unbedingt auch für La Ola.

(5) Die Leistung eines Schiedsrichters ist stets nach dem Subjektivitätsgrundsatz zu bewerten.

(6) Subjektivitätsgrundsatz: Dem subjektiven Betrachter erscheint jegliche Entscheidung eines Schiedsrichters stets parteiisch, wobei die Parteinahme stets die gegnerische Mannschaft bevorteilt.

(7) Ein Fußballtrainer wird gemäß dem Trainer-Kündigungs-Gesetz nicht gekündigt, sondern beurlaubt.

(8) Physikalische Sonderregeln: In den nachfolgend näher definierten Spielsituationen werden gemeingültige Physikgesetze außer Kraft gesetzt. Dazu zählt:

- Die Fläche des Tores verkleinert sich, sobald man alleine mit dem Ball darauf zuläuft.
- Aufgrund der ganz speziellen Relativitätstheorie wird die Fläche im Falle eines Kopfballs nochmals kleiner.
- Das Raum-Zeit-Kontinuum kann außer Kraft gesetzt werden, sobald die eigene Mannschaft nach Punkten hinten liegt. Dies hat zur Folge, dass die Zeit schneller vergeht als bei einem Vorsprung.

§ 3 Sportschaugesetz

Samstage sind von 18 bis 20 Uhr in jedem Fall ablenkungsfrei zu halten. Sämtliche Termine, die aus Unwissenheit, Bosheit oder Willfährigkeit in diesem Zeitraum getroffen wurden, sind sittenwidrig und somit hinfällig.

Zusatz: Für den Antrag einer Ausnahmeregelung muss eine lebenswichtige Notfalloperation, die sich trotz lebenserhaltender Maßnahmen nicht auf nach 20 Uhr verschieben lässt, vorliegen.

§ 4 Fußball-Richtlinien
für den Amateur- und Profi-Fußball

(1) Das Runde muss ins Eckige.

(2) Nach dem Spiel ist vor dem Spiel.

(3) Es gibt Tage, da verliert man, und Tage, da gewinnen die anderen.

(4) Einen Preis für Schönspielerei gibt es nicht.

(5) Der nächste Gegner ist immer der schwerste.

(6) Die Wahrheit liegt auf dem Platz.

(7) Ein Spiel dauert 90 Minuten.

(8) Keine Eintracht bei der Eintracht.

§ 5 Verunglimpfung des MSV Duisburg
und seiner Symbole

(1) Wer öffentlich, in einer Versammlung oder durch Verbreiten von Schriften

- den MSV Duisburg
- oder einen seiner Spieler, Trainer
- oder seine verfassungsmäßige Ordnung beschimpft
- oder böswillig verächtlich macht oder
- die Farben, die Flagge, das Wappen oder die Hymne das MSV Duisburg verunglimpft,

wird mit Freiheitsstrafe von bis zu drei Jahren oder mit Geldstrafe bestraft.

(2) Ebenso wird bestraft, wer
- eine öffentlich gezeigte Flagge des MSV Duisburg
- oder ein von einer Behörde öffentlich angebrachtes Hoheitszeichen des MSV Duisburg oder eines seiner Spieler entfernt, zerstört, beschädigt, unbrauchbar oder unkenntlich macht oder beschimpfenden Unfug daran verübt.

(3) Der Versuch ist strafbar.

(4) Die Strafe ist Freiheitsstrafe von bis zu fünf Jahren oder Geldstrafe, wenn der Täter sich durch die Tat absichtlich für Bestrebungen gegen den Bestand des MSV Duisburg einsetzt.

(Dieses Gesetz ist der solitäre Einzelwunsch eines Autors.)

§ 6 Freizeitfußballmannschaftsnamensgebungsverordnung FfmngV

(1) Namen und Bezeichnungen von Freizeitfußballmannschaften haben einen übersteigert humoristischen Charakter zu besitzen, welcher geeignet ist, gegen das Anstandsgefühl aller billig und gerecht Denkenden zu verstoßen und damit Treu und Glauben und die guten Sitten auf eine vorsätzliche und mit ehrabschneidender Absicht oder auf andere Weise zu verletzen.

(2) Deshalb sind gemäß Freizeitfußballmannschaftsnamensgebungsverordnung folgende Namen verboten:
- Juventus Urin
- Ajax Dauerstramm
- Fellatio Rom
- Hinter Mailand
- Glasbier Rangers
- Dynamo Tresen
- Zeugen Yehobas
- Stiftung Wadentest
- Hertha BSE
- Lazio Koma

- Sturm Gras
- FC Sehr Roberto
- SpVgg Prosecco Fighters
- Füße Gottes 05

§ 7 Ausbildungsrahmenplan für die Berufsausbildung zur Spielerfrau

(1) Voraussetzung für die Zulassung zur offiziellen, vom DFB anerkannten Spielerfrau ist selbständiges Atmen und die Fähigkeit, geradeaus zu gehen.

(2) Ausbildungsbetrieb ist jeder staatliche und nichtstaatliche Fußballverein. Ausbildungsberechtigt sind nur die Stammspieler.

(3) Die Inhalte der Ausbildung erfolgen zu gleichen Teilen am Spielfeldrand (theoretischer Teil) und in den Privaträumen beliebiger Spieler (ausnehmend praktischer Teil).

(4) Vermittelt werden theoretisches Wissen und praktische Fertigkeiten, die zur beruflichen Handlungsfähigkeit führen:

- Handy zwischen Schulter und Ohr klemmen
- Die Farbfolge der deutschen Flagge für patriotische Gesichtsbemalung
- Wie rum zieht man ein Trikot an

(5) Zur Vermeidung von Irritationen am Spielfeldrand und auf dem Spielfeld sind Spielerfrauen im ersten Lehrjahr unbedingt zu unterweisen, bei welchen Gelegenheiten frenetischer Beifall von ihnen gerechtfertigt ist und bei welchen dies nicht der Fall ist (vgl. Tor-Gegentor-Eigentor-Theorem).

(6) Die Lehrzeit wird mit einer Vertragsverlängerung, einer Heirat oder Umschulung zur Spielerfrau eines anderen Spielers abgeschlossen.

(7) Innerhalb des Europäischen Wirtschaftsraums (EWR) werden auch in einem anderen Staat der EU erreichte Spielerfrauenabschlüsse anerkannt.

(8) Fachrichtungsbezogene Erfahrungen können der Ausbildung angerechnet werden. Zulässig sind die Bereiche
- Model
- Dessous-Model
- Bunny
- Schmuckdesignerin
- Body-Painting-Model

(9) Eine fachbezogene Weiterbildung zu Irgendwas-mit-Medien ist statthaft.

Dekret der Rechte und Pflichten von natürlichen Personen, die ihren Lebensmittelpunkt von einer Stadt auf einen Wohnsitz auf dem Land verlegen

(1) Der Städter hat sich vor dem Umzug mit der lokalen Flora und Fauna bekannt zu machen. Die Kreistierheime nehmen keine Marder an, die von Städtern als »verwilderte Katzen« abgegeben werden.

(2) Frösche, die Grundstücksgrenzen überschreiten und Lautäußerungen von sich geben, können ange-, aber nicht verklagt werden.

(3) Jeder Städter ist dazu verpflichtet, innerhalb einer Frist von zwei Wochen einen Einheimischen kennenzulernen, von dem er Informationen über seinen neuen Lebensmittelpunkt bezieht.

(3a) Der Einheimische muss bei Besuchen anderer Städter mit dem Hinweis auf die Menge an Schnäpsen, die man bereits miteinander getrunken hat, vorgezeigt werden, um einen höchstmöglichen Grad an Integration zu beweisen.

(3b) Die verzehrten Spirituosen müssen von dem Einheimischen selbst gebrannt sein, sich in einer unsauberen Flasche befinden, einen unangenehmen bis unerträglichen Geschmack haben und von allen Anwesenden gelobt werden.

(3c) Der Einheimische ist dazu berechtigt, den Städter einmal übers Ohr zu hauen.

(4) Versuche, einen lokalen Dialekt, Akzent oder eine Sprachmelodie nachzuahmen, werden mit einer Geldstrafe von nicht unter zweihundert Euro in die Kasse der jeweiligen freiwilligen Feuerwehr bestraft.

(5) Es ist nicht gestattet, die neuen Nachbarn auf die Schönheit von Landschaft und Häusern hinzuweisen, da davon ausgegangen werden kann, dass die Anwesenden davon bereits Kenntnis erlangt haben.

(6) Landwirtschaftliche Arbeitsgeräte aus Holz oder Teile davon dürfen nicht als Blumenkübel im Garten oder an eine Wand gehängt zweckentfremdet werden.

(7) Der Städter hat im mindesten Fall monatlich einen lokalen Trödelmarkt aufzusuchen und dort ein oxidiertes Hufeisen oder ein anderes objektiv wertloses Objekt für einen nicht unerheblichen Kaufpreis zu erwerben.

(8) Die Aufzucht von drei Tomaten sowie fünf Kartoffelpflanzen und einem Basilikumstrauch berechtigen nicht zu konstruktiven Wortbeiträgen während eines Gespräches mit Landwirten, die kommende Ernte betreffend.

(9) Abfällige Bemerkungen, die sich auf die freie Entscheidung der Ansässigen beziehen, alte Bauernhäuser verfallen zu lassen und in unromantischen Neubauten zu leben, haben mit Rücksicht auf zivilisatorische Errungenschaften wie Fußbodenheizung, Wärmedämmung und wasserdichte Dächer zu unterbleiben.

(10) Führt eine häusliche Lebensgemeinschaft aus Städtern die Renovierung eines alten Bauernhauses durch, so ist deren Beziehung im Moment der Fertigstellung zu beenden.

(11) Führt eine häusliche Lebensgemeinschaft aus Städtern die Renovierung eines alten Bauernhauses durch, so ist es den Einheimischen untersagt, mit Klappstuhl, Sonnenschirm und einer Kühlbox dem Treiben in voyeuristischer Manier beizuwohnen.

(12) Ein SUV ist als Transportmittel für An- und Abreise in rurale Gebiete nicht zwingend notwendig oder erforderlich.

Zusatz: Dies gilt insbesondere auch für Land Rover Defender.

(13) Den ansässigen Dorffrauen ist es untersagt, Ex-Städterinnen aufgrund euphorischer Berichte über den Geschmack ihrer zwei Gläser eingekochter Marmelade körperlich zu züchtigen.

(14) Das Schnitzel des authentischen Dorfgasthauses besteht aus Schweinefleisch. Ebenso das Cordon bleu. Basta.

(15) Ein Gericht in einem authentischen Dorfgasthaus ist dann als »vegetarisch« zu bezeichnen, wenn

- es mehrheitlich pflanzliche Kohlenhydrate beinhaltet (vgl. Wurstbrot),
- das Fleisch nur als Beilage dient (vgl. Käsespätzle mit Speck),
- sich eine Salatgarnitur auf dem Teller befindet.

(16) Melkmaschinen sorgen frühmorgens für eine hinzunehmende Lärmbelästigung.

Zusatz: Es kann nicht beantragt werden, dass Kühe an Wochenenden, Sonn- und Feiertagen oder in der Dauer der Ferien nicht gemolken werden.

(17) Das Fangen von Mäusen in Lebendfallen ist nur während der ersten drei Monate gestattet. Ist diese Frist abgelaufen oder haben die Nagetiere einen größeren Schaden im Lebensmittelbestand hinterlassen, sind mortale Mäusefallen anzuwenden.

(18) In einem Umkreis von zwanzig Kilometern ist zumindest ein Restaurant so lange penetrant zu besuchen, bis die Wirte den Lieblingswein automatisch bringen und sich der Städter als voll integrierter Stammgast fühlen kann.

(19) Für Hunde und Katzen ist das Schlafen im Haus oder Bett nicht überlebensnotwendig.

(20) Überzählige Hunde- und Katzenwelpen können jederzeit bei Städtern abgegeben werden. Bei einem Einspruch des Städters ist auf ein drohendes Schicksal im Tierheim oder im Weiher hinzuweisen.

(21) Voraussagen über das Wetter, welche der ortsansässige Schäfer/Landwirt trifft, sind nicht als glaubhafter zu bewerten als die Prognosen des Deutschen Wetterdienstes, da der Schäfer/Landwirt seine Kenntnisse über die Wetterentwicklung zumeist aus den Wetterberichten der öffentlichen und privaten Fernsehsender bezieht.

Verhaltensregeln für den Umgang mit Anwälten

(1) Befindet sich eine Person in einer Situation, die rechtlichen Beistand notwendig macht, so ist es zulässig, den Kontakt zu diesem Beistand kameradschaftlich und humorig zu gestalten.

(2) Dies gilt insbesondere angesichts der Möglichkeit, dass der Rechtsbeistand bei einem unerwünschten Ausgang des Verfahrens für viele Jahre der einzige Kontakt bleiben wird.

(3) Dem Rechtsanwalt ist eine pakistanische Telefonnummer mit der Bitte zu überreichen, den Besitzer der Nummer über einen etwaigen negativen Verlauf des Verfahrens zu informieren.

(4) Der Rechtsbeistand ist dazu verpflichtet, lauter zu sprechen, wenn der Mandant ihn aufgrund der Stimmen in seinem Kopf nicht verstehen kann.

(5) Versichert ein Rechtsbeistand, bei der Angelegenheit helfen zu können, so ist dieser zu umarmen und für mindestens fünf Minuten nicht mehr loszulassen.

Zusatz: Alternativ ist es möglich, seine Hände zu küssen.

(6) Im Falle eines Schwerverbrechens ist es statthaft, Erkundigungen über die Bereitschaft des Anwalts einzuholen, eine oder mehrere Leichen zwischenzulagern.

(7) Sobald der Mandant mittels seines Falles Einblicke in geltendes Recht gewonnen hat, steht es ihm frei, seinem Anwalt Beistand in anderen Fällen anzubieten.

(8) Die Aussagen und Strategien des Anwalts sind durch Recherchen in der Leser-Rechtsberatung von »Bild am Sonntag« zu überprüfen. Bei etwaigen Ungereimtheiten muss der Anwalt unverzüglich damit konfrontiert werden.

(9) Verläuft die Verhandlung nicht zur vollen Zufriedenheit des Mandanten, so steht es ihm frei, dem Rechtsbeistand mit einem guten Anwalt zu drohen.

(10) Lässt der Verlauf der Verhandlung vermuten, dass der Mandant schuldig gesprochen wird, so ist dieser dazu berechtigt, kurzfristig zu behaupten, der Anwalt hätte ihn zu der Straftat angestiftet.

(11) Nach Erhalt der Honorarforderung des Anwalts ist dieser umgehend mit der Betreuung der Privatinsolvenz zu betrauen.

(12) Stößt die Honorarforderung des Anwalts auf Missfallen, ist es dem Mandanten erlaubt, auf die Preispolitik von www.frag-einen-anwalt.de zu verweisen und in keinem Fall mehr als die dort angegebenen zehn Euro Erstberatungshonorar zu zahlen.

(13) Der Mandant ist dazu berechtigt, Tantiemen zu verlangen, wenn sein Fall im Blog des Anwalts veröffentlicht wird.

(14) Chancenumrechnung. Die Aussage eines Anwalts, mit welcher Wahrscheinlichkeit ein Fall dank seiner Vertretung gewonnen wird, ist anhand der Chancenumrechnungstabelle umzurechnen:

Chancenumrechnungstabelle

Aussage des Anwalts	Reelle Chancen
50 : 50	10 : 90
60 : 40	20 : 80
90 : 10	30 : 70
99 %	33 %
100 %	38 %

(15) Verliert der Anwalt trotz gegenteiliger Aussage den Prozess, ist er dazu verpflichtet, den Satz »Da gehen wir bis nach Karlsruhe!« auszurufen und wahlweise die linke oder rechte geballte Hand nach oben zu recken.

(16) Abmahn-Abmahnung. Wer Unbedarfte und Privathändler wegen undurchsichtiger Markenrechte, Impressums-Angaben oder anderer einzig zum Zwecke der Abzocke ersonnener Rechtsgrundlagen abmahnt, der sollte dafür von seiner Mutter vor der ganzen Familie und vor seiner Freundin abgemahnt werden.

Regelungen, Pflichten und Vorschriften für Ärzte und Ärztinnen aller humanmedizinischen Fachgebiete

(1) Niedergelassene Ärzte haben ihre Sprechstunden so zu organisieren, dass die Patienten, anders als in allen weiteren Dienstleistungsbereichen, nicht an einem vereinbarten Termin die Untersuchung erhalten, sondern stets in einem Wartezimmer Platz nehmen müssen.

(2) Das Wartezimmer ist das Prunkstück einer Praxis. Ein erfolgreicher Arzt sollte stets wenigstens ein Dutzend wartende Patienten im Wartezimmer vorweisen können.

(3) Die Wartezeit ist so zu wählen, dass der Patient unmittelbar vor (s)einem bevorstehenden Amoklauf ins Sprechzimmer gerufen wird.

(4) Wartende Patienten sind im Stuhlkreis anzuordnen, um eine freie Sicht auf die anderen Leidenden zu gewährleisten.

(5) Es gilt weiterhin die deutsche Wartezimmerverordnung (DWV) für kassenärztliche Praxen:

- Die Wände des Wartezimmers sind mit Gemälden zu versehen. Die Gemälde stammen:
- aus dem bundesdeutschen Zentrallager für abartige Wartezimmerkunst,

- vom Kind eines befreundeten Kollegen, welches sonst keine Möglichkeit bekommt, die Arbeiten auszustellen,
- aus eigener Aquarell-Produktion.
- Reinigungsmittel und Raumdüfte sind vom bundesdeutschen Zentrallager für Ärzte- und Krankenhaus-Düfte zu beziehen.
- Im Lesezirkel-Angebot sind stark veraltete Boulevard-Zeitschriften anzubieten.
- Das Mobiliar ist aus Spezialgeschäften für 80er-Jahre-Einrichtungen zu beziehen.

(6) Erweiterte Wartezimmerverordnung: Die erweiterte Wartezimmerverordnung ist anzuwenden auf natürliche Personen, welche trotz eines dringenden Termins in einem Wartezimmer zu verbleiben gezwungen sind und versuchen, die autistische Sprechstundenhilfe auf ihre missliche Lage aufmerksam zu machen.

Wartezeit	Probates Rechtsmittel
Unter 30 Minuten	Das laute Lesen von Lesezirkel-Zeitschriften
30 Minuten	Das Heraustrennen von Artikeln mit medizinischem Bezug und deren Übergabe an die Sprechstundenhilfe
30–45 Minuten	Umarmen der Mitwartenden, Auffordern selbiger zur Polonaise durch die Praxis
45–60 Minuten	Lautes Weinen
60 Minuten	Ab einer Wartezeit von 60 Minuten ist der Wartende formal ein Mitbewohner auf Zeit und dazu berechtigt, einen Fernseher mitzubringen, die Möbel umzustellen und die Kaffeemaschine in der kleinen Küche zu benutzen.
60–90 Minuten	Der Patient ist dazu berechtigt, Blätter aus den Rezeptblöcken der Sprechstundenhilfe zu trennen, Papierschiffchen daraus zu basteln und die Seeschlacht von 1567 nachzustellen.

Ab 90 Minuten	Ab 90 Minuten ist es zulässig, dem Arzt mit dessen Kniereflexhämmerchen auf den Kopf zu hauen.

(7) Ärzte und Fachärzte, die in einer privatärztlichen Abrechnung bei einem Durchschnittstermin von vier Minuten mehr als 36 Behandlungspunkte abrechnen, werden mit Studienkreis-Nachhilfe Mathematik nicht unter zwei Jahren bestraft.

(8) Bei einem Arztbesuch ist die anhand umfassender Internetrecherche ermittelte Eigendiagnose mitzuteilen und mit dem behandelnden Arzt zu besprechen. Bei Abweichung seiner Diagnose ist ein anderer Arzt zu konsultieren.

(9) Für medizinische Instrumente, welche während einer Operation vom Arzt in einem Patienten vergessen werden, kann der Arzt nachträglich eine erhöhte Quartalsgebühr als Leihgabe verlangen.

(10) Ärzten sowie dem ihnen unterstellten, weisungsgebundenen Pflege- und Helferpersonal ist es untersagt, Aufforderungen der direkten Rede in der ersten Person Plural zu stellen, sofern diese keine multiple Persönlichkeit besitzen. (»Wie geht es uns denn heute.«)

(11) Die Floskel »Es geht ihm/ihr den Umständen entsprechend« ist als pauschale Antwort des Arztes in jedem Fall angemessen.

(12) Stethoskope, welche dem Patienten ohne vorangegangenes Erwärmen auf die Haut gesetzt werden, erfüllen den Tatbestand der Körperverletzung und sind mit einem Einlauf zu bestrafen (Spekulumgesetz).

(13) Das Ausstellen von Rezepten hat in einer unleserlichen Schrift zu erfolgen, die nur von dafür ausgebildeten Apothekern dechiffriert werden kann.

(14) Das Hinzuziehen eines Kollegen seitens des Arztes hat ausschließlich aufgrund diagnostischer Aspekte zu erfolgen und nicht aufgrund erheiternder körperlicher Merkmale und/oder der Unterwäsche des Patienten.

(15) Kann einem Patienten trotz eingehender Untersuchung keine Diagnose gestellt werden, so ist dieser mit dem Medikament des Pharmaunternehmens zu behandeln, welches die letzte Urlaubsreise finanziert hat.

(16) Klagen des Arztes über eine drohende Veräußerung des Ferienhauses aufgrund der Einsparungen des Gesundheitssystems sind nicht zulässig.

(17) Das Drücken, Kneifen und Klopfen auf Körperstellen, welche vom Patienten zuvor als schmerzender Bereich identifiziert wurden, ist mit direktem Zufügen eines mindestens gleich schweren Schmerzes zu beantworten.

(18) Ein Arztbesuch sowie eine unmittelbar bevorstehende Behandlung kann seitens des Patienten abgebrochen werden, sofern das Verhalten des Arztes Hinweise auf eine akute Alkohol-, Arzneimittel- oder andere Rauschmittelsucht liefert.

Zulässige Hinweise sind:

- Auf dem bereitliegenden Tablett für medizinische Geräte befindet sich ein Korkenzieher.
- Das Abzählen von Tabletten, Kapseln oder Zäpfchen erfolgt mit den Worten: »Eine für dich, zwei für mich, eine für dich, zwei für mich ...«
- Die Einnahme von flüssigen Medikamenten kommentiert der Arzt mit »Prost«.
- Der Arzt malt die Röntgenbilder am Leuchtkasten mit Buntstiften aus.
- Während der Behandlung fällt dem Arzt wiederholt der Joint ins Bier.

Rechte, Pflichten und Verordnungen im Umgang mit Alkoholika, Alkoholikern und Herrengedecken

§ 1 Klare Regeln

(1) Der Umgang mit Alkoholika richtet sich nach den Internationalen Saufgesetzen (SaufG).

(2) Der Konsum von Alkoholika kann aus Coolnessgründen untersagt werden. Dies trifft auf Alkoholika zu,

- die nicht durchsichtig sind,
- die das Wort »Likör« im Namen führen,
- an deren Glasrand sich Teile von Obst, ein Papierschirmchen oder aufgespritzte Lippen befinden.

(3) Im Falle eines Rausches gilt die Lex Alkoholika, ein Ausnahmerecht, welches das Verhalten nach übermäßigem Alkoholgenuss regelt. Zulässig im Sinne der Lex Alkoholika ist/sind:

- Flirtversuche mit der schönsten Frau der Welt, der Kellnerin
- Leidenschaftliche Diskussion über die einzig richtige Strategie zur Rettung der Welt
- Verbrüderung mit Anwesenden
- Verlust der Muttersprache
- Das Provozieren des Wirtes durch eine leidenschaftliche Rede über Walfang und Bierdeckel bis zum Rausschmiss
- Das Auflegen alter Leonhard-Cohen-Platten zu Hause und lautes Mitgrölen in Socken
- Weinen
- Anrufe bei der Exfreundin/dem Exfreund
- Schnarchen mit über 70 Dezibel

§ 2 Katergesetze

(1) Im Falle einer Intoxikation durch übermäßigen Alkoholgenuss sind die Katergesetze einzuhalten.

(2) Wer einen Kater hat oder mit hoher Wahrscheinlichkeit einen haben wird, wenn er aufwacht, darf nicht mit einer Hupe, einer Blaskapelle oder einem launigen Radiomoderator aufgeweckt werden.

(3) An Kater erkrankten Personen dürfen keine Übelkeit provozierenden Gerichte, Gerüche oder Szenen filmisch vorgesetzt, vorgeführt, vorgesungen, vorgetanzt oder erzählt werden.

(4) Erbrechen ist kein Verbrechen.

(5) Im Falle eines akuten Katers ist es zu vermeiden, Gegenstände vom Boden aufzuheben und so den eigenen Schwerpunkt hinter die Körperachse zu verschieben.

(6) An Kater leidende Personen haben jede Anstrengung zu meiden und sind gesetzlich von der Arbeitspflicht befreit.

(7) Wer einem Betroffenen den pseudo-wissenschaftlichen Ratschlag erteilt, den Kater mit einem Katerfrühstück aus Bismarckhering, Sauerkraut und Rollmops zu behandeln, ist dazu verpflichtet, dieses zu beseitigen, falls es als Vomitus den Betroffenen wieder verlässt.

(8) Personen, die sich in einem fortgeschrittenen Zustand der Trunkenheit befinden, müssen von freundschaftlich verbundenen Anwesenden, welche keinerlei oder in geringeren Maßen Alkohol zu sich genommen haben, nachsichtig behandelt werden. Dazu gehören:

- Tränen- und wortreiche Versicherungen ewiger Freundschaft und Liebe seitens des Betrunkenen sind mit einem Kopfnicken und einem gleichwertigen Versprechen zu beenden. Ein Murmeln desselben ist ausreichend.
- Ist der Betrunkene im Begriff, die Bühne einer Karaoke-Bar zu betreten, am Lagerfeuer zu Gitarrenmusik zu singen oder sich anderweitig stimmlich zu blamieren, so ist er mit allen zur Verfügung stehenden Mitteln davon abzuhalten.

- Bestrebungen des Betrunkenen, auf einer Tanzfläche, einer Lautsprecherbox oder einem Tisch zu tanzen oder sich im Takt zu wiegen, sind zu unterbinden.
- Der Betrunkene ist davon abzubringen, ihm fremden oder bekannten Frauen sowie Männern, Tieren oder Gegenständen Heiratsanträge zu unterbreiten.
- Der Betrunkene ist sicher in einem Bett oder auf einem Sofa oder auf einem Teppich zur Ruhe zu legen, alternativ muss ihm ein Kissen unter den Kopf geschoben werden, sofern er auf einer Treppe oder neben einer Toilettenschüssel eingeschlafen ist.

Zusatz: Der Betrunkene darf jedoch gemäß § 7 Artikel 2 der Partyverordnung dekoriert werden.

Bestimmungen und Gesetze, extraterrestrisches Leben sowie teilweise extraterrestrisches Leben betreffend

§ 1 Geltungsbereich

(1) Extraterrestrisches Leben bezeichnet Lebensformen, deren Ursprung nicht auf der Erde verortet ist.

(2) Es ist nicht statthaft, sich im Körper eines extraterrestrischen Lebewesens vermeintlich unerkannt unter die Menschen zu mischen (Lex Winfried Noé).

(3) Juristische Personen, Tiere, Pflanzen oder Gegenstände, die fahrlässig den Eindruck erwecken, sie würden unter Artikel 1 fallen, sind verboten (vgl. Tokio Hotel).

(4) Teilweise extraterrestrisches Leben bezeichnet Teilstücke, Körperpartien und Auswüchse, welche augenscheinlich nicht von der Erde stammen, die jedoch Bestandteil einer natürlichen Person, eines Tieres, einer Pflanze oder eines Gegenstands darstellen (vgl. Gerard

Depardieus Nase, die Ohren von Eseln, die Früchte des Litschi-
baums), sind jedoch zulässig.

(5) Extraterrestrische Lebensformen haben sich in Verhalten, Erscheinen und Umgangsformen an das Bessere Gesetzbuch zu halten.

§ 2 Rechte und Pflichten von Außerirdischen

(1) Extraterrestrische Lebensformen, welche mit Foto-, Film- oder
Videokameras aufgezeichnet werden, haben darauf zu achten, mittels
Bewegungsunschärfe oder durch Verweilen außerhalb der Schärfen-
tiefe ein äußerst undeutliches Bild von sich zu hinterlassen.

(2) Es ist strafbar, eine Exkursion zur Erde zu unternehmen, deren
Zweck einzig darin besteht, amerikanische Teenagermädchen aus dem
mittleren Westen zu schwängern.

(3) Es ist strafbar, Bewohner der Erde zu kidnappen, um mit ihnen
Experimente durchzuführen oder um sie nur aus Spaß zu Tode zu
erschrecken.

(4) Das Betreten von Kornfeldern ist verboten.

Architektensatzung

(1) Im Eingangsbereich jedes öffentlichen und privaten Gebäudes ist
eine Plakette mit Namen, Telefonnummer (geschäftlich und privat)
sowie der Anschrift (geschäftlich und privat, Zweitwohnsitz) des verantwortlichen Architekten anzubringen.

Dieser ist in folgenden Fällen zu kontaktieren:

- Steckdosen befinden sich nicht an der Stelle, an welcher sie ge-
  braucht werden.
- Im Bad befindet sich kein Fenster und/oder keine ausreichende
  Lüftung.
- Die Suche nach einer Toilette in einem Einkaufszentrum nimmt
  mehr als fünfzehn Minuten in Anspruch.

- Jemand stößt sich den Kopf an.
- Die Wände zur Nachbarwohnung stellen einen Sicht-, jedoch keinen Hörschutz dar.
- Es ist im Sommer zu warm und/oder im Winter zu kalt oder umgekehrt im Sommer zu kalt und/oder im Winter zu heiß.
- Die Dusche wird nur heiß, wenn man mehr als fünf Minuten wartet und dabei »Oh Happy Day« singt.

(2) Jeder Architekt ist verpflichtet, mindestens einmal jährlich an einer Ausschreibung teilzunehmen. Die Fertigstellung des Angebots lässt drei Tage vor Abgabe keinen Schlaf zu, die Ausschreibung wird stets verloren.

(3) Architekten sind zum Mitführen einer Brille verpflichtet. Das zulässige Modell ist eine rechtwinklige Brille aus schwarzem Horn.

(4) Abhängig von der Einkommensklasse und der Familiensituation ist am Straßenverkehr mittels einer Vespa und einem Halbschalenhelm oder eines Volvos (vgl. Saab Cabriolet) teilzunehmen.

(5) Jeder Architekt muss in der Lage sein, eine halbstündige Rede aus dem Stegreif über den Potsdamer Platz in Berlin oder, alternativ, das UNO-Gebäude in New York zu halten.

(6) Die Privatwohnung eines Architekten hat über mindestens ein Schwarz-Weiß-Poster von John Coltrane sowie eine Niederstrom-Halogen-Drahtseilkonstruktion zu verfügen.

Gesetz zum regelkonformen Umgang mit Männermagazinen

(1) Als alleiniger Grund des Erwerbs und der Nutzung von Männermagazinen gilt die darin enthaltene textlastige Berichterstattung, insbesondere die Interviews oder die Witze.

(2) Das Interesse an unzüchtigem Bildmaterial hat der Käufer stets abzustreiten.

(3) Gegenüber Dritten ist stets zu dementieren, dass die Männermagazine für die Eigennutzung erworben wurden. Dem Verkäufer gegenüber ist das Männermagazin stets als Geschenk zu bezeichnen.

(4) Verkündete Trendsportarten sind vollumfänglich und zeitnah umzusetzen.

(5) Steht aufgrund aktueller Fitnesstrends das Trainieren bestimmter Muskeln oder Muskelgruppen in einer Saison besonders im Fokus der Berichterstattung, so müssen alle anderen Muskelgruppen unverzüglich vernachlässigt werden (siehe Anlage 1).

(6) Artikel der Rubrik Essen und Genussmittel sind ausnahmslos der Zubereitung von Fleisch zu widmen.

(7) Wer aus Männermagazinen zitieren möchte, der hat dies mit folgender distanzierender Einleitung zu tun: »Im Wartezimmer von meinem Physiotherapeuten hab ich gelesen, dass ...«

(8) Im Zuge der Gleichstellungsverordnung haben folgende Männermagazine ihre Namen zu ändern, um in Form und Duktus den Titeln der Frauenmagazine (vgl. »Brigitte«, »Petra«, »Für Sie«) nahe zu kommen:

Bisheriger Männermagazintitel	Neuer Männermagazintitel
GQ	Herbert
FHM	Für ihn
Playboy	Freund
Men's Health	Mann im Spiegel
Matador	Thilo

Anlage 1 zu Artikel 5
- Muskelpartie des Jahres ...
- Trizeps 2003
- Wade 2004
- Untere Bauchmuskeln 2005

- Rücken und Schulter 2006
- Bizeps 2007
- Obere Bauchmuskeln 2008
- Oberschenkel 2009
- Kaumuskel 2010
- Halsmuskeln 2011
- Schließmuskel 2012

Beinkleidpräambel (Bkpäpl)

§ 1 Geltungsbereich

(1) Ein Beinkleid ist ein Kleidungsstück, das zur Verhüllung von Gesäß, Geschlechtsteilen und Beinen dient, und von der Hüfte abwärts getragen wird.

(2) Kleidungsstücke, die vom Fuß her in Richtung Hüfte getragen werden, sind als Strümpfe oder Socken zu bezeichnen.

(3) Leggins sind vom Gesetzgeber für Personen mit einem Körpergewicht von mehr als 65 Kilogramm als Beinkleid generell nicht zugelassen.

§ 2 Voraussetzungen für das Tragen von Beinkleidern

(1) Ein Beinkleid ist am Träger derart anzubringen, dass es:

- aus eigener Kraft bis auf weiteres an ihm verbleibt
- geeignet ist, sich unverzüglich öffnen zu lassen, wenn der dringende Fall einer abgeschlossenen Verstoffwechslung eintritt
- den Träger weder aus Fahrlässigkeit noch aus Gründen der willentlichen Lässigkeit der Lächerlichkeit preisgibt.

(2) Die Befestigung eines Beinkleides knapp unterhalb der Achseln ist nur bei Senioren oder geistig behinderten Personen statthaft.

(3) Das Befestigen einer Hose unterhalb der Gürtellinie, so dass die Unterwäsche auch unbeteiligten Dritten gegenüber sichtbar wird, ist ausschließlich Jugendlichen mit erziehungspädagogischen Defiziten erlaubt (siehe auch § 37 Geschmacksfriedensbruch Artikel 2).

Produkthaftungsgesetz

(1) Das Produkthaftungsgesetz greift insbesondere bei Produkten, bei denen der Träger auf die Haftung des Produktes besonders angewiesen ist und eine nicht vorhandene oder ausreichende Haftkraft des Produktes einen schwerwiegenden Produktminderungsgrund ergibt.
(2) Die Dritten sind haftbar zu machen.

Leimhaftungsgesetz

(1) Wer Leime oder andere klebende Stoffe oder Bindemittel in Umlauf oder zur Anwendung bringt und sie dabei an seinen Fingern verteilt, der haftet.
(2) Wer nichthaftenden Leim oder andere nichtklebende Stoffe oder Nichtbindemittel in Umlauf oder zur Anwendung bringt, der kann dafür in Haft genommen werden.

Leimherstellerhaftungshaftung

Der Hersteller von Leim oder anderen klebenden Stoffen oder Bindemitteln haftet für die Haftung.

Klogesetze

(1) Das Anbringen von humoristischen Ge- oder Verbotsschildern an oder über Toiletten ist nicht zulässig. Zuwiderhandlungen dürfen mit Zuwiderhandlungen gegen die Schilder bestraft werden.

(2) Hochflorige Umpuschelungen, die geeignet sind, am Fuße einer Toilette mehrere Liter Flüssigkeit aufzunehmen, unterliegen dem Seuchenschutzgesetz und sind nur mit geeignetem Schuhwerk zu betreten.

(3) Auf jeder öffentlichen und privaten Toilette innerhalb des deutschen Sprachraums hat ein Exemplar des »Besseren Gesetzbuchs« bereitzuliegen.

(4) Wer ein Klo verunreinigt und die Beseitigung der Verunreinigung willentlich oder fahrlässig unterlässt, darf im Kreise der häuslichen Wohngemeinschaft angeprangert werden.

(5) Männliche Benutzer, die in stehender Position Harn lassen, unterwerfen sich der Vermutung, die Hauptverschmutzer der Toilette zu sein.

(6) Wer in Kabinen öffentlicher Toiletten durch besondere Geräuschemissionen auffällig wird, hat so lange in der Kabine zu verbleiben, bis er diese unerkannt verlassen kann.

(7) Dies gilt auch dann, wenn oral erzeugte Geräusche der Erleichterung oder der Freude in Tateinheit mit einer gelungenen Abstuhlung zustande kamen.

(8) Hosen, Röcke und andere Beinkleider sowie Unterwäsche sind nach Beendigung eines Toilettenvorganges wieder in ihre Ursprungsposition zurückzuführen. Ein Einklemmen von Reinigungspapierstreifen im Bundbereich ist bei diesem Vorgang zu unterlassen.

(9) Wird bei Betätigung der Spülung das männliche Geschlechtsteil von Wasser umspült, hat sich der Besitzer darüber zu freuen, vollständig unabhängig von der tatsächlichen Länge seines Genitals.

Erblassung

Wer bei der Vollstreckung des Testaments an Gesichtsfarbe verliert oder wer sein Erbe anderen überlässt, der macht sich in beiden Fällen der Erblassung schuldig.

Karnevalsgrundsätze

(1) Wer an einer Büttenrede teilnimmt, verpflichtet sich, auch solche zum Vortrag kommende Beiträge applaudierend und anerkennend hinzunehmen, die keinerlei Merkmale eines nachvollziehbaren Humorverständnisses erfüllen.

(2) In den einzelnen Ländern der Bundesrepublik Deutschland ist jede Narrenzunft verpflichtet, durch das Ausrufen eines sogenannten Narrenrufs unbeteiligte Dritte auf die Verbreitung von karnevalistisch-humoristisch motiviertem Personal hinzuweisen. Als beispielhaft hierfür dient die Anlage, in der die sog. »Narrenrufe« der schwäbischen Narrenzünfte geführt werden, die so absurd und saublöd sind, dass sie nicht mal erfunden sind.

Ruf	Ort
Doraus – Detnaus, Bei dr alte Linde naus!	Dorauszunft Saulgau in Bad Saulgau
Kügele – Hoi	Narrenzunft Spritzenmuck in Ehingen (Donau)
Käsperle – sei still!	Narrenzunft Gomaringer Käsperle
Ali – Gero	Narrenzunft Ailingen
Has Has Narro	Narrenzunft Seehasen Bodman-Ludwigshafen
Schnarragges – Heidenei	Narrenzunft Kißlegger Hudelmale

Breisgau – Ofaloch	Plätzlerzunft Altdorf Weingarten
Hoorig, hoorig – isch dia Katz	Katzenzunft Meßkirch, Narrenzunft Leutkirch, …
Gockelores – Kikeriki	Narrenzunft Seegockel Friedrichshafen
Ajoo!	Emmendingen
Komma Gschwomma!	Stuttgart-Hofen
Narri – Narro	Mittlerer Schwarzwald, Bodensee, Schwäbische Alb
Ho Narro	Konstanz am Bodensee
Hoja	Eberbach/Neckar
Monte Miau	Waldkatzenbach am Katzenbuckel
Hella, Hella Gamundia	Schwäbisch Gmünd
Alla Hopp	Karlsterner-Hexenzunft
S'Ahoi	Mannheim (Stichler)
Sandhase Hopp, Sandhase Hopp, Sandhase Hopp Hopp Hopp	Mannheim (Sandhase)
Hajo!	Heidelberg
Bier im Gral – Argental	Kreuzritter vom Argental

Gesetze über die zwischenmenschliche Kommunikation zum Thema Jazz

(1) Findet ein Gespräch zwischen zwei Personen über Jazzmusik statt, so ist es für die Gesprächsteilnehmer rechtlich bindend, ihre Mimik der Ernsthaftigkeit des Themas anzupassen. Dabei hat die mimische Grundeinstellung eines jeden Teilnehmers an einem Gespräch über Jazz der von Kennern hochpreisigen Rotweins oder Weinbrander-zeugnissen zu entsprechen.

(2) Führt ein Gesprächspartner ein Jazzstück oder einen Jazzmusiker in das Gespräch ein, der sich größerer – und vor allem auch allgemeiner – Beliebtheit erfreut, sind alle anderen Gesprächsteilnehmer dazu angehalten, leicht zu schmunzeln.

(3) Eine Schmerzmimik, verbunden mit leichten Nickbewegungen des Kopfes, ist kein Zeichen von Schmerzen, sondern der Zustimmung. Dieser Zustimmung kann mehr Bedeutung beigemessen werden, wenn ein Teilnehmer scharf Luft durch die Zähne einzieht. Die Augen sind dabei zu schließen. Die Kopfbewegung muss fortgeführt werden.

(4) Die stereotype Aussage: »Ich mag Jazz schon. Nur keinen Freejazz«, ist sittenwidrig. In besonders schweren Fällen liegt sogar eine Unkenntnis über die Unterscheidung von Freejazz und Bebop gegenüber anderen Jazzstilrichtungen vor.

(5) Der Rückschluss, sämtliche nicht tanzbaren Jazzstücke seien Freejazz, gilt als grob fahrlässig und wird mit einer Geldstrafe bestraft.

(6) Wer während eines Gesprächs über Jazz Mr. Monk als Jazzpianisten anführt, hat mit einer Beschallung mit Volksmusik nicht unter drei Jahren zu rechnen.

(7) Wer sich in täuschender Absicht an einem Jazzgespräch beteiligt, obwohl sich als einziges Werk »The Köln Konzert« von Keith Jarrett in seinem Besitz befindet, wird mit einer lebenslangen Haftstrafe und anschließender Sicherheitsverwahrung bei Marianne und Michael bestraft.

(8) Ein minderschwerer oder sogar straffreier Fall liegt dann vor, wenn die aussagende Person hübsch oder sehr hübsch ist.

Allergikerverordnung

§ 1 Geltungsbereich

(1) Der Umgang mit Allergikern, deren Immunsystem auf äußere Einflüsse überreagiert, unterliegt der Allergikerverordnung.

(2) Als allergieauslösende Stoffe kommen zahlreiche Substanzen in Betracht: Gräser, Pollen, Insektengifte, Milchzucker, Nüsse, Haare und Ausscheidungen von Hunden, Katzen, Hasen sowie Kontakt zu Hausstaub und Hausaufgaben.

§ 2 Regelungen im Umgang mit Niesattacken

(1) Auf ein Niesen hat ein Nichtniesender stets »Gesundheit« zu sagen.

(2) Auf »Gesundheit« hat ein Niesender stets »Gesundheit sagt man nicht mehr« zu sagen.

(3) Ein Sonderfall ergibt sich, wenn ein Nichtniesender »Gesundheit« sagt und dann selbst anmerkt, dass man Gesundheit eigentlich nicht mehr sage.

(4) Ist ein Allergiker im Begriff zu niesen, dazu aber nicht fähig, darf er einen leuchtenden Gegenstand oder die Sonne niesnutzen.

§ 3 Regelungen zum Umgang von Allergikern untereinander

(1) Erkennen sich im Frühling Allergiker gegenseitig an geröteten Riechorganen oder unbotmäßiger Ausschüttung von Tränenflüssigkeit, sind sie verpflichtet, sich nach den jeweiligen Allergien des anderen Allergikers zu erkundigen.

(2) Im Anschluss sind Allergiker verpflichtet, sich nicht unter der Dauer von einer Stunde über Allergologen, unterschiedliche Sprays oder Tabletteneinnahmen auszutauschen. Es gilt gemeinschaftlich zu erkennen, dass derzeit keine Möglichkeit zur medikamentösen Abhilfe besteht.

§ 4 Allgemeine Rechte und Pflichten im Umgang mit Allergikern

(1) Wer einen Allergiker während oder nach einer Niesattacke, einem allergischen Anfall oder bei extremem Anschwellen eines Allergikers auslacht, nachäfft oder sich daraus einen sportlichen Vorteil verschafft, darf straffrei mit Reizgas und Pfefferspray angegriffen werden.

(2) Alternative Heiler, die sich am Leid eines Allergikers gütlich tun, sind angehalten, den wissenschaftlichen Beweis für die Wirksamkeit ihrer Methode zu erbringen. Kann ein Heiler diesen Beweis nicht erbringen, so wird eine ganzheitliche Fremdurintherapie als geringstes Strafmaß festgesetzt.

(3) Entwendet ein Nichtallergiker einem Allergiker dessen einziges verbleibendes Taschentuch, darf er vom Allergiker als Ersatz benutzt werden.

§ 5 Bestäubungsmittelgesetz

(1) Bestäubungsmittel im Sinne dieses Gesetzes sind die in der Anlage I aufgeführten Stoffe und Zubereitungen.

(2) Mit Freiheitsstrafe von bis zu fünf Jahren oder mit Geldstrafe wird bestraft, wer

- Bestäubungsmittel unerlaubt anbaut, herstellt, mit ihnen Handel treibt, sie ohne Handel zu treiben einführt, veräußert, abgibt, sonst wie in den Verkehr bringt, erwirbt oder sich in sonstiger Weise verschafft, ausgenommen Bienen,
- einem anderen eine Gelegenheit zum unbefugten Erwerb oder zur unbefugten Abgabe von Bestäubungsmitteln verschafft oder gewährt, sofern es sich nicht um einen Imker handelt.

Anlage I
- Pollen
- Nektar

Angebergesetze

(1) Wer Fakten unwahrheitsgemäß oder mit großer Übertreibung verbreitet, wird mit einer Freiheitsstrafe von nicht unter 9000 Jahren oder mit Geldstrafe von bis zu Gotteszahl bestraft.

(2) Der schweren Angeberei schuldig macht sich, wer nachfolgende Kommentare abgibt:

- Nach einem Reisebericht:
  »Da war ich auch. Aber nicht da, wo die Touris sind.«

- Nach einem Krankheitsbericht:
  »Da hatten Sie aber Glück. Das war bei mir schmerzhafter.«

- Nach einem Kaufbericht:
  »Da hast du dich aber ziemlich über den Tisch ziehen lassen. Ich habe den Händler bis auf X gedrückt.«

- Nach einem Bericht über sportliche Laufleistungen:
  »Echt? So weit? Wow. Mein Mann läuft das auch. Jeden Morgen vor dem Frühstück.«

- Nach einem Bericht über sportliche Leistungen eines Kindes:
  »Ist ja süß. Bei unserem hat jetzt Bayern München angeklopft.«

- Bei Berichten über erlebte Live-Konzerte:
  »Die hab ich schon gesehen, da waren die noch die Vorgruppe von [Bandname]«.

Anglergesetze

(1) Von Falschaussagen seitens des Anglers über Größe und Gewicht eines erbeuteten Fisches ist nicht auszugehen.

(2) Es liegt keine Beweislast seitens des Anglers vor. Eine mündliche Schilderung der Ausmaße des Fisches ist ausreichend.

(3) Zum Schutz vor ehrverletzenden Anschuldigungen ist es dem Angler gestattet, Fisch im Einzelhandel käuflich zu erwerben, um diesen im häuslichen Umfeld als selbsterbeutet vorzulegen.

(4) Um der Überführung einer Täuschung entgegenzuwirken, ist auf den Erwerb von heimischen Fischarten zu achten.

(5) Verdachtsmomente eines vermeintlichen Täuschungsdelikts durch nichtheimischen Fisch oder Fischfertigprodukte (vgl. à la Bordelaise, Fischstäbchen) hat der Angler selbständig und glaubhaft zu zerstreuen.

(6) Erhärtet sich der Verdacht gegen den Angler, sein erbrachter Fisch sei nicht fangfrisch, kann er den Kauf des Fisches billigend einräumen.

(7) Die Ziele des Anglers sind frei wählbar und können auch unrealistischen Charakter haben. Dem Angler steht es frei, an einem kleinen, fließenden Gewässer den Fang eines überdurchschnittlich großen Welses zu verfolgen.

(8) Wer mindestens sechs Stunden gemeinschaftlich vor einem Gewässer verbringt, ist mangels Erlebnissen von Gesprächen jeder Art entbunden.

(9) Das Recht zur Einnahme von alkoholhaltigen Getränken bleibt davon unberührt.

Brillenträgerverordnung

§ 1 Regelungen zum Umgang mit Brillenträgern

(1) Einen Brillenträger schlägt man nicht.

(2) Wer einen Brillenträger schlägt oder misshandelt, wird mit Freiheitsstrafe von bis zu fünf Jahren oder mit Geldstrafe bestraft.

§ 2 Regelungen zum Tragen von Brillen

(1) Eine Brille ist stets mittig auf dem Nasenrücken und vertikal ausgerichtet zu tragen.

(2) Wird eine Brille dergestalt auf der Nasenspitze verortet, dass der Träger über diese regelmäßig hinwegsehen muss, so handelt es sich um eine Lesebrille.

(3) Wird eine Brille dazu missbraucht, einen strengen Blick zu simulieren, kann dies eine Straftat darstellen (vgl. Urteil im Fall Richterin Barbara Salesch).

§ 3 Regelungen zum Auffinden von Brillen

(1) Trägt ein Brillenträger seine Sehhilfe über der Stirn, darf ihm bei der Suche derselben nicht aktiv geholfen werden.

(2) Eine Beihilfe zur Suche ist jedoch dann zulässig, wenn sich beim Brillenträger eine unmittelbare, erhebliche Gefahr für Leib und Leben einstellt (der Brillenträger greift während seiner Suche in den Schienenverkehr ein etc.).

(3) Meldet ein Brillenträger seine Sehhilfe als verlustig, ist es allen Personen, die die Meldung vernommen haben, nicht mehr gestattet, die Füße dergestalt zu bewegen, dass sie Gefahr laufen, eine eventuell auf dem Boden befindliche Sehhilfe zu zerstören. Die Starre ist erst dann zu beenden, wenn die verlustig gegangene Sehhilfe als gefunden gemeldet wird.

§ 4 Leihe von Brillen

Entleiht ein Brillenträger seine Brille an Dritte, sind folgende Kommentare nicht zulässig:

- »Wie blind bist du eigentlich ohne deine Brille?«
- »Mir wird schwindlig!«
- »Hast du die schon mal geputzt?«

§ 5 Privatnebelerlass

(1) Betritt ein Brillenträger bei kühlen Außentemperaturen eine beheizte Räumlichkeit, darf er aufgrund seiner beschlagenen Sehhilfe zu seinem eigenen Schutze nicht herbeigerufen werden.

(2) Dem Brillenträger ist eine Frist zu gewähren, bis er seine vollständige Sehfähigkeit wiedergewinnt.

§ 6 Reinigung von Brillen

(1) Zur Reinigung einer Brille darf diese glasweise im Mund aufgenommen werden, um eine umfassende Anhauchung zu gewährleisten.

(2) Die Benutzung spezieller Brillenreinigungstücher ist nur für Scharfschützen, Piloten, Chirurgen, Beamte, Juweliere und Voyeure statthaft.

(3) Studenten und Kindern ist es gestattet, zur Reinigung ihrer Sehhilfe den unteren Rand ihrer Oberbekleidung heranzuziehen.

§ 7 Allgemeine Regelungen

(1) Gut sichtbare Brillenstegabdrücke auf dem Nasenrücken eines Brillenträgers (Brillenfüßchen) sind zu jeder Zeit von Dritten unkommentiert zu lassen.

(2) Den Porträts von Politikern auf öffentlich zugänglichen Wahlplakaten darf jederzeit straffrei eine Brille aufgemalt werden.

§ 8 Sonnenbrillensonderregelungen

(1)Das Tragen einer Sonnenbrille als Haarschmuck ist statthaft, wenn der Träger weiblichen Geschlechts ist.

(2) Eine Sondergenehmigung erhalten Männer nur im Falle einer nachweisbaren südländischen Herkunft.

(3) Überschreitet eine modische Sonnenbrille für Damen eine Fläche von 50 Quadratzentimetern pro Glas, erfüllt diese die Kriterien einer Windschutzscheibe und muss vom Technischen Überwachungsverein (TÜV) zugelassen werden.

(4) Es steht jedem männlichen Sonnenbrillenträger frei, pro Saison bis zu sechs verlorene Sonnenbrillen neu zu erwerben. Übersteigt er diese Grenze, darf sein(e) Lebenspartner(in) eine medizinisch-psychologische Untersuchung (MPU) anordnen.

Handtaschengesetze

§ 1 Geltungsbereich

Als Handtaschen im Sinne der Handtaschengesetze gelten Taschen, die überwiegend zum Transport kleinerer Gegenstände des täglichen Bedarfs gelten.

§ 2 Herrenhandtaschen

(1) In Herrenhandtaschen ist das Mitführen von Taschentüchern, Geldbörsen, Mobilfunkgeräten, Pflastern, Spiegel, Lippenpflege, Kaugummis oder Schreibwerkzeugen nicht zulässig.

(2) Herrenhandtaschen aus Kunstleder, die am Handgelenk getragen werden, sind ein Verstoß gegen die guten Sitten und werden mit einer Freiheitsstrafe von nicht unter zehn Jahren bestraft.

§ 3 Damenhandtaschen

(1) Damenhandtaschen, die nicht größer sind als ein gewöhnliches Steak, beherbergen Taschentücher, Geldbörsen, Mobilfunkgeräte, Pflaster, Spiegel, Lippenpflege, Kaugummis, Schreibwerkzeuge sowie Damenhygieneartikel, Ersatzstrumpfhosen, Schminkzeug, Nähzeug, Ersatzwäsche, Verbandszeug, Snacks, Sonnenbrillen, Haarspangen, Deodorantstifte, Kämme, Bürsten, und darüber hinaus haben sie alle Gegenstände des männlichen Begleiters zu verstauen.

(2) Über die physikalisch-technische Bewerkstelligung ist gegenüber Angehörigen des männlichen Geschlechts stets Stillschweigen zu bewahren.

(3) Besitzerinnen von sogenannten It-Bags, deren Taschen ein Volumen besitzen, das geeignet ist, einen vollständigen Hausrat zu verstauen, oder die direkt in der Tasche einziehen könnten, sind verpflichtet, die It-Bag als ihren Wohnsitz zu melden.

Ohrfeigengesetz

(1) Ohrfeigen haben gleichermaßen rechtskräftig wie linkskräftig in die jeweilige Gesichtshälfte eines Dritten zu erfolgen.

(2) Feigt der Ohrfeigende bei einer Ohrfeige ein Ohr eines Ohrgefeigten, gilt die Ohrfeige nicht als Ohrfeige, sondern als Schlag auf das Ohr des Backgepfeiften.

(3) Sonderregelung für den Freistaat Bayern: Ohrfeigen sind in Bayern sittenwidrig und werden mit Watschen, Fotzen oder einer Drum Schell'n geahndet.

Bartträgerverordnung

§ 1 Geltungsbereich

(1) Als Bart gelten die Gesichtshaare einer Person.

(2) Nicht als Bart gelten Gesichtshaare, die in Stärke und Beschaffenheit einen Flaum nicht überschreiten (Jens-Weißflog-Klausel).

§ 2 Klassifizierung von Bärten

(1) Um eine korrekte Bezeichnung und Unterscheidung der verschiedenen Barttypen zu ermöglichen, sieht der Gesetzgeber folgende Bartbezeichnungen für die beschriebenen Barttrachten vor: siehe Anlage SCHNAUZ 3. Gängige Bartbezeichnungen, wie Oberlippenbart, Vollbart, Ziegenbart oder Koteletten, werden nicht gesondert aufgeführt. Ebenso sieht der Bessere Gesetzgeber von Nennungen vulgärer Bartbezeichnungen, wie »Arschkitzler, Gesichtsfotze« etc., ab.

Anlage SCHNAUZ 3 Bartbezeichnungen

Beschreibung, Art und Verortung des Bartes	Gesetzliche Bartbezeichnung
Sehr dünner Oberlippenbart direkt unter der Nase mit Abstand zur Oberlippe	Mother's Finest
Sehr dünner Oberlippenbart direkt über der Oberlippe	Kaba-Kajal (dunkles Barthaar) Milchmädchen (blondes Barthaar)
Koteletten, die unterhalb der Ohren beginnen	Seitenhairbag
Längerer, zipfelförmiger Bart, direkt an der Unterlippe	Dornkaat, Kleine Straße
Kurzgeschorener Bart an der Unterlippe zuzüglich Kinnbart	T-Flipp, Günther Kastenfrosch

Bart wie oben mit Oberlippenbart (geschlossener Kreis)	Jürgen-um-die-Lippe
Oberlippenbart, nicht breiter als die Nasenflügel	Nazi-Goreng
Sehr lange, dünne, gut definierte Koteletten	Ludensch(m)iss
Vollbart mit extremer Länge	Rough Boy
Vollbart, Ansatz mit extremer Nähe zu den Augen	Siebenschröter (Hotz'n Plotz)

Elvisgesetz

(1) Postsendungen werden ungeöffnet an den Empfänger zurückgeschickt.

(2) Der Wunsch, ein Tiger zu sein, wird ausgeschlagen mit dem Hinweis auf dessen Neigung zur Gewalttätigkeit.

(3) Die Bekundung tiefer, positiver Gefühle hat in zarter Weise zu erfolgen.

(4) Es hat unverzüglich zu geschehen, oder es ist bis auf weiteres davon abzusehen.

(5) Es gilt kleinere, geschlossene Ortschaften auf Weisung Dritter unverzüglich zu verlassen.

(6) Der Hinterhof ist sauber zu halten.

(7) In meinem rechtmäßigen Besitz und Eigentum befinden sich blaue Seidenschuhe.

(8) Einem Mindestmaß an Handlung steht stets ein übersteigerter nichtschriftlicher Austausch entgegen.

Motorradclubgesetze

§ 1 Geltungsbereich

Als Motorradclub gilt eine Vereinigung, zu der sich Personen, die gerne auf Motorrädern sitzen, freiwillig und mit dem Ziel organisierter Willensbildung zusammengeschlossen haben.

§ 2 Voraussetzungen für die Mitgliedschaft

(1) Voraussetzungen für die Mitgliedschaft sind der Besitz eines Kraftrades ab 125 ccm, die Bereitschaft zum Tragen von Jacken mit applizierten Nieten und/oder Aufnähern sowie eine etwas lockere Einstellung zum Thema Gewalt.

Zusatz: Eine Fahrerlaubnis für Krafträder ab 125 ccm oder größer sowie ein Interesse an Krafträdern ist für eine Mitgliedschaft in einem Motorradclub nicht zwingend erforderlich.

(2) Jeder Motorradclub muss mindestens über ein Mitglied mit akademischem Ausbildungsgrad verfügen. Dieses Mitglied dient als Beweismittel für folgende Aussage: »Die Leute haben ein völlig falsches Bild von unserem Club. Wir haben sogar einen Zahnarzt dabei.«

(3) Alle weiteren Mitglieder eines Motorradclubs müssen im Bundeszentralregister mindestens drei der folgenden Vorstrafen vorweisen:

- im Einzel-, Groß- und Außenhandel mit verbotenen Betäubungsmitteln und Waffen
- in schwerer Körperverletzung und/oder räuberischer Erpressung
- Schutzgelderpressung
- Delikte gegen die sexuelle Selbstbestimmung und/oder Anstiftung zur Prostitution

§ 3 Regelungen zur freiheitlichen Selbstbestimmung

(1) Ein Motorradclub hat seinen Mitgliedern größtmögliche Freiheit zu gewährleisten.

(2) Sämtliche Freiheiten sind durch ein komplexes, bindendes Regelwerk unter Gewaltandrohung festzulegen. Bei Zuwiderhandlung droht der Ausschluss aus der Gemeinschaft oder es tritt § 4 Artikel 1 in Kraft.

§ 4 Kündigung der Mitgliedschaft

(1) Kündigt ein Mitglied seine Mitgliedschaft in einem Motorradclub, so ist das ehemalige Mitglied gemäß der Satzungsverordnung durch einen gewaltsamen Tod vom Club zu verabschieden.

(2) Möchte das ehemalige Mitglied trotz Kündigung weiterleben, ist es berechtigt, in ein Zeugenschutzprogramm zu Lasten der Staatskasse aufgenommen zu werden.

(3) Sollte das ehemalige Mitglied überleben, so besteht das Recht auf die Veröffentlichung eines eigenen Buches zu gewerblichen Zwecken, dessen Erlöse nicht der Staatskasse zukommen.

(4) Als Grund für eine Mitgliedschaft in einem Motorradclub hat das Mitglied »Männerfreundschaft«, »Abhängen«, »Ein bisschen Spaß« anzugeben.

(5) Nach einer Kündigung ändern sich die Aussagen aus Artikel 6 wie folgt: »Harte Kindheit«, »Bindungsunfähigkeit«, »Die Suche nach ein bisschen Anerkennung«.

Bauerngesetze

§ 1 Geltungsbereich

(1) Als Bauer gilt, wer der Land-, Vieh- oder Forstwirtschaft nachgeht und dafür Agrarsubventionen erhält.

(2) Zur durchgängigen, rechtlich einwandfreien Erkennung eines Landwirts ist diesem vollumfänglich das Recht eingeräumt, auch im Hochsommer Gummistiefel zu tragen.

§ 2 Bauerndemonstrationsverordnung

(1) Es ist unabhängig von den jeweiligen konkreten Entscheidungen stets gegen die Agrarpolitik der Europäischen Union zu demonstrieren.

(2) Die Mittel der Demonstration haben wie folgt durchgeführt zu werden:

- Errichtung überdimensionaler Pyramiden aus Gemüse
- Erbringung von mindestens tausend Liter Milch oder Odel auf die Straßen vor Amtssitzen der Europäischen Union (alternativ kann auch Mastvieh zur direkten Verrichtung von Dungabsonderung dort verortet werden).

§ 3 Traktorfahrverordnung

(1) Auf Landstraßen dürfen Traktoren dann gefahren werden, wenn andere Verkehrsteilnehmer nicht oder nur unter erheblicher Gefahr überholen können.

(2) Ein Fahren am äußersten rechten Fahrbahnrand oder das Einfahren in eine Überholbucht ist nur dann zulässig, wenn zuvor ein Stau von nicht weniger als 20 Kilometern verursacht werden konnte.

(3) Zieht ein Traktor einen Gülletransporter, so muss mindestens ein Anteil von 18,3 % der Gülle auf den Straßenbelag verbracht werden.

(4) Heuladungen sind stets so anzuordnen, dass die Fahrer nachfolgender Fahrzeuge hinter dem Traktor nicht vorbeischauen können.

§ 4 Gültigkeit von Bauernregeln

Die in den Volksmund übergegangenen Bauernregeln behalten vollumfänglich weiterhin Bestand. Zum 1. Dezember 2011 werden zehn modernisierte und aktualisierte Bauernregeln in Kraft gesetzt:

»Trifft den Bauern plötzlich Schnee, war er nicht auf wetter.de.«

»Will der Bauer Post erlangen, drückt der Bauer auf ›empfangen‹.«

»Hat der Bauer am Bauch Speck, geht er abends oft zum Mac.«

»Fährt der Bauer aus der Spur, schaut er auf sein iPhone nur.«

»Hüpft der Bauer wie noch nie, hat der Bauer eine Wii.«
»Trinkt der Bauer Pflanzenschutz, wird er spitz wie Tiger Woods.«
»Fehlt dem Bauer jede Bräune, hat er viele Facebook-Freunde.«
»Lacht der Bauer wie ein Depp, spielt er mit der neuen App.«
»Ist der Bauer nicht ganz doof, führt er einen Bio-Hof.«

Berufsbezeichnungsgesetze, alternative

Folgende Berufsbezeichnungen sind mit sofortiger Wirkung in An-
passung an die amerikanischen Berufsbezeichnungen für den öffentlichen Verkehr und die Nutzung auf Visitenkarten zulässig:

Bisherige Berufs-bezeichnung	Neue zulässige alternative Berufsbezeichnung(en)
Frisör	Hairdirector Schopfschöpfer Philhaarmoniker
Bäcker	Mehldesigner Hefecoach Teilchenbeschleuniger
Elektriker	Phasendrescher Halbleitender Angestellter
Pfarrer	Psalmjokey (PJ) Personal Believer Heilandpraktiker Konfessionsberater (Confession Advisor)

Umgang, Regeln, Pflichten, Lieblingsvorschriften und Erlässe für deutsche Staatsbürger (DGüURPLuEfdStb)

(1) Deutsche nach der Definition von Sara Zinn (vgl. Sara Zinn – »Deutschland schlafft ab«, Riva Verlag) sind im bundesdeutschen Staatsgebiet ansässige Personen mit deutscher Identität, kultureller Prägung und panischer Angst vor Ausländern.

(2) Kein Deutscher muss sich heutzutage noch für seinen Status als Deutscher schämen.

Zusatz: Na ja. Obwohl.

(3) Das gesetzwidrige Überschreiten einer Straße während einer roten Ampelphase wird mit einer Belehrung bestraft. Die Belehrung kann an Ort und Stelle von jedem deutschen Oberlehrer nach billigem Ermessen vorgenommen werden.

(4) Wer einen Fahrradfahrer auf einem Gehweg oder in einer Fußgängerzone antrifft, ist dazu verpflichtet, diesen anzuhalten und über die nicht normgemäße Nutzung seines Zweirades zu unterrichten. Ob der Fahrradfahrer durch sein Verhalten im konkreten Fall eine tatsächliche Behinderung darstellt, ist dabei nicht relevant.

(5) Bäume, Kinder, Haustiere und Bälle, welche durch widerrechtliches Überschreiten einer nachbarlichen Grundstücksgrenze in das Grundstückseigentum eines deutschen Bundesbürgers eindringen, ermächtigen diesen zur Beschlagnahme oder Tötung in Notwehr.

(6) Die bundesdeutsche freiheitliche Rechtsordnung sowie deren rechtmäßig gewählte Vertreter sind verpflichtet, das Grundrecht auf freie Fahrt ohne Tempolimit zu bewahren.

(7) Weiße Tennissocken sind okay.

(8) Bei Abschlussapplausen auf Konzerten, Veranstaltungen, Reden und anderen Massenveranstaltungen ist nach höchstens zehn Sekunden in ein minutenlanges rhythmisches Klatschen zu verfallen.

(9) Der Ball von 1966 in Wembley war nicht drin.

(10) Die Entscheidung über die Heirat erfolgt mittels eines Finanz- und Steuersparplans.

(11) Furzkissen sind lustig.

Gesetze, die Verfasser von Lyrik und Gedichten im Sinne sprachlicher und schriftstellerischer Kunst (Poeten) betreffen

Präambel: Die Lyrik ist die dritte poetische Gattung neben der Epik und der Dramatik. Lyrische Texte unterscheiden sich durch Vers, Versmaß und Strophenbau von der Prosa. Um schöne, klassische Gedichte zu gewährleisten, sind die lyrischen Gesetze stets einzuhalten.

(1) Ordnungswidrig handelt, wer Wörter, Laute oder Silben in Reimform bringt, welche für eine Reimung nicht geeignet sind (vgl. Legislatur von Hölderlin, 1812).

(2) Zur Kategorie der eigentlich nicht reimenden Wörter zählen beispielhaft:
- mehr – sauber
- hohl – toll
- wann – Bahn

(3) Zur Kategorie der eindeutig nicht reimenden Wörter zählen beispielhaft:
- Liebe – Salat
- Knoten – Quark
- Einbahnstraße – Senf

(4) Folgende Wörter dürfen nicht auf das Wort »Liebe« gereimt werden:
- Siebe
- Diebe
- Hiebe

- Wiege
- Fliege
- Zwiebel
- Schniedel
- Wiebke
- Phobie

(5) Nicht alles, was hinkt, ist ein Vergleich.

Gebote, Order, Richtlinien und Weisungen, Forschungsgelder betreffend

Präambel: Als zentrale staatliche Forschungsaufgabe des Bundesministeriums für Bildung und Forschung wird die Beantwortung der grundlegenden Fragen der Menschheit festgelegt. Diese haben im Mittelpunkt des deutschen Forschungsengagements zu liegen. Diese sind wie folgt:

- Wo haben sich junge Mücken abends getroffen, als es noch keine elektrischen Lampen gab?
- Warum glauben es die Leute sofort, wenn man ihnen sagt, dass es am Himmel 400 Billionen Sterne gibt, aber wenn man ihnen sagt, dass die Bank frisch gestrichen ist, müssen sie draufpatschen?
- Warum ist nie besetzt, wenn man eine falsche Nummer wählt?
- Wenn Schwimmen gut sein soll für die Entwicklung von Armen und Beinen, warum haben Fische dann weder Arme noch Beine?
- Leben verheiratete Menschen länger, oder kommt ihnen das nur so vor?

Außerdem folgende Fragestellungen der angewandten Forschung:

- Wie wird man das Jucken zwischen den Schultern los?

- Warum bleiben Rehe und Hasen über hundert Jahre nach Erfindung des Automobils angesichts eines auf sie zukommenden Autos im Lichtkegel stehen?
- Warum haben Latte-macchiato-Tassen keine Henkel?
- Ein Butterbrot landet immer auf der Butterseite. Eine Katze landet immer auf den Pfoten. Was passiert, wenn man einer Katze ein Butterbrot auf den Rücken schnallt?
- Wie würden Stühle aussehen, wenn wir die Kniescheiben hinten hätten?
- Gibt es einen Aggregatzustand von Milchdöschen zwischen »fest geschlossen« und »spritzt«?

Die hohen Gesetze der Fotografen und der Fotografie

(1) Ordnungswidrig handelt, wer bei einer oder mehreren Personen mittels eines humoristischen und/oder lautmalerischen Wortes oder Ausdrucks einen als positiv auslegbaren Gesichtsausdruck herbeiführt (vgl. Cheesegesetz, Vögelchen-Doktrin, Spaghettiverordnung, Ameisenscheiße-Weisung).

(2) Auf Fotografien von Schluchten, Canyons, Käfern und allen Motiven, die in ihrer Art dazu geeignet sind, von oben nach unten fotografiert zu werden, ist mindestens eine Schuhspitze des Fotografen mit abzubilden.

(3) Die Verwendung von Sepiafiltern sowie anderen Effekten des Bildbearbeitungsprogramms ersetzt die staatlich anerkannte dreijährige Ausbildung zum Fotografen/Lichtbildner.

(4) Die Vortäuschung des Fotografenberufes mit dem Ziel, unzüchtige Fotografien von jungen Frauen anzufertigen, wird mit Freiheitsstrafe von nicht unter achtzehn Monaten (und ohne Gefängniskleidung) bestraft.

(5) Fotografen, welche eine Schlüsselstellung für dienliche Kontakte zu Filmschaffenden und/oder Zeitschriftenredaktionen vortäuschen, mit dem Ziel, unzüchtige Fotografien von jungen Frauen, anzufertigen, werden mit Freiheitsstrafe von nicht unter 18 Monaten (und einem erotischen Shooting in der Gefängnisdusche) bestraft.

(6) Private und gemeinschaftlich genutzte Wohnräume sowie Geschäftsräume von Freunden und Bekannten, die Praxis des Hausarztes, Restaurants, Bars und die Kreissparkasse stellen keine geeigneten Räumlichkeiten für eine Dauerausstellung schwarz-weißer Katzenbilder dar.

(7) Wer absichtlich oder grob fahrlässig bei fremden Personen, die ihn darum bitten, eine Fotografie von ihnen anzufertigen, den Kopf und/oder die Beine außerhalb des fotografierten Bereichs belässt, der macht sich der fotografischen Körperverletzung schuldig und kann mit der tatsächlichen Abtrennung der Extremitäten bestraft werden.

(8) Ist ein Bild unscharf oder anderweitig unbrauchbar, ist es Kunst.

(9) Ordnungswidrig handelt, wer auf öffentlichen Straßen, Plätzen oder Gebäuden eine Person, welche augenscheinlich eine Fotografie herstellt, anspricht und dabei die Frage stellt:

- »Ist das eine Canon X3076hcy4jp?«
- »Sind Sie von der Zeitung?«
- »Ist die Kamera digital?«

Gesetze und Vorschriften zur Regulierung öffentlicher Statements und Interviews von und mit Models, Modellen, Fotomodellen u. Ä.

Personen, die als Models, Mannequins oder Wettermoderatorinnen arbeiten oder vergleichbaren Tätigkeiten nachgehen, sind zum Schutz der Öffentlichkeit verpflichtet, bestimmte Aussagen und Formulierungen in Interviews zu unterlassen.

Folgende Sätze sind unzulässig:
- »Ich selbst finde mich eigentlich nicht besonders schön.«
- »Ich könnte mir vorstellen, Schauspielerin zu werden.«
- »Nacktfotos sind in Ordnung, solange sie ästhetisch sind.«
- »Ich suche einen Mann, der mich zum Lachen bringt.«

Apothekergesetz

(1) Taschentuchbeigabeverordnung: Das Hinzufügen von Taschentuchpackungen zu einem regulären Einkauf, ohne ein gesondertes Entgelt zu erheben, gilt als Versuch zur Herbeiführung eines Abhängigkeitsverhältnisses und ist mit Geldstrafe von nicht unter hundert Euro drei- bis viermal täglich zu bestrafen.

(2) Arzneimittelprodukte, die zur Heilung peinlicher oder prekärer Beschwerden und Erkrankungen dienen, sind nicht vorrätig zu halten und müssen gesondert bestellt werden. Über den Bestellvorgang wird die Belegschaft sowie kraft einer eindeutig vernehmbaren Apothekerstimme auch die anwesende Kundschaft hinlänglich in Kenntnis gesetzt.

(3) Wer einer an Grippe erkrankten Person, die sich unter unverhältnismäßig großem körperlichem Aufwand und außerhalb der üblichen Geschäftszeiten (Notdienst) zur Apotheke begibt, ein ausschließlich homöopathisches Nasenspray verkauft oder verabreicht, wird in allen 27 Schüßler-Salzen gewälzt und anschließend von einer Ziege abgeschleckt, falls vom Richter nicht anders verordnet.

Arbeitslosengesetz

§ 1 Geltungsbereich

(1) Als Arbeitsloser gilt, wer keiner Arbeit nachgeht.

(2) Nicht arbeitslos ist, wer in einem Büro keiner erkennbaren Tätigkeit nachgeht.

(3) Wer in ein Büro geht und dort keiner Arbeit nachgeht und nicht dafür entlohnt wird, ist ein Praktikant.

Raumfahrergesetz

(1) Jeder Raumfahrer hat sich an die internationale Kosmosverkehrsordnung zu halten (KSVo).

(2) Die zulässige Höchstgeschwindigkeit innerhalb geschlossener Galaxien beträgt einfache Lichtgeschwindigkeit.

(3) In verkehrsberuhigten Bereichen ist eine Tempo-30 000-Zone auszuweisen.

(4) Das Parken und Halten von Raumfahrzeugen ist unzulässig:

- an engen und unübersichtlichen Stellen
- auf Einfädelungs- und Milch-Streifen
- vor Satelliten oder Satellitenstädten
- vor und in Feuerwehrzufahrten und Wurmlöchern

(5) Raumfahrer sind dazu verpflichtet, mit Notdurft gefüllte Nassabfallsäcke nach der Toilettenbenutzung ordnungsgemäß in den dafür vorgesehenen Behältnissen zu entsorgen.

Zusatz: Es ist nicht statthaft, die Nassabfallsäcke in der Nähe der Tütchen mit Raumfahrernahrung aufzubewahren. Auch nicht zum Spaß.

(6) Raumfahrer haben es zu vermeiden, während Live-Übertragungen unangemessen dauerhaft den Daumen in die Luft zu strecken sowie schwerelos und grinsend vor der Kamera herumzuhüpfen.

(7) Der Mond sowie jedweder Planet unseres Sonnensystems fällt unter die Gesetze der öffentlichen Ordnung:

- Das Betreten des Rasens ist strengstens verboten.
- Das Campen ist verboten.
- Hunde sind anzuleinen.
- Eltern haften für ihre Kinder.
- Aufzug im Brandfall nicht benutzen.

Swingergesetz

§ 1 Alles kann, nichts muss.

Bademeister-Regeln

(1) Paule heißt er.

(2) Der Sprungturm ist gesperrt.

(3) Der Bademeister ist berechtigt, nach billigen Ermessen den Sprungturm für wenige Minuten zu öffnen. Der Zeitpunkt für die Öffnung des Sprungturms obliegt seiner reinen Willkür.

(4) Es obliegt der Verantwortung des Bademeisters, die Fliesen um das Becken ausreichend rutschig zu halten.

(5) Bei einem Badeunfall einer Person mit einem Gewicht von über hundert Kilogramm ist es verboten, die Rettungsaktion so lange auszusetzen, bis der Ertrinkende bewusstlos wieder an die Wasseroberfläche treibt.

(6) Die Notwendigkeit einer Mund-zu-Mund-Beatmung ist ausschließlich vom Zustand und nicht vom Aussehen eines Badegastes abhängig.

Bäcker- und Bäckereiwaren-fachverkäufergesetze

(1) Bäckereifachverkäuferinnen sind bindend angehalten, in jedem Fall das Brot zu nehmen, welches sich neben dem Brot befindet, auf welches der Kunde gezeigt hat.

(2) Die Namen und Bezeichnungen der Brotsorten sind in kleiner und/oder unleserlicher Schrift unter den Broten anzubringen.

(3) Die Brotsorten haben so bezeichnet zu werden, dass die Formulierung keinerlei Rückschluss auf Art und Typ des Brots zulässt (vgl. Jubiläumsbrot, Sportlerlaib, Unser Bestes).

(4) Es ist zulässig, dass Bäcker den Preis ihrer Produkte innerhalb von wenigen Jahren verzehnfachen.

(5) Einsprüche gegen Artikel 4 dürfen vom Bäcker unter Hinweis auf den frühmorgendlichen Arbeitsbeginn abgewiesen werden.

(6) Wer als Bäcker Artikel 5 geltend macht, obwohl er nur vorgefertigte rumänische Teigwaren von den Bäckereifachverkäuferinnen direkt in den Verkaufsräumen einer Bäckerei aufbacken lässt, wird mit morgendlichem Aufstehen für eine Dauer nicht unter fünf Jahren bestraft.

Regelungen zu Rechten, Pflichten, Aufgaben und Gesetzen für Friseure/Friseurinnen, Coiffeure und Barbiere

(1) Der mündlich ausgebrachte Wunsch eines Kunden nach definierten Eigenschaften eines Haarschnitts wie gewünschte Haarlänge, Haarfarbe sowie Form desselben ist nicht rechtsbindend und hat rein konsultatorischen Charakter.

(2) Die Entscheidung über die tatsächliche Haarlänge, Haarfarbe sowie Form nach dem Schnitt obliegt einzig dem Friseur.

307

(3) Aufgrund der Vorne-kurz-hinten-lang-Kollektivvergehen (Lex Vokuhila) der Friseure steht der Berufsstand seit 1.6.1988 unter der Kontrolle der Geschmacksfriedensbruch-Polizei (GfbP).

(4) Friseuren ist es gesetzlich untersagt, irreführende Namen oder Namen, welche geeignet sind, die Erwartungshaltung des Verbrauchers in unermessliche Höhen zu steigern, für ihren Salon zu entlehnen. Insbesondere sind Wortspiele mit dem Wort Haar oder Kopf – auch in fremdsprachlicher Nutzung – unzulässig. Siehe hierzu auch § 37 des Geschmacksfriedensbruchgesetzes.

Unzulässig sind die Namen:

• Pony & Clyde	• Kopfsache	• Kopfgeldjäger
• Haarscharf	• Haar (2) go	• Haarmonie
• Hairgott	• Talk About Heads	• Querschnitt
• Hairlich	• Hairkules	• Coiffeur Karl-Heinz
• Kaiserschnitt	• Haareszeit	

(5) Definition des Tätigkeitsfeldes.

Die eingeräumten Tätigkeiten eines Friseurs umfassen ein definiertes Betätigungsspektrum. Für sämtliche Tätigkeiten, die über die erlaubten Bereiche hinausgehen, kann der Friseur haftbar gemacht werden:

Zulässig	Unzulässig
Waschen, Schneiden, Färben, Föhnen,	Gespräche über geplante oder bereits vollzogene Urlaubsreisen
Hochsteckfrisuren	Gespräche über geplante oder bereits vollzogene Familienplanung
Strähnchen	Gespräche über Mitglieder eines Königshauses
Dauerwelle	Gespräche mit der Kollegin über die Köpfe der Kunden hinweg

(6) Der Versuch von Friseuren im Anschluss oder während eines statthaften Friseurbesuchs, ihre Haarpflegeprodukte anzupreisen oder zu bewerben, insbesondere mit dem Hinweis auf Haardefizite, unterliegt dem Kaffeefahrten-Abzocker-Gesetz und ist unzulässig.

(7) Die Temperatur des Waschbeckenwassers, das zur Haarwäsche herangezogen wird, darf die zulässige Höchsttemperatur von 50 Grad nicht über- sowie die Mindesttemperatur von 10 Grad nicht unterschreiten.

(8) Artikel 7 behält auch dann Gültigkeit, wenn die Frage »Isses recht so?« gestellt wurde.

(9) Friseurinnen, welche während der Haarwäsche die Kopfmassage dergestalt vornehmen, dass sie als Anbahnung einer Beiwohnung oder zur Erregung von unzüchtigen Gedanken geeignet ist, oder während der Haarwäsche oder des Haareschneidens ihre Brüste in anstiftender Art an Hinterkopf, Stirn oder Schulterbereich eines männlichen Kunden anbringen, müssen nach dem Haarschnitt die geschnittenen Haare besonders genau aus dem Nackenbereich auspinseln.

(10) Die sittenwidrige Durchführung von Geschmacksfriedensbrüchen durch willentliches Zufügen von Stinktier-Strähnchen, Dauerwellen oder Dreadlocks wird mit der zwangsweisen Durchführung eines Glatzenschnitts bestraft.

(11) Kundinnen, welche den Haarschnitt einer prominenten Sängerin, Schauspielerin oder bekannten Stilikone wünschen, sind von ihrem Friseur darauf hinzuweisen, wenn sie damit völlig hirnverbrannt aussehen.

(12) Der Rechtsweg der Schmerzensgeldforderungen gegen einen Friseur ist lediglich dann wirksam, wenn nach dem Friseurbesuch:

- ein Ohr fehlt.
- beide Ohren fehlen,
- der Kunde die Sehenswürdigkeit seiner Heimatstadt als bevorzugtes Fotomotiv für Touristen ablöst.

Bodybuildergesetz

(1) Einatmen

(2) Pressen

(3) Einatmen

(4) Pressen

(5) Einatmen

(6) Pressen

(7) Ausatmen

(8) Einatmen

(9) Pressen

(10) Ausatmen

(11) Einatmen

(12) Pressen

(13) Ausatmen

(14) Einatmen

(15) Pressen

(16) Ausatmen

(17) Einatmen

(18) Pressen

(19) Ausatmen

(20) Einatmen

(21) Pressen

(22) Ausatmen

(23) Einatmen

(24) Pressen

(25) Ausatmen

(26) Einatmen

(27) Pressen

(28) Einatmen

(29) Pressen

(30) Ausatmen

(31) Einatmen

(32) Pressen

(33) Ausatmen

(34) Einatmen

(35) Pressen

(36) Ausatmen

(37) Einatmen

(38) Pressen

(39) Ausatmen

(40) Einatmen

(41) Einatmen

(42) Pressen

(43) Ausatmen

(44) Einatmen

(45) Pressen

(46) Ausatmen

(47) Einatmen

(48) Pressen

(49) Ausatmen

(50) Einatmen

(51) Pressen

(52) Ausatmen

(53) Einatmen

(54) Pressen

(55) Das Bodybuildergesetz fällt ausdrücklich nicht unter die Verordnung für betrügerische und unzulässige Zeichenschinderei der Sachbuchautorenverordnung vom 13. August 1984 (vgl. Präzedenzurteil im Fall »Brocklaus – das erfundene Lexikon«, erschienen im Droemer Verlag).

Boxergesetze

(1) Boxer sind dazu verpflichtet, nach einem Kampf angemessen geschwollen daherzureden.

(2) Ein Sieg nach Punkten ist kein richtiger Sieg.

(3) Personen, welche als Manager eines Boxers in Erscheinung treten, sind dazu verpflichtet, ihr Haupthaar formell dem Erscheinungsbild einer handelsüblichen Klobürste anzugleichen.

(4) Zum Ringsprecher bestellt sind ausschließlich Personen mit einem Sprachfehler aus der Vokalgruppe.

(5) Der Gästeblock eines Boxers besteht zu gleichen Teilen aus vorbestraften Zuhältern, Erpressern, Geiselnehmern, Betrügern sowie B-Prominenten auf der Suche nach einem interessanteren Image.

(6) Das Ergebnis der Kampfrichter ist stets anzuzweifeln.

Regeln, Verordnungen und Erlässe, das temporäre Wohnen in einem Zelt betreffend

(1) Innerhalb eines Campingplatzes ist das Aufstellen eines Zeltes auf befestigtem oder unbefestigtem Grund zulässig, in der Regel auf einem Ameisenhaufen.

Zusatz: Im Falle eines Campens auf freiem Gelände ist das Aufstellen eines Zeltes auch möglich:

- auf einer Stierkoppel,
- auf Landstrichen, die regelmäßig überflutet werden,
- auf dem Weg, auf dem die Elefanten abends zum Wasserloch rennen.

(2) Der Boden eines Campingplatzes ist weich und sandig, an der Stelle jedoch, an welcher ein Hering in selbigen zur Versenkung eingebracht werden muss, ist stets undurchdringliches Gestein anzutreffen.

(3) Es fehlt stets ein Hering.

(4) Die Anzahl an Stangen und Planen, die zum Auf- und Abbau eines Zeltes notwendig sind, steigt indirekt proportional mit der Wahrscheinlichkeit, dass sich eine Person in der Nähe befindet, welche beim Auf- und Abbau helfen kann.

(5) Die Beiführung von Material zum terrestrischen oder über Satellitenempfang verbreiteten Rundfunkveranstaltungen muss stets so gestaltet sein, dass an jedem Ort der Erde das Empfangen der Sportschau sichergestellt ist.

(6) Beim nächtlichen Aufsuchen der Sanitäranlagen sind mindestens drei Stürze über Heringsschnüre sowie ein dadurch verursachter Einsturz eines Zeltes vorgeschrieben.

(7) Die Ablage- und Aufhängemöglichkeiten für Kleidung, Handtuch und Kulturbeutel in Sanitäreinrichtungen haben stets zu klein, überfüllt oder feucht zu sein.

(8) Das geringe Produktangebot des Campingplatz-Kiosks steht in direkt umgekehrtem Verhältnis zu den veranschlagten Preisen.

Märchengesetze

§ 1 Böser Wolf

(1) Die konkrete Gattung des bösen Wolfes (Lupus malus) unterliegt dem Artenschutzgesetz (seit dem 14. Entwurf »Lex Lupi malissimi« zu Eppenheim, 1765 bzw. »Es war einmal«).

(2) Die Bejagung sowie das Erlegen oder Fangen von bösen Wölfen unterliegt den jeweiligen Jagdbestimmungen eines Landes.

(3) Diese Bestimmung gilt auch, wenn es sich bei dem Land um ein fernes Land oder um ein sehr fernes Land handelt oder um ein Staatsgebiet, das hinter einer definierten Berganzahl liegt.

(4) Liegt eine akute Gefahrensituation für ein Rotkäppchen vor, die

von einem bösen Wolf herbeigeführt wird, wie etwa ein vorsätzliches Tötungsdelikt aus niedrigen Beweggründen mit anschließendem Verzehr eines Rotkäppchens oder die wiederholte Notzucht mit einem Käppchen, so kann der böse Wolf straffrei getötet werden.

(5) Putativnotwehr, also eine nur angenommene Gefahrensituation und daraus resultierende Gewalt gegen den bösen Wolf, bleibt strafbar. Etwa wenn ein Rotkäppchen einen bösen Wolf mit ihrem Bruder, dem blöden Rolf, verwechselt.

(6) Im Falle eines Raubüberfalles des bösen Wolfes unter Vortäuschung falscher Tatsachen auf Leib und Leben einer nicht mehr überwiegend erwerbstätigen Person (Großmutter) ist der zuständige Jäger für die Tötung herbeizurufen. Dieser ist auch dann nicht zu bestrafen, wenn er nach Treu und Glauben nicht den bösen Wolf, sondern die Großmutter tötet und anschließend öffnet, um vermeintlich enthaltene Geißlein zu befreien.

(7) Beim bösen Wolf handelt es sich nicht um eine geschützte Art.

(8) Für die Jagd besteht keine Schonzeit.

(9) Die Jagdreviere entsprechen den Bestimmungen des Bundesdunklerwaldgesetzes, welches eine Mindestgröße von 250 Hektar und nicht weniger als 8 Bäume pro 10 Quadratmeter zuzüglich Untergehölz und geeignete Moose, Farne und Beeren vorsieht.

(10) Die Jagd im dunklen Wald ist nicht statthaft, wenn der Abschussplan bereits vollumfänglich erfüllt ist und verbleibende Dritte befriedigt und mit sämtlichen Erfüllungen ihrer persönlichen Anträge ihr Leben bis auf weiteres glücklich dort verbringen wollen.

(11) Erwirkt der zur Jagd bestellte Jäger absichtlich den Tod eines Kuckucks, so kann gegen ihn ein Simsalabimbambaseladuseladim-Verfahren beantragt werden.

(12) Vereinbarungsgemäß hat ein böser Wolf zur Ingewahrsamnahme von flüchtigen, fluchtverdächtigen oder sich verbergenden Geißlein im Uhrenkasten nachzusehen.

§ 2 Feen

(1) Es gilt die Unschuldsvermutung. Eine Fee ist so lange als gute Fee anzusehen, solange im Bundeszentralregister keine einschlägigen Vorstrafen verzeichnet sind, die dieser Klassifikation entgegensprechen (Verfahrensgrundsatz nach Humperdinck und Grimm für Feen, Faune und Frösche). Eine Einteilung der Feen in gute oder böse Feen ist nicht zulässig und erfüllt den Tatbestand der üblen Nachrede (vgl. Stiefmutter-Regelung).

(2) Die höchste Anzahl sämtlicher von Feen eingeräumter Wünsche ist auf drei festgelegt.

(3) Der Wunsch nach weiteren Wünschen ist nicht gestattet.

(4) Der Wunsch nach einer weiteren Fee ist ausnahmslos abschlägig zu bescheiden.

(5) Der Wunsch, dass Artikel 2 seine Gültigkeit verliert, ist nicht gestattet.

(6) Dem Wunsch, wunschlos glücklich zu sein, wird in keinem Fall nachgegeben.

§ 3 Prinzessin

(1) Beklagt eine Prinzessin den Verlust eines Gegenstands in einem Brunnen, so kann ein Finder einen Finderlohn nach billigem Ermessen einfordern. Sittenwidrig ist jedoch der einseitige Antrag nach einem uneingeschränkten Besuchsrecht in der Wohn- oder Schlafstatt der Prinzessin.

(2) Begibt sich eine Prinzessin wissentlich in eine Gefahrensituation, so ist der rettende Prinz nicht für etwaige Schäden haftbar zu machen.

(3) Zulässige Dauer des Dornröschenschlafs: Befindet sich eine Prinzessin mehr als hundert Jahre lang in einem dem Wachkoma ähnlichen Schlaf ohne Erringung des Bewusstseins, so ist von einem endgültigen, irreversiblen Erlöschen der Hirnfunktion und der Lebensäußerungen auszugehen und die Prinzessin für tot zu erklären.

§ 4 Allgemeine Märchen-Regelungen

(1) Drachen ist es nicht gestattet, in einem Abstand von weniger als 50 Metern zu einem Gehölz, in Landschafts- oder Naturschutzgebieten oder Wohngegenden zur Inbrandsetzung geeignete chemische Verbrennungen mit Flammenbildung aus einer Körperöffnung zu entlassen. Eine qualifizierte Brandstiftung ist mit einem Bußgeld in Höhe von 75 € zu ahnden.

(2) Bei erhöhter Waldbrandwarnstufe laut Bundesdunklerwaldgesetz ist mit einem erhöhten Bußgeld in Höhe von 150 € zu rechnen.

(3) Nimmt eine Gruppe von Zwergen in ihrer häuslichen Anstalt eine Minderjährige auf, so obliegt sie der Aufsichtspflicht der Zwerge.

(4) Die Minderjährige schuldet den Zwergen Auskunft, wenn diese nach dringendem Gebrauchsverdacht von nichtfremden Gegenständen eines Zwerges oder mehrerer Zwerge mündliche Anträge zur Auskunft stellen. Der Zwerg ist verpflichtet, den zeitweisen Gebrauch seiner privaten Habseligkeiten, einschließlich seiner Bettstatt, einzuräumen.

(5) Lebkuchen, Pfeffer-, Gewürz- und Honigkuchen (fein) fallen nicht unter die in der Bauverordnung nach in der VDE 1236 festgelegten zugelassenen Materialen für den Hausbau.

(6) Rosenhecken, welche geeignet sind, den Zugang zu einem Gebäude unbotmäßig zu erschweren oder unpassierbar zu machen, sind von der Stadtverwaltung entsprechend zu kürzen. Dies gilt auch für das Durchgehen, Durchfahren, Durchreiten oder anderes Durchdringen von Alleen, Baumreihen, Baumgruppen, Feldgehölzen und Feldhecken.

(7) Musikanten aus Hansestädten, welche zum Zweck der Schädlingsbekämpfung ein Instrument spielen und auf Kinder damit einen allgemein anziehenden Einfluss ausüben, sind dazu verpflichtet, diese unversehrt wieder herauszugeben.

(8) Die Zuhilfenahme von Tieren zur Bewältigung von Sortierarbeit ist gemäß dem Tierschutzgesetz nur dann zulässig, wenn es sich dabei

um eine Tätigkeit handelt, die die Tiere auch in ihrem natürlichen Lebensumfeld zu tätigen bereit sind.

Indianergesetz

(1) Bei gemeinschaftlichen Angriffen auf Planwagenkolonnen und Forts ist von den Indianern so lange in johlender Art außenseitig zirkulär herumzureiten, bis sämtliche Indianer erschossen worden sind.

(2) Wird ein Indianer im Laufe eines Angriffs er- oder angeschossen, so ist es ihm nicht gestattet, vom Pferd zu fallen, sondern er hat sich mit einem Fuß im Steigbügel zu verheddern und bis auf weiteres mitgeschleift zu werden.

(3) Ein öffentliches Aushängen von Fahrplänen an Bahnhöfen ist nicht zwingend erforderlich. Eine ausreichende Kenntnisnahme über die Ankunfts- sowie die Abfahrtszeit und das Fahrziel des Zuges erfolgt durch ein kurzes Lauschen am Gleis seitens des Indianers.

(4) In geschlossenen Räumen und Krankenhäusern ist das Rauchen von Friedenspfeifen untersagt.

(5) Abweichend von Artikel 4 ist das Rauchen von Friedenspfeifen zulässig

- in vollständig abgetrennten Nebenräumen, wenn und soweit diese Räume in deutlich erkennbarer Weise als Friedenspfeifenraucherräume gekennzeichnet sind und die Belange des Friedenspfeifennichtraucherschutzes dadurch nicht beeinträchtigt werden;

- in Gaststätten mit weniger als 75 Quadratmetern Gastfläche und ohne abgetrennten Nebenraum, wenn keine oder lediglich kalte Speisen einfacher Art zum Verzehr an Ort und Stelle verabreicht werden, Personen mit nicht vollendetem 18. Lebensjahr der Zutritt verwehrt wird und die Gaststätten am Eingangsbereich in deutlich erkennbarer Weise als Friedenspfeifenrauchergaststätten, zu denen Personen mit nicht vollendetem 18. Lebensjahr keinen Zutritt haben, gekennzeichnet sind.

(6) Die verkaufsfördernde Bezeichnung »Traumfänger« für handgearbeitete oder maschinell hergestellte, verzierte Weidenreif-Netze fällt unter den Tatbestand des Betrugs, solange nichts anderes als Staub von den Objekten gefangen wird.

(7) Ein Indianer im Sinne von Indianer ist verpflichtet, aus einer unscheinbaren Spur im Sand folgende Informationen lesen zu können:

- wie alt die Spur ist
- wie viele juristische oder natürliche Personen welchen Geschlechts sie verursacht haben
- besondere körperliche Merkmale: Augen- sowie Haarfarbe, biometrische Daten sowie Schmuck und Schusswunden der verursachenden Personen
- eventuell vorliegende Krankheiten
- eventuell mitgeführte Besitztümer

Cowboygesetz

(1) Cowboys unterliegen der Cowboyhut-Pflicht.

(2) Dies gilt auch für den Aufenthalt in Badewannen sowie in Schlafstätten.

(3) Ein Cowboy unterliegt einer verpflichtenden Stiefel-Jeans-Chaps-karierte-Hemden-Kleiderordnung.

(4) Das Tragen von Flip-Flops, Sneakers, Cordhosen, Strickjacken sowie Pullovern mit V-Ausschnitt wird mit Baden in Kuhscheiße nicht unter drei Jahren bestraft.

(5) Die einzige zulässige Gangart eines Pferdes ist der Renngalopp.

Zusatz: Die einzige Ausnahme ist der gemächliche Ritt in den Sonnenuntergang.

Duellierverordnung
(CDVO)

§ 1 Geltungsbereich

Das gesetzliche Verfahren zur zeitnahen Regelung von Interessenkonflikten zweier oder mehrerer sich streitender Cowboys sieht das Duell als nicht gerichtliche Einigungsinstanz (vgl. Mediatorenverordnung von 1827) vor.

§ 2 Duell-Gründe

(1) Zulässige Gründe zur Einleitung eines Schlichtungsverfahrens im Rahmen eines Duells sind:
- Frauen
- Der Whisky ist alle
- Schlechte Laune aufgrund wundgerittener Genitalien
- Beleidigungen
- Wenn der Barbier sich verschneidet
- Die vorhergehende Tötung einzelner oder sämtlicher Freunde oder Familienmitglieder.

(2) Nichtzulässige Gründe zur Einleitung eines Schlichtungsverfahrens im Rahmen eines Duells sind:
- Ein Lipgloss-Stick, um die aufgesprungenen Lippen nach einem Ritt durch die Wüste pflegen zu können
- Dass jeder in der Pokerrunde am Tisch vier Asse auf der Hand hat

§ 3 Regelungen zur Austragung von Duellen

(1) Eine Duellierung hat um 12 Uhr Ortszeit stattzufinden.

(2) Zugelassener Austragungsort ist die staubige Straße vor dem Saloon.

(3) Das Rauchen ist vor, während und nach Duellen gestattet, falls der Beteiligte dazu noch befähigt ist.

§ 4 Erste Hilfe

(1) Im Falle einer Verwundung und einer deshalb notwendig werdenden medizinischen Notversorgung ist der zu Behandelnde mit Whisky zu narkotisieren.

(2) Zusätzlich ist bei schmerzhaften, operativen Eingriffen ein Holzstück als Kauholz zulässig.

Strafgesetze

§ 1 Richtlinien für Gangster, Gauner, Kriminelle, Verbrecher und Berufsverbrecher

(1) Lass dich nicht erwischen.

(2) Handschuhe anziehen.

(3) Luigi fragen, der klärt das.

§ 2 Alibi

(1) In die Planung eines kriminellen Vorhabens ist unbedingt die fristgerechte Vorbereitung eines Alibis einzubeziehen.

(2) Ein Alibi hat mindestens den Ansprüchen der zuständigen und ermittelnden Strafbehörden zu genügen.

(3) Nicht geeignete Alibis sind:

- Ein Spaziergang mit und ohne Hund
- Mama
- Luigi

§ 3 Gebrauchtwagenhändlergesetze

(1) Eine Lüge stellt strafrechtlich kein Betrugsdelikt dar und darf nicht juristisch oder zivilrechtlich verfolgt werden, da Lügen einen integralen Bestandteil des Berufszweiges Gebrauchtwagenhändler darstellen.

(2) Ein Unfallwagen ist so lange nicht als solcher auszuweisen, wie sich zumindest noch ein Originalteil am oder im Fahrzeug befindet oder sich ein Unfallopfer oder noch Teile davon darin aufhalten.

(3) Die Anzahl der gefahrenen Kilometer eines Kraftfahrzeugs ist relativ. Gemäß der Relativitätstheorie des Gebrauchtwagenhandels stehen Zeit und Geld in einer definierten Relation, weshalb ein günstiges Fahrzeug mit 35 000 Kilometern mehr gefahren sein kann als ein Fahrzeug mit 265 000 Kilometern. Entscheidend ist allein der Gebrauchtwagenhändler.

(4) Ein vorhandener Airbag muss nicht zwingend ein funktionierender Airbag sein.

§ 4 Managergesetze

Das Bessere Gesetzbuch (BGB) sieht vor, Topmanager präventiv und zur Höchststrafe mit anschließender Sicherheitsverwahrung zu verurteilen, wenn sie sich einer der folgenden Straftaten schuldig machen:

- Die unbotmäßige Entlassung von langjährigen Mitarbeitern, um den Aktienkurs des Unternehmens zu verbessern.
- Die Schließung von Standorten, um das Unternehmen an einen Standort ohne Kündigungsschutzgesetz zu verlegen.
- Die Verleumdung von Betriebsräten.
- Strukturreformen und Unternehmensumgruppierungen zum Zwecke des Personalabbaus.
- Die Verwendung von Viktory-Zeichen bei Gerichtsprozessen.
- Die Verbreitung von öffentlichen Lügen über den Zustand von Bohrinseln, Atomkraftwerken oder anderen Unfällen mit weitreichenden Konsequenzen für die Umwelt.
- Die Zerschlagung von Unternehmen und der gewinnbringende Verkauf der Insolvenzmasse.

§ 5 Bildung semikrimineller Vereinigungen

(1) Wer eine Vereinigung gründet, deren Zweck oder deren Tätigkeit darauf gerichtet ist, das Wohl der Allgemeinheit zu schädigen, oder wer sich an solchen Vereinigungen als Mitglied beteiligt, für sie um Mitglieder oder Unterstützer wirbt oder sie unterstützt, wird mit Freiheitsstrafe von nicht unter 25 Jahren bestraft.

(2) Als semikriminelle Vereinigungen haben hierbei zu gelten:

- Immobilienmakler und andere Berufsgruppen, die für minimale Leistungen extrem überzogene Honorare oder Provisionen verlangen.
- Bankberater und andere Personen des Geldverkehrs, die gelegentlich lustige Krawattenmuster tragen.
- Rundfunkanstalten und deren Vollzugsgehilfen, in denen sogenannte Volksmusikanten auftreten.
- Rundfunkanstalten und deren Vollzugsgehilfen, die bei morgendlichen Radiosendungen eine der Uhrzeit nicht angemessene gute Laune verbreiten.

§ 6 Matrosenmordgesetz

Das Entzünden einer Zigarette an einer Kerze stellt keinen Indikator für ein Tötungsdelikt an einem Matrosen dar.

§ 7 Freiheizstrafe

Verstoßen Unternehmen der Energieversorgung gegen die Regelungen zur Preisabsprache und erhöhen sie entgegen kartellrechtlicher Grundsätze zum Herbst hin die Preise für Erdöl und/oder Erdgas, so sind sie mit einer Freiheizstrafe von nicht unter drei Jahren kostenloser Lieferungen bedroht.

§ 8 Versicherungsmissbrauch

(1) Versicherungen, die Policen abschließen, deren Nutzen zweifelhaft und deren Leistungen durch Klauseln in den Allgemeinen Geschäfts-

bedingungen abgeschwächt und/oder außer Kraft – auch teilweise – gesetzt werden, werden geschlossen oder verstaatlicht.

(2) Versicherungsvertreter, die zum Zwecke der Geschäftsanbahnung außerhalb der üblichen Geschäftszeiten fernmündlich mit potenziellen Kunden Kontakt aufnehmen, werden mit einer Freiheitsstrafe von nicht unter 15 Jahren bestraft. Diese Klausel gilt auch für Mitarbeiter von Geldhäusern und Umfrageunternehmen.

§ 9 Diebstahlversicherungsgesetz

(1) Eine Diebstahlversicherung ist verpflichtet, den Wert einer gestohlenen Ware zu ersetzen, welche ausdrücklich im Vorfeld durch eine Diebstahlversicherung versichert wurde.

Zusatz: Art. 1 ist nichtig, wenn

- die Tat bei Nacht erfolgt,
- die Ware zum Zeitpunkt des Diebstahls nicht ordnungsgemäß am Besitzer angekettet war,
- nicht mindestens sieben Zeugen (darunter ein Notar) den Diebstahl bezeugen können.

§ 10 Dia-Event-Betrug

Begriffsdefinition. Einen Dia-Event-Betrug begeht, wer in rechtswidriger Bereicherungsabsicht Dia-Vorträge in öffentlichen Gebäuden und gegen Entgelt hält, die auf dem Konzept basieren, mit unbequemen Verkehrsmitteln durch besonders öde Landstriche zu reisen. Darunter fallen:

- »Barfuß über die Alpen«
- »Auf dem Tretroller durch die Karpaten«
- »Mit einer Nacktschnecke durch die Serengeti«

§ 11 Beleidigung

(1) Die Beleidigung wird mit Freiheitsstrafe von bis zu einem Jahr oder mit Geldstrafe bestraft, sofern sie gegenüber einer gegen Beleidi-

gungen besonders schützenswerten Person und/oder Berufsgruppe (siehe Anlage ARSCH 1) zum Ausdruck gebracht wird.

(2) Beleidigungen gegenüber nichtschutzwürdigen Personengruppen und/oder Berufsständen (siehe Anlage ARSCH 2) sind straffrei.

Anlage ARSCH 1 Beleidigung /
Besonders schützenswerte Personengruppen und Berufsstände:
- Mutti

Anlage ARSCH 2 Beleidigung /
Nichtschutzwürdige Personengruppen und Berufsstände:
- Onkel Klaus
- Finanzbeamte
- FDP-Politiker
- Katzenhasser
- Mitarbeiter von Kundenhotlines in Telekommunikationsunternehmen
- Fans, die ein anderes Fußballteam unterstützen als der Beleidigende
- Schiedsrichter aller Sportarten
- Ekel Alfred

§ 12 Schwere Beleidigung

Besonders verächtliche und herabwürdigende Beleidigungen gemäß Anlage ARSCH 3 werden mit einer Freiheitsstrafe von mindestens fünf Jahren bestraft.

Anlage ARSCH 3 Besonders schwere Beleidigungen
- »Evolutionsbremse«
- »Aushilfsamöbe«
- »Hackfresse«
- »Hartgeldstricher«

- »Gurkenlurch«
- »Ölauge«
- »Foliengriller«
- »Kackbratze«

§ 13 Schwere Beleidigung im besonders schweren Fall

Beleidigungen, die so verächtlich und herabwürdigend sind, dass unmittelbar Gefahr für Leib und Leben gemäß Anlage ARSCH 3a besteht, werden mit einer lebenslänglichen Freiheitsstrafe und Sicherheitsverwahrung bestraft.

Anlage ARSCH 3a

Aus Gründen der öffentlichen Sicherheit können die Beleidigungen in Anlage A 12a nicht öffentlich gemacht werden, weil bereits die Kenntnisnahme von einzelnen Wörtern oder Buchstaben von schweren Beleidigungen im besonders schweren Fall zu einer Gefahr für Leib und Leben führen können. Die Anlage A 12a befindet sich deshalb in einem unterirdischen Tresor, welcher in einem geheim gehaltenen Stollen steht, dessen Lokalisierung nur dem Bundesbeauftragten für Beleidigungssicherheit möglich ist.

§ 14 Langweilige Beleidigung

(1) Wer Beleidigungen zum Ausdruck bringt, die langweilig, nicht originell oder durch zu häufiges Verwenden derart abgenutzt sind, dass sie ihre Wirkung bei der zu beleidigenden Person verfehlen, wird mit Verachtung bestraft.

(2) Als langweilige, nicht originelle Beleidigungen gelten beispielhaft:

- Idiot
- Penner
- Arschloch
- Wichser
- Mieser Stinker

§ 15 Gefängnisinsassen-Grundgesetz

(1) Im Hof immer rechtsrum.

(2) Seife nicht fallen lassen.

Zusatz: Bei Verstoß gegen Artikel 2: Seife nicht aufheben.

(3) Keinen Streit mit Luigi anfangen.

§ 16 Sicherungsverwahrung

Sicherungen sollten in einem für Kinder nicht zugänglich angebrachten Sicherungskasten verwahrt werden.

§ 17 Nachträgliche Anordnung der Sicherungsverwahrung

Finden sich in einem Haushalt Sicherungen, deren Eigentumsrechte nicht vorbehaltlos geklärt sind, so kann nachträglich angeordnet werden, dass die Sicherungen in einem fachmännisch angebrachten Sicherungskasten untergebracht werden müssen.

Esoterikererlass

§ 1 Bürgerlich-Esoterischer-Erlass

Esoterischer-Erlass: Gesetzbuch in der Fassung der Bekanntmachung vom 2. Januar 2002 (ELl. I S. 42, 2909; 2003 I S. 738), das zuletzt durch Artikel 1 des Gesetzes vom 29. Juni 2011 revidiert wurde.

§ 2 Gültigkeit

Dieses Gesetz gilt vom 29. Juni 2011 mindestens bis zum Weltuntergang am 13. Dezember 2012 gemäß Maya-Kalender.

§ 3 Beginn der Rechtsfähigkeit

Die Rechtsfähigkeit des Menschen beginnt mit der Vollendung der jeweiligen Wiedergeburt und der Antretung der Astralreise auf der Erde.

§ 4 Eintritt der Volljährigkeit

Die Volljährigkeit tritt mit der Vollendung der fünf Tibeter ein.

§ 5 Die Beleidigung des Verstands

(1) Die Beleidigung des gesunden Menschenverstands wird mit einer Freiheitsstrafe nicht unter zehn Jahren bestraft, wenn dabei

- Medien bzw. Orakel befragt werden, bei denen es sich in Wirklichkeit um abgetakelte Esoteriker(innen) handelt,
- in Karten, Kaffeesatz, Sternen, Handlinien, Kristallkugeln, Pendeln oder sonstigen dafür offensichtlich ungeeigneten Hilfsmitteln der Anschein einer Tatsachenbehauptung über die Zukunft erweckt wird,
- physikalische Gesetze verletzt werden, beispielsweise beim atomaren Aufbau des Wassers und dessen Veränderung durch Kristalle oder andere Steine,
- alberne Verschwörungsthesen aufgestellt oder anders Ängste gegenüber der Zeitgeschichte und den in ihr handelnden Personen geschürt werden.

§ 6 Verstoß gegen die aura-esoterische Ästhetikverordnung

(1) Esoterisch tätige Personen müssen sich stets so kleiden, dass sie nicht mit einem Papagei verwechselt werden können.
(2) Diese Regelung gilt auch für Schutzengel.

§ 7 Medizinische Versorgung

(1) Eine Behandlungsmethode ist nicht allein deshalb wirksam, weil sie ein chinesischer, indianischer oder tibetischer Quacksalber bereits

vor tausend Jahren angewendet hat (vgl. Lebenserwartung und medizinisches System im Jahre 23 n. Chr.).

(2) Ordnungswidrig handelt, wer unscharfe Fotos von Außerirdischen macht oder unterirdische Fotos von Schafen.

(3) Die Anwendung sowie die Empfehlung zur Anwendung einer Eigenurintherapie ist strafbar.

Zusatz: Eine besondere Schwere liegt vor, wenn die Anwendung zur Spargelsaison erfolgt.

(4) Haare, Holz sowie Obst- und Gemüsesorten, welche ausschließlich bei Neumond, Vollmond oder einer anderen Mondphase geschnitten werden, sind bis zum Zeitpunkt des Schneidens mittels einer Plane vor dem dramatischen Einfluss des Mondes und anderer Gestirne wie Sonne, Jupiter und Beteigeuze zu schützen.

§ 8 Seelenwanderung und Entlohnung

(1) Ganzheitlich im Sinne von ganzheitlich dürfen ausschließlich jene Dinge, Zustände oder Menschen genannt werden, deren natürlicher Zustand auch nicht ganzheitlich, also teilweise oder halbherzig sein kann.

(2) Die Entlohnung von Leistungen, die ein(e) Fernheiler(in) erbracht hat, kann auch durch Verschicken eines Wunsches ans Universum über denselben Betrag in Euro abzüglich Skonto beglichen werden.

(3) Eine Seelenwanderung darf nicht auf öffentlichen Straßen oder Wegen stattfinden, auf denen die Straßenverkehrsordnung (StVO) Anwendung findet.

§ 9 Schutzengelverordnung

(1) Für Schutzengel gilt die Schutzengel-Kleiderordnung. Der Schutzengel hat sich zeitlos und in gedeckten Farben zu kleiden. Trachten sowie Mode, die sich thematisch an der Hippie-Bewegung oder den 80er Jahren orientiert, sind nicht zulässig.

(2) Die vorgeschriebene Flügelzahl beträgt zwei.

(3) Es ist nur ein Schutzengel pro Mensch zulässig.

(4) Wer seinen Schutzengel grob fahrlässig beschädigt oder verletzt, indem er überraschend zur Seite springt, ohne Seil Bungee springt oder anderen schutzengelbedrohlichen Aktivitäten nachgeht, verliert seinen Anspruch auf Beistand des Schutzengels.

(5) Schutzengel sind verpflichtet, den Schutzbefohlenen unklare, missverständliche und ungenaue Hinweise über kostenpflichtige esoterische Medien zu liefern. Die unmittelbare Kommunikation ist nicht zulässig.

§ 10 Namensrecht für Schutzengel

(1) Zulässige Namen für Schutzengel sind:

Vehuiah	Daniel	Shaahiah	Lelahael	Mabayah
Hetziel	Yeilael	Menudael	Mebahel	Onuel
Lavayah	Menaqael	Yelahiah	Yeyael	Haiaiel
Nethahiah	Sitael	Amemiah	Omael	Kahatael
Yechuyah	Lauviah	Mitzrael	Chaumiah	Haqomiah
Hahahel	Leuviah	Cheboiah	Auriel	Chahoah
Vahoel	Yorethael	Mahashiah	Nuithael	Veshariah
Nememiah	Kaveqiah	Yetzelael	Yehahel	Yaytzael
Damabiah	Vevaliah	Nelakael	Yebemiah	Miyael
Yeliel	Hahashiah	Reyiyel	Achaiah	Poyel
Aladiah	Herachel	Aniel	Hariel	Machiel
Caliel	Eyaoel	Sealiah	Melahel	Moumiah
Haayah	Aulemiah	Nunael	Lekabael	
Lehachiah	Hahaiah	Vamabel	Rehauel	
Mikael	Pahaliah	Reahel	Oshaliah	

(2) Nicht zulässige Namen für Schutzengel sind:

Horst	Checker	Marihuana	Otto	Heinz
Mäxchen	Mops	Heidi Attila	Dickerchen	Omar
Inge	Sascha	Tiger	Grabschi	Eminem
Robert	Dracul	Hui Buh	Krümel	Finn
Yps	Adolf	Gabi	Pipi	Bärchen
R2D2	Geil-O-Mat	Ricardo	Marco	Rüdiger
Frank	Harry Potter	Luzifer	Bobbele	Barney
Hamlet	Tarantula	Anja	Menowin	GNTM
Charles	ARD	Fürzchen	Boy George	Klaus
Franz	Pillemann	Lola	Kevin	Jannik
Hase	James	Fisti	Hengst	Mutje
Pumuckl	Bushido	Zecke	Jimi Blue	Romeo
Dschingis	Ali	Hansi	Bernd	
Khan	Mario	Bruce	Oprah	
Ork	Federvieh	Dieter	Sunny	

§ 11 Reinkarnationsgesetze (RinkG)

(1) Die Entscheidung über Art, Gattung oder Rasse seines wiederzu-gebärenden, zukünftigen Körpers obliegt nicht der Privatautonomie. Bei Unzufriedenheit des Reinkarnierten können keine Beanstandun-gen geltend gemacht werden.

(2) Das Tragen eines T-Shirts oder anderer Oberbekleidung in der Öffentlichkeit, welche die Behauptung »I got reincarnated and all I got was this lousy T-Shirt« verbreitet, stellt eine vorsätzliche falsche Beurkundung dar.

(3) Für Reinkarnationsfehler, die aufgrund undeutlicher Aussprache oder anderer Missverständnisse den zu Reinkarnierenden in einen fal-schen Körper oder in eine falsche Lebensform reinkarnieren, kann kein Schadensersatz gefordert werden.

(4) Personen, die anstatt im Nirvana in Impana, also versehentlich im Westen des indischen Bundesstaates Uttar Pradesh, reinkarnieren, fallen unter § 11 Artikel 3.

(5) Zur Reinkarnation zugelassen sind ausschließlich Personen, bei denen diesseits sämtliche Lebensfunktionen irreversibel erloschen sind.

(6) Die reinkarnierte Lebensform gilt höchstens bis zum Ablauf der Frist des Lebens selbiger, sofern sie nicht verlängert, widerrufen oder erneuert wird.

(7) Rücktritt. Wird bei einer Reinkarnation die fällige Leistung nicht vertragsgemäß erbracht, so kann der Reinkarnierende, wenn er erfolglos eine angemessene Frist zur Leistung oder Nacherfüllung bestimmt hat, vom Reinkarnieren zurücktreten und den herkömmlichen Tod in Anspruch nehmen.

(8) Widerrufsrecht bei Verbraucher-Reinkarnationen. Die Widerrufsfrist beträgt 14 Tage. Die Widerrufsfrist beginnt mit Eintritt in die reinkarnierte neue Lebensform. Da keine der bekannten Lebensformen 14 Tage nach der Geburt des Schreibens eines Widerrufs mächtig ist, handelt es sich um eine rein formale Widerspruchsfrist.

(9) Minderung bei minderwertiger Wiedergeburt. Wird eine Person fälschlicherweise in eine minderwertige Lebensform gemäß der Düsseldorfer Reinkarnationstabelle reinkarniert, so kann sie Rücktritt oder Minderung fordern.

§ 12 Astrologie-Bestimmungen

(1) Wer mittels der Position von Sternen und anderen Himmelskörpern umfassende Kenntnisse von zukünftigen Ereignissen oder dem Schicksal der Menschen und der Erde besitzt, ist verpflichtet, dieses Wissen nachts für mindestens sechs Euro pro Anruf auf privaten Rundfunksendern zu veräußern.

(2) Fehlt dem Opfer die Einsicht, dass ihm Unrecht widerfährt oder -fuhr, so handelt der Täter ohne Schuld.

(3) Wer Widder mit Aszendent Jungfrau ist, soll keine Geldgeschäfte tätigen.

(4) Wer Fisch mit Aszendent Schütze ist, hat Entscheidungen sorgsam abzuwägen.

(5) Wer (Ihr Sternzeichen) mit (Ihr Aszendent) ist, hat sich unbedingt das Buch »Brocklaus – das komplett erfundene Lexikon« von Alexandra Reinwarth, Axel Fröhlich und Oliver Kuhn zu kaufen.

(6) Wer Krokodil mit Aszendent Brikett ist, ist einem Betrüger aufgesessen.

(7) Wer A sagt, muss auch B sagen.

(8) Wer öffentlich verbreitet, Geiz wäre geil, und sich dabei auf eine Nachricht von Saturn beruft, wird mit einer Freiheitsstrafe nicht unter zwei Jahren auf dem Mond bestraft.

Rechte und Pflichten von Autoren, Schriftstellern und anderen Personen, die sich von Berufs wegen mit literarischen Tätigkeiten befassen

(1) Der vertraglich festgelegte Abgabetermin ist in jedem Fall einzuhalten.

(2) Aufgrund der epidemiologischen Verbreitung von Schreibblockaden, Drogenmissbrauch unter Autoren, Faulheit, mangelndem Zeitmanagement und anderen Faktoren, werden Abgabetermine grundsätzlich unter Missachtung der Verlagsverträge ignoriert.

(3) Sollte eine Veröffentlichung zum Weihnachtsgeschäft hin notwendig werden, so können Manuskripte ggf. auch unlektoriert und mit massiven Qualitätsmängeln publiziert werden (vgl. »das Bessere Gesetzbuch« § 1–§ 385).

(4) Das stündliche Überprüfen des Amazon-Verkaufsrangs ist nicht statthaft.

(5) Wer sich als Buchautor in Buchläden als Interessent des eigenen Buches ausgibt, mit dem Zweck, den Buchhändler zur Bestellung desselben zu bewegen, macht sich der arglistigen Täuschung strafbar.

(6) Das Schreiben von Kritiken zum eigenen Buch unter Verwendung eines Pseudonyms auf Amazon ist okay.

Zwingende und dringende Verordnungen, das BGB betreffend

(1) Rezensionsgesetz. Es ist verboten, das Werk »Besseres Gesetzbuch« in einem tagesaktuellen Medium, in einer Fernsehsendung, im Rundfunk oder bei Amazon negativ zu bewerten. Wer sich negativ äußert, wird automatisch lebenslang Mitglied im Axel-Fröhlich-Wortspielclub und bekommt täglich per Kurier unredigierte Wortspiele zugestellt.

(2) BGB-Händlerabgabegesetz. Der Buchhändler hat für die Präsentation von »Besseres Gesetzbuch« einen eigenen Tisch im Eingangsbereich bereitzustellen. Sollte dies nicht bereits geschehen sein, sind Passanten angehalten und befugt, die anderen Bücher abzuräumen und gegebenenfalls im Altpapiercontainer zu entsorgen.

(3) Unterlassene Hilfeleistung (gemäß BGB-Verkaufsförderungsgesetz). Sollten Kunden oder Buchhändler nicht von sich aus alles Mögliche unternehmen, um den Verkauf des »Besseren Gesetzbuchs« zu fördern, so machen sie sich der unterlassenen Hilfeleistung schuldig und werden automatisch Mitglied im Alexandra-Reinwarth-Frauenscherzverein.

(4) EU-Empfehlungsrichtlinie. Buch des Monats, Empfehlung der Redaktion oder jede andere wertende Formulierung innerhalb von Medien oder Buchhandlungen dürfen ab dem 1. November 2011 nur noch für das »Bessere Gesetzbuch« ausgegeben werden. Alte Empfehlungen oder Auszeichnungen für andere Bücher sind auf Kosten des Auszeichnenden zu entfernen.

(5) Leseverordnung. Das »Bessere Gesetzbuch« (BGB) darf nicht weitergegeben oder in Bibliotheken verliehen werden, da den Autoren da-

durch erhebliche Gewinne entgehen. Ein ausgelesenes Buch ist an einer privilegierten Stelle im Haushalt zu positionieren. Hinweise durch Post-its mit der Aufschrift »Grandios!« sind statthaft. Der Wunsch, das Buch auszuleihen, ist in Hinblick auf die Gewinnerwartung und den hohen Lebensstandard der Autoren kategorisch abzulehnen.

(6) Das »Bessere Gesetzbuch« ist weiterzuempfehlen.

Zusatz: Artikel 6 stellt den einzigen Fall dar, bei dem unter Eid gelogen werden darf (vgl. »Sehr geehrter Herr Vorsitzender, dieses Buch ist grandios«-Regel).

(7) Künstliches-Lach-und-Kicher-Gesetz. Eine natürliche Person, welche das Buch »Besseres Gesetzbuch« im öffentlichen Nahverkehr, auf öffentlichen Straßen oder in Anwesenheit von Dritten liest oder nur den Anschein erweckt, es zu lesen, hat dabei laut zu lachen, sich freudig auf die Oberschenkel zu schlagen oder anders den Eindruck zu erwecken, es würde sich um ein unterhaltsames Werk handeln.

(8) Buchhändler(innen)-BGB-Promotionsgesetz. Buchhändler(innen) haben alle zur Verfügung stehenden psychologischen, psychotherapeutischen, psychosomatischen und physischen Möglichkeiten auszuschöpfen, um ihren Kunden ein Exemplar des »Besseren Gesetzbuches« zu verkaufen. Dazu zählen intensive Verkaufsgespräche, überzeugende Vermittlung der zentralen Verkaufsbotschaften, hysterisches Weinen, zweideutige Versprechungen sowie – in besonders schwierigen Fällen – sogar Einlassungen zu Heiratsversprechen.

(9) Geschenkregelung nach der EU-Richtlinie von 23. März 2011. Es gibt keinen Tag, der nicht Anlass für ein Buchgeschenk bietet. Ein Buch-Geschenk ist zwingend vorgeschrieben an folgenden Tagen:

- Geburtstag
- Weihnachten
- Wochenende sowie Sonn- und Feiertage
- Namenstag
- Haustiergeburtstag
- Weltfrauentag

(10) Verpflichtend ist, ein Exemplar vom »Besseren Gesetzbuch« zu verschenken.

(11) Die Gruppe der zu beschenkenden Personen umfasst:
- Familienmitglieder sämtlicher Verwandtschaftsgrade
- Freunde, Bekannte und all jene, welche man schon mal getroffen hat oder gerne mal wieder sehen würde oder nicht mehr gerne sehen würde
- sämtliche Freunde des Facebook-Profils sowie deren Freunde sowie deren Freunde
- Nachbarn, Arbeits- und Vereinskollegen
- Klassenkameraden, Exfreunde, Vorgesetzte
- sowie alle Personen, die man um bis zu sieben Ecken kennt.

(12) Im Interesse der moralischen und juristischen Integrität unseres Gesellschaftssystems ist es sowohl statthaft als auch wünschenswert, Exemplare des »Besseren Gesetzbuches« unbekannten Passanten sowie Mitreisenden im öffentlichen Nahverkehr unaufgefordert zuzustecken.

ABKÜRZUNGEN

AbfG	Abführgesetz
AbgG	AbbiegerGerangel
ABCDEFG	AlphabetBesserCheckenDurchEinFörmlichesGesetz
AcP	ActinellPerestaltikregelung
AEG	Waschmaschinendysfunktionsverordnung
BGBG	Gesetz zur Einführungspflicht des Besseren Gesetzbuches in Schulen, Ämtern, öffentlichen Einrichtungen und allen privaten Haushalten
AktG	Arschabmalgesetz
AlrG	AllrightGesetz
AmoG	A.Schmidt OhrenGesetz
AnfGG	Anfängerglücksgesetz
d. Ä.	der Ältere
d. Gr.	Der Große
d. L.	Der Lutscher
AO	Abgaben Ordnung
BAFöG	BatschaufsöhrliGesetz
EinzelhG	EinzelhandelsGesetz
ital.	Türkisch
JuSchG	JugendSchmutzGesetz
o. P.	origineller Pulli
o. P.	ob Paul?
o. P.	Onkel Peter
o. P.	ohne Pause
NF	Neufassung
ScheckG	Scheck Geplatzt
span.	Spannend
VereinsG	VereinsGemeiere
WaffG	WaffG
ZPO	Zippo